sapientia
サピエンティア 49

近代都市の下層社会

東京の職業紹介所をめぐる人々

町田祐一
［著］

法政大学出版局

近代都市の下層社会／目次

近代東京の職業紹介所地図

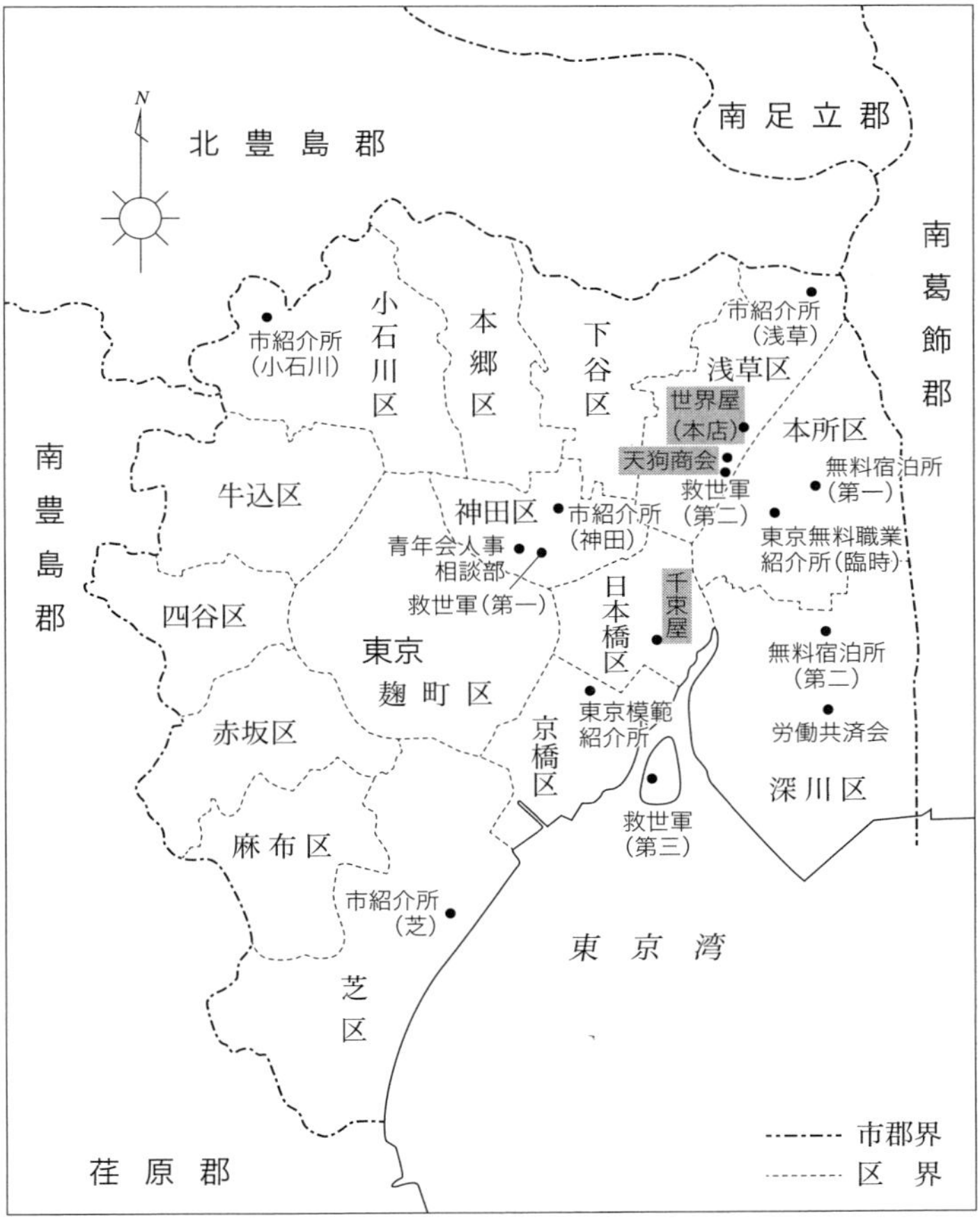

▒▒ は営利職業紹介所。
出典：石塚裕道・成田龍一『東京都の百年』（山川出版社，1986年）94頁をもとに筆者作成。

凡例

史料の引用に際しては次の基準に基づいて行った。

一、旧字体の漢字は原則新字体に改めた。仮名遣いは原則原文のままとした。

二、中略は〔中略〕で示した。

三、原文にない言葉を補った場合は、〔　〕で示した。原文の不自然な表現はルビで横に〔ママ〕を付した。

四、傍点やルビは原則削除した。

五、頻出する新聞は初出時を除き、次のように略記した。

『東京朝日新聞』＝『東朝』、『読売新聞』＝『読売』、『都新聞』＝『都』、『萬朝報』＝『萬朝』

六、史料中、今日の社会意識に即して不適当と思われる語句があるが、当時の表現として、歴史を理解する手掛かりとしてそのままにしてある。

序章　職業紹介所による就業

口入業「富士屋」へ入る女性。大正末期から昭和初期と思われる（日本近代史研究会編『写真近代日本史Ｉ　写真近代女性史』創元社，1953年）

1　新聞記者の注目する施設

天狗商会

一九一二（大正元）年一二月の寒い冬の日、一人の新聞記者がポッと出の田舎者に変装し、求職者のふりをして東京の様々な職業紹介所を探訪していた。記者の名前は北浦夕村という。奈良県出身で当時は時事新報社に勤務していた、小柄で、関西弁なまりの勉強熱心な男であった。

当時の東京では、上京者や求職者の増加を受けて、宗教団体や市が紹介所を設置しはじめていた一方、詐欺的な職業紹介所があるともっぱらの評判であった。そこで北浦はこうした施設の実態を自ら確かめるべく、新聞記者がよく使っていた取材方法の一つ、「ポッと出」の上京者に変装して実地探訪することとしたのである。

北浦が訪れた施設の一つは、浅草区田原町雷門電車通りにある「天狗商会」という職業紹介所である。店先には店名の大看板、六〇〜七〇種類の職種と「大至急募集、雇入一切無手数料」の看板、「職業なき者は来れ当商会は迅速確実に紹介す、一切無手数料」と書かれた看板がある。ここは支店の一つで本店は本所亀澤町にあるという。

内部は、二〇畳ほどの玄関兼事務室で、中央に二、三脚の机や数冊の大帳簿、書籍に火鉢などがあり、黒紋付の羽織を着込み、鼻の下の八字髭が特徴の「三十格好の男」（北浦は「紋付先生」とあだ名をつけている）と「商人風の番頭」の二人がいた(1)。

この店の紹介方法は、閲覧料一円を払えば本商会の本店、支店、分店のどこでも自由に帳簿の閲覧ができるというものであった。

しかし、後に地方青年向けの遊学指南書に書かれているように、「其帳簿に記されてある多数の就職口を見ると、既に店頭に貼出してある様な良い口は無ゐ、若しあつたとしても行つて見れば案外、「イヤ今朝決まりました。」とか、「遂先刻まで決まらずゐたでしたが遅れたのでそれはお気の毒でした。」とか云はれる。また戻つて来て見て行つて見るとまた同じ(2)」ということが当時問題になっていた。

北浦が「帳面を見せて貰つてい丶口が無かつたら、お金は返して貰へまつしやろか」と問うと、「紋付先生」は、「君はさう云ふ理論に合はん事を云つては困る、選択は君の自由にある」と言い返し、あくまでも記者から一円を取ろうという姿勢であった。つまり、「〔紋付〕先生は、愈々此方を田舎か

北浦夕村（著書『東都浮浪日記』扉写真）。北浦は奈良県出身，夜学に通い，時事新報社へ入社。本書が唯一の著作である。

ら駆出しの、ほや〳〵の椋鳥と多寡を括つて居る」のであった。[3] 情報だけ仲介する、確かに求職者を欺くような紹介所だったといえる。

市紹介所

続いて訪れたのは、公設東京市職業紹介所である。一九一一（明治四四）年に内務省の補助金を得て設立され、東京市養育院が運営に当たっていた施設である。宿泊所を兼ねており、日本では初めての公立職業紹介所であった。

受付では、事務員兼小使に、「下駄なら其処から上れ！」と指示され、北浦は宿泊申込書へ出身地、名前、年齢を書いた。入浴の際に懐の現金九六銭を事務員へ預けようとすると、「幾程あるか丁と勘定をして置きなさい」と注意してくれた。[4]

宿泊施設は、新築後間もないため、汚くはなかったが、「紺木綿の布団は、枕の下だけが黒くつて、一面に埃で白くなつてゐた。何となくじめ〳〵と」していた。[5] さらに、「枕の鞘」は「何時洗濯をしたものか、垢みどれになつて灰色に変色」していた。[6]

落ち込んだ北浦が気を取り直して施設の浴場に行ってみると、浴槽は「二人位は一時に入れる大きさ、洗場は四五人位も洗へる設備」[7] だが、お湯は若干濁っており、刺青を入れた男が先に入浴しており、鼻歌を歌っていたという。

翌日宿泊客を確認すると、七六歳の老乞食、古顔の棟梁株（紙屋と桶屋の職人二人）、四〇歳位の

「親方」と子供、片足の無い六〇歳位の巡礼者と女房、六一～二歳の「乞食婆」、二五～六歳の女と二八～九歳の亭主と子供がいた。これらは「市の方では、毎晩々々別個の人間と見做して、宿泊させて居るのであるが、乞食や立派な定職のある者」[8]が多かったという。ようするに、宿泊施設は不衛生で市紹介所の規則に違反していたのである。

続いて、北浦は職業紹介の様子を見ることとした。すると、山梨県出身で北海道移住後小学校教員をしていた二九歳の男性が上京後遊蕩して無一文になって来所した場面に遭遇した。

ここで事務員の藤井某は、この男性に対して「私も矢張り君等と同じやうな考へで、大成功をする積りで最初は東京へやつて来た」と説教をはじめ、改心した男性は結局、新聞配達をすることとなったという。北浦は事務員の態度に感激し、「若い人だけに、斯る求職者に対して美しい同情の血が燃えて、言々句々に真実の誠が籠り、御役目一遍の応接ではなかつた」と高く評価している[9]。

職業紹介所への関心

職業紹介所を探訪した北浦は一九一三年に体験談を『東都浮浪日記』にまとめた。この著作は、東京へ職を求めてやって来る人々に対する警告書であり、とりわけ職業紹介所についての詳細な潜入ルポルタージュであった。

職業紹介所に対する問題関心の高まりは、こうした都市下層社会[10]に関するルポルタージュの流行とともに同時代のジャーナリストや文学者、政府関係者によって示されていたものであり、北浦の探訪

代表的な都市下層社会の一つである四谷区鮫ヶ橋のイラスト（『風俗画報』1903年10月）。

もその一つに位置づけられる[11]。ただし、北浦のルポルタージュは、貧困層が集住する異質な都市下層社会への入り口として職業紹介所をとらえたところに大きな特徴がある[12]。

周知の通り、東京は、明治維新後の産業革命と資本主義の成立を経て大都市として急速に発展してきた。近世以来の商業都市が工業化するにあたって、よそから流入した多数の労働者の存在はひじょうに大きいが、一九世紀末になると下層社会が形成されるようになった。

都市下層社会は、日清戦争前後の三大貧民窟（下谷区万年町・四谷区鮫ヶ橋・芝区新網）、日露戦後の本所区横川町、長岡町、浅草区神吉町、業平町、浅草町、玉姫町、今戸町、新谷町に拡がり、さらに新宿、巣鴨、王子へと拡大、大正期には市街地にも散在するようになる。こうした地区の住民は、食費の割合が七〇%を超える厳しい生活状態がほとんどであり、子供の有業率は一〇代前半で五〇%、配偶者も八割程度が働き、この地区独特の相互依存ないし協力関係によって生活が可能であった。職業は、明治・大正中期までは乞食、屑拾い、屑買い、諸芸人、各種行商人、露天商、移動職人などの「雑業型」をはじめ、工場職工などの「工業型」もいたが、人力車夫や日稼ぎ人足（日雇）などの「力役型」が増加し[13]、結果的に近代工業の「ひとつの給源＝貯水池」となった[14]。新聞記者や政治家・官僚などは、これらの人々を「貧民」「窮民」などと呼び、一九一一年に内務省は「細民」として捉えようとした[15]。この頃の東京は、明治維新以来の「富国強兵」「殖産興業」政策をうけて工業化が進み、資本主義が大きな飛躍を遂げたものの、こうした都市下層の人々は日露戦後の慢性的不況のなかで、豊かとはいえない生活に不満を募らせていた。

既に一八九七年に労働組合期成会が結成され労働組合運動が始まり、日露戦後は社会主義運動が展開され、労働争議も多発した。これに対して政府は治安警察法により取り締まり、社会運動を一九〇八年の赤旗事件、一九一一年の大逆事件などで弾圧した。政府は天皇の名のもとに「戊申詔書」（一九〇八年）を渙発し、勤勉さを説き国民統合を促すとともに、都市部では感化救済事業を展開、貧困層向けの「慈恵」を強調し、恩賜財団済生会を設立するなど、反政府・反資本主義、貧困層の融和を図った。

注目すべきは、貧困とそれを取りまく要素が可視化されたなかで、先に見た天狗商会、市紹介所などの多くの職業紹介所が都市下層社会と隣接する駅前や繁華街に存在していたこと、市紹介所の来所者が、まさに都市下層社会への移住者や生活者だったことである。すなわち、職業紹介所は、都市下層社会と日常的に接点を持ち、都市への入り口、回路として人々をのみこみ、近代都市を構成する歴史的役割を有していたのではないかといえるのである。

本書は、こうした問題意識をふまえて、産業革命の達成と資本主義社会の成立後における東京の様々な職業紹介所の実態を、歴史学の研究として初めて包括的に捉えようとするものである。

2　近代化と職業紹介事業

江戸時代の人宿

東京の職業紹介事業のルーツは、江戸時代の人宿（ひとやど）にまでさかのぼる。人宿は、江戸時代の元和年間、善平なる三河国出身者が徳川の移転に伴い、浅草に武家の女中の紹介をする「寿々女屋」を開いたのが始まりとされる。一六〇五（慶長一〇）年には上州出身の伊勢屋清兵衛が職種を拡げ、侠客の幡随院長兵衛夫婦を養子に迎え、配下の子分に各々日雇や職人などの差配を任せて発展させた[16]。その後参勤交代の制度化に伴い、日雇労働者の調達が必要となったことで口入稼業は発達、寛永年間には商工業の発展とともに医師の大和慶安なる人物が京橋で女中の紹介を始め、一七二〇（享保五）年に日本橋芳町に「千束屋」が開業、町家へ女中をはじめ下男、下女、丁稚などを紹介し、事業者も増加していった[17]。

江戸時代の口入所「伊勢屋」組織図

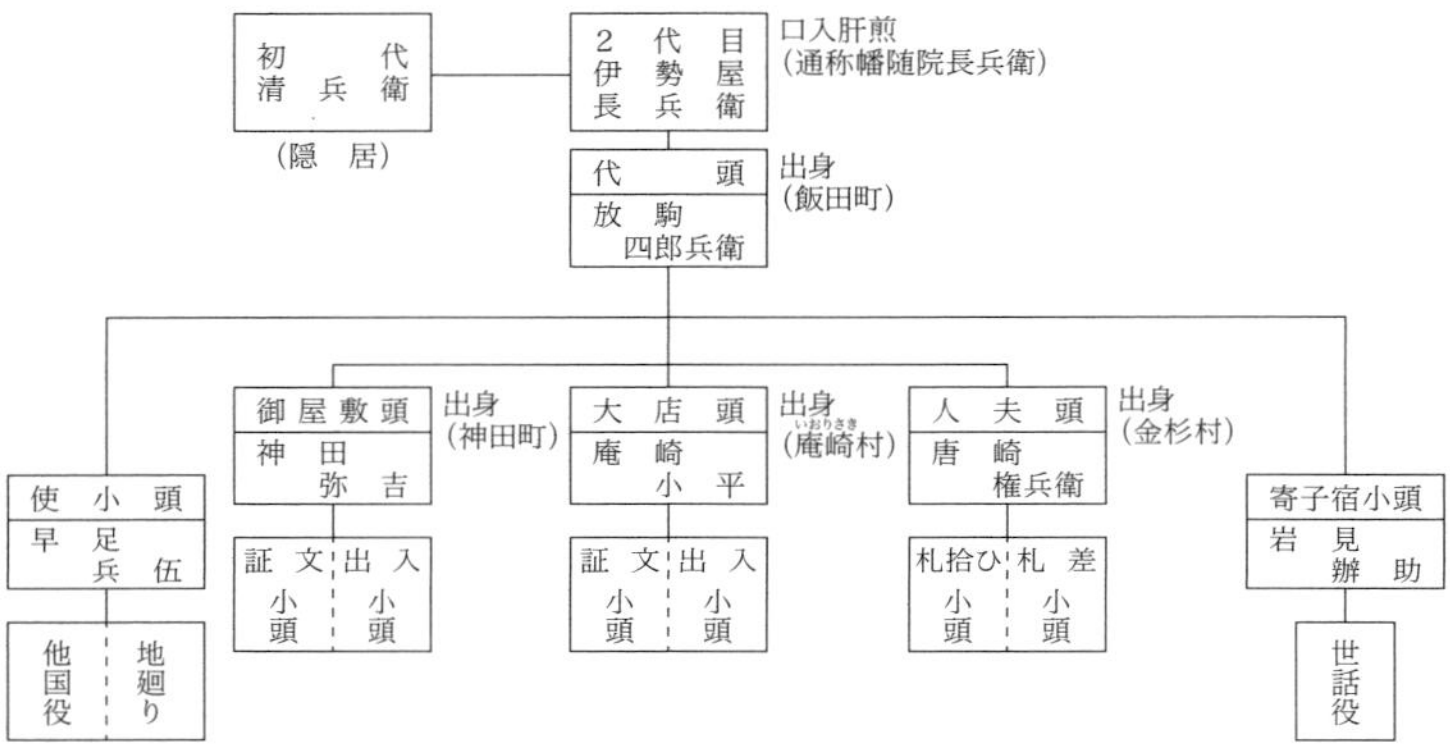

出典：さとう元雪『職業紹介の歴史』（私家版，1983年）16～17頁。

人宿にはあぶれた奉公人が集住するため浮浪者や狼藉者の巣窟となったほか、しばしば巧みに人身売買も行われたことから、幕府は取締を繰り返したがさほど効果はなく、[18]一七一〇（宝永七）年には三九〇軒、一八五一（嘉永四）年には四八二軒、大阪では五〇軒以上の業者が存在し、年間で一軒あたり四二〇人強の紹介をする驚くべき効率性を誇った。[19]紹介方法は、判賃を徴収して身元保証を行い、「お目見え」という試用期間を経て契約に至るというもので、成立後、奉公先と奉公人より手数料を徴収した。すなわち人宿は縁故のない上京者に対し、工業商業その他雑業全般を紹介していたのである。

営利事業へ

明治維新後、「士農工商」に代表される江戸時代の身分制度が原則的に撤廃されると、居住・職業選択の自由、営業活動の自由が認められるようになったが、武士階層の消滅、参勤交代の廃止により、奉公人や日雇が失業し、業種転換が進んだ。[20] また、一八七〇年には「新律綱領」で奉公人の名称は公的には消滅、一八七二年の司法省達第四二号で一切の男女の年雇・日雇に至るまで「雇人」とする旨が公布された。[21]

東京[22]の人口は、大日本帝国憲法発布時の一八八九年に一〇〇万人を超え、五人のうち二人が流入した人であった。[23] 日露戦争開戦の一九〇四年には人口一五〇万人、産業人口が五七万人を超えた。この産業別有業人口の内訳を表**0-1**で見ると、商工業者が大半を占め、雑業層が増加したことがわかる。

当時東京では、図**0-1**のような社会移動が起こっており、農村からの出稼ぎ、挙家流出者が、製糸紡績、生糸、絹織物、機業、鉄工、印刷など近代特有の大量生産を行う工場へ、そして丁稚・小僧、店員、車夫（人力車の運転手）や女中、子守、乳母などの都市のサービス業（商業・家内労働）[24]、機械・器具・金属工業へ、熟練労働者、女工、零細な小営業家内労働者、不熟練労働者として吸収されていた。[25] ただし、これらの大半は、季節出稼ぎ者と不熟練労働者[26]であり、労働力の需要・供給の観点から見ると、熟練技術者が不足していた。[27]

こうしたなかで職業紹介事業は、熟練職工など直接人や企業を介する場合を除いて[28]、都市下層の代表的な職種である不熟練労働を中心に扱い、表**0-2**のように分化していくこととなった。

営利事業は、紹介手数料を原則徴収して職業を紹介するものとして、おもに商工業を紹介する口入業、菓子職人など特定の技術者を紹介する寄子業、港湾や工場、荷役、運搬などの日雇労働を紹介する日雇周旋に分かれ、その後本書冒頭で見た求人情報を仲介する職業案内所が新たに登場した。この他、本書で対象としないが、芸娼妓酌婦を紹介する公周旋業もあった。

表 0-1　東京市の産業別有業人口数

	1889年	1903年	1908年	1920年
農林産採鉱	773	—	8,644	13,209
工業	45,055	113,598	288,191	377,819
商業	64,369	238,893	216,896	310,550
雑業 1	35,972	219,920	83,773	118,371
雑業 2	99,225		74,178	64,108
その他有業者	—	—	21,385	24,385
総数	245,394	572,411	693,067	908,442

注：雑業は1903年度は「庶業」，1908年以降は「公務自由業」と「交通業」。
1908年より「その他有業者」に女中・子守など編入された。
出典：東京都中央区役所編刊『中央区三十年史』（上巻，1980年）371頁より筆者が作成。
原史料は1899，1903年が『東京府統計書』，以下『市勢調査統計原表比例篇』と『東京市統計年表』。

図 0-1　人の移動と就業の見取り図（明治30年代）

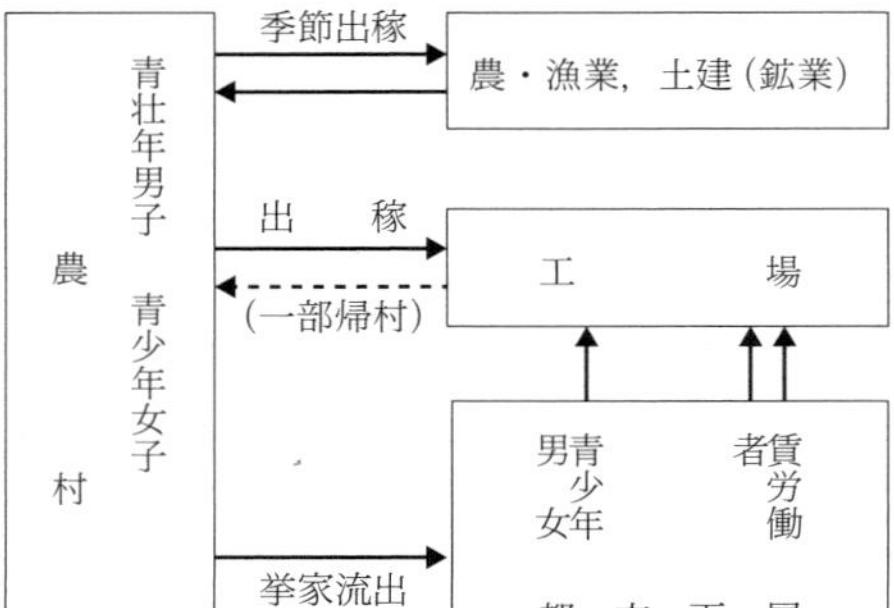

出典：隅谷三喜男「日本賃労働史論」（『隅谷三喜男著作集』第一巻，岩波書店，2003年）274頁。

本書で対象とする時期の各業種の取締法規を見ると、口入業は人宿を継承した雇人請宿になった後、一八九一年の「雇人口入業取締規則」によって宿泊は扱わず職業紹介のみを行うものとして規制された。一方、日雇周旋を直接取り締まる法規は存在せず、職業案内所に関しては、大正期にようやく取締対象となる。概ね営利事業は、就労可能者を対象に、労働者需要が急増する産業界に対して、都市下層を中心に多様な労働力を供給する役割を有していたといえる。

貧困と公益事業

一方、都市下層社会の労働者は概ね低賃金、重労働に従事しており、本人と家族が責任を負うのを当然視し、社会保障制度がないに等しいため貧困問題を抱える人々も出てきた[29]。日清〜日露戦争の頃のルポルタージュには、親を亡くした孤児の窃盗、野宿、乞食化、中高年労働者の行き倒れが描かれている[30]。貧民窟は不衛生で南京虫が発生したり、コレラや結核が蔓延し、日常的に近親相姦や強姦があった[31]。日雇労働者や単身者を中心に家族連れの貧困層も宿泊していた木賃宿では売買春が横行し、宿代の支払いを滞納した若夫婦のうち男性は身ぐるみはがされ、女性は売春で露命を繋ぐといった出来事もあった[32]。

都市下層は絶えず新たな流入者を吸収しながら産業の発展とともに次第に家族形成が進んだが、貧困問題はしばしば不満、葛藤として社会の表面に噴出し、賃上げ闘争や労働争議、さらに日露戦後には日比谷焼き討ち事件などの民衆騒擾を促す大きな力ともなっていた。労働組合運動は治安警察法のもとで規制され、労働争議や社会主義運動には徹底的な取締と弾圧が加えられたとはいえ、政府はこうした貧困対策の必要性に気づくようになっていく。

公益事業は、こうした貧困に苦しむ就労者や就労不可能者の救済を目的として始められた。その施設が表**0-2**である。原則として紹介手数料は無料か低額に設定されていた。治安維持のために無料宿泊所が開設され、苦学生を対象に基督教救世軍労働寄宿舎（以下、救世軍労働寄宿舎）が設立された。日露戦後は、貧困に至らせない「防貧」[33]事業として政府は公益事業に力を入れ、国民の勤労を促す目的もあって、民間の慈善・救済事業を支援する感化救済事業を展開する。こうしたなか東京基督教青年会人事相談部（以下、青年会人事相談部）、浄土宗労働共済会、東京模範紹介所が設立され、公立事業（地方公共団体による事業）としては、本章冒頭で見た

④日雇周旋（大阪では労働下宿）	⑤職業案内所（大阪では職業通信）
親方　労働請負　人夫請負	職業紹介所
土方，人足などを紹介。	様々な職業を，求人情報より紹介する

④浄土宗労働共済会	⑤東京模範紹介所	⑥公設東京市職業紹介所
1911年	1911年	1911年
職業紹介・食料実費給与などを行う。1ヶ所。	1911年創設。職業紹介を行う。1ヶ所。	職業紹介・宿泊事業・授産事業・少年保護事業などを行う。最大4ヶ所。

要　人文・社会科学編』第27巻第1号，1985年）をもとに筆

表 0-2　近代東京の職業紹介事業

営利事業			
名称	①雇人口入業（大阪では僕婢紹介）	②寄子業（大阪では入方専業）	③公周旋業（大阪では芸娼妓紹介）
別称	桂庵　口入屋	寄子	女衒
紹介業種	丁稚，店員，徒弟，下働，女中，工女などを紹介。	料理，理髪，湯屋，麺類，蒲鉾，鮓，米舂，妓丁，付添看護婦などを紹介。	娼妓，芸妓，酌婦，引子（遣手）などを紹介。
公益事業			
名称	①浄土真宗無料宿泊所	②基督教救世軍労働寄宿舎	③基督教青年会人事相談所
創設年	1901年	1904年	1909年
機能	貧困層へ無料宿泊・職業紹介・病院送致，貯蓄奨励を行う。2ヶ所。	主に苦学生を対象に職業紹介・宿泊・貯蓄奨励を行う。最大3ヶ所。	青年会会員を主な対象に職業紹介を行う。〈のち身元保証必要〉。最大2ヶ所。

出典：営利事業は伊賀光屋「私的職業紹介所と勤続問題」（『新潟大学教育学部紀
者作成，公益事業は筆者作成。

東京市職業紹介所（以下、市紹介所）が明治後期に開所した。

これらの公益事業に関する取締法規はなかったため、青年会人事相談部のように警察から「雇人口入業取締規則」に則した運営を求められる場合もあった。公立事業に関しては一九二一年の「職業紹介法」によってようやく規制されるようになった。

注目すべきは、ほとんどの公益事業が都市下層社会の代表的な地区を対象とし、しかも営利事業の後に創設された点である。ここに営利事業との相互補完関係または対立も発生したことが想定される。すなわち、営利・公益職業紹介所は、都市下層社会との接点として、政治社会的に重要な意味を持っていた。そこには求

ポーツマス講和条約反対集会（1905年9月）。こののち，日比谷焼き討ち事件に発展する。暴動には都市下層の人々も参加していた。

職者と職業紹介所、また営利事業どうしや営利・公益事業間の葛藤とせめぎ合いがあった。これらの動態は、職業紹介所が近代東京の都市社会の労働力需要のかなりの部分を規定する存在だったことを示していたと思われるのである。

この歴史を考察すれば、近代都市下層社会における就業の実態を明らかにし、下層部の人口増加と定着のダイナミズムや、工場労働者の姿、救済のあり方や矛盾、貧困の再生産の様子が見えてくる。さらにその後の戦時動員と労働、そして現代の派遣労働や「貧困ビジネス」に至る雇用労働問題を考えるうえで大きな示唆も与えてくれるはずである。(34)

3　本書の構成

先行研究と課題

しかし、これまでの歴史学では、このように重要な職業紹介事業について体系的な研究は行われてこなかった。従来の都市下層社会研究では流入者が利用する一施設として職業紹介所をとらえ、[35]経済史研究では封建的労使関係の一機構と見なしてきたものの、[36]その実態や役割を直接対象にしたものはきわめて少ない。

日雇労働を紹介した日雇周旋については、来島浩が取締法規を整理して港湾労働との関係に言及し、[37]都市社会史研究では藤野裕子が東京の、布川弘、島田克彦、佐賀朝が神戸、大阪の日雇労働者を「プール」し、賃金を頭撥ねした実態を明らかにした。[38]一方、経済史研究では西成田豊が、東京などの大規模工場では仲介業者が膨大な量の不熟練労働力の編成、統括を行っていたと位置づけている。[39]

だが、これらの研究は近代に成立した都市社会・資本主義社会における日雇周旋の役割と機能の概要を解明したとはいえ、事業の実態や紹介方法、成績、ルポルタージュが指摘した弊害と都市下層社会との関係、営利事業に対する政治社会の要請、といった具体的な経緯をふまえた検討ではない。

他方で社会福祉史研究においては、公益事業の個別事例が一定程度存在する。[40]無料宿泊所は、吉田久一や佐賀枝夏文[41]が、義捐金主体の運営で不安定な経営であったことと、紹介業種は日雇労働が中心で底辺労働者を再生産したに過ぎないことを幾つかの史料を用い言及している。しかし、事業の変遷や成績が正確に辿られておらず、当時の社会状況における役割の分析が不十分である。

また、救世軍労働寄宿舎は救世軍史や室田保夫ら[42]が、救世軍のその他の慈善・救済事業とともに概略を紹介し意義を強調したが、室田を除いては実証分析に多くの課題がある。青年会人事相談部は青年会史で言及されているのみで研究書はなく[43]、東京模範紹介所の研究は存在しない[44]。浄土宗労働共済会は、吉田久一や三好一成が施設を設立した経緯と事業の概要を明らかにしたが、職業紹介事業の実態と役割について明確な位置づけはなされていない[45]。そして市紹介所は、公立事業を管轄した官公庁による通史[46]のほか、社会福祉史・社会政策史でも断片的に言及されてきたが[47]、前者は概略に止まり、後者は公平に開かれたあるべき「労働と市場」を念頭においた低い評価に終始しており、当時の実態を考察したものではない。

この他、営利・公益事業を社会政策史の見地から記した保谷六郎[48]や、都市流入者の実態に統計数値を活用した宮地正人の研究[49]もあるが、職業紹介事業を中心に据えたものではなく、それぞれの視角から、職業紹介事業の一面を明らかにしたに過ぎない。

つまり、先行研究の課題は、第一に、近代化のもと都市下層社会と職業紹介事業の関係が日雇周旋を例外として、具体的に解明されていないこと、第二に、日雇周旋をはじめとする営利事業の研究がほぼ概説に止まり、実態が不明であること、第三に、貧困対策として設立された公益事業の実像とその役割が明らかになっていないことである。

だが、冒頭で見たような都市下層社会の動きを多面的に把握するためにも、またこれまでの都市史、経済史、社会福祉史研究のなかに位置づけ、発展させるためにも、職業紹介事業の実情を具体的に検討することは、きわめて重要である。

分析方法と構成

そこで本書はこうした問題意識を持ち、近代東京における公益・営利職業紹介事業の実態を様々な史料を元に検討し、その役割と弊害を歴史的に位置づけようとした。

分析対象は、営利事業のうち雇人口入業、日雇周旋、職業案内所、および公益事業のうち前述した①〜⑤の全施設とした。時期については、右の各施設が登場し、近代化による変化が注目される二〇世紀初頭の明治後期〜大正前期を中心とした。検討に際しては次の点を意識した。

第一に、各職業紹介事業の成立と展開を、都市下層社会の変化を踏まえて検討する。営利事業は前近代からの流れを汲みつつ、都市の発展といかに関わっていたか、公益事業は宗教団体による事業展開、公立事業については政府の政策、自治体の政策といかに結びつき設立されたかを明らかにした。

第二に、各職業紹介所の施設につき、所在地、経営者、設備はもちろん、事業規則などを含めて新史料を発掘しながら、職業紹介の仕方、紹介成績、紹介業種、来所者の特徴を可能な限り検討することで、各紹介所の特徴と役割を解き明かした。

第三に、営利事業・公益事業それぞれが都市下層社会といかに関わり、いかなる役割を有していたか、そしてメディアを通じて政治や社会全体に与えた影響も明らかにした。ここでは、特に都市下層の「救済」を掲げていた公益事業の矛盾にも考察を加えた。

本書の構成は以下のようである。

第一章では、営利事業の口入屋を検討する。ここでは、明治以降近代化とともに自由営業となった都市社会で口入業がいかに変質し、利益目的で求職者の権利をないがしろにする違法な業者が登場したかを説明する。そのうえで営業の手法について具体的に検討を加え、警察による取締の実態から、いかなる課題が残されたかに言及する。

第二章では、工業化の進展とともに拡大した日雇周旋を検討する。ここでは、土木建築業界に「競争入札制度」の導入以降、親方が技術の伝承を行わず、賃金の「頭撥ね」を伴いながら多くの日雇労働者を斡旋するようになった経緯と地域性を論ずる。さらに拡大する日雇労働市場から成立した都市下層社会の木賃宿街の様子、地方への労働移動の弊害を明らかにする。

第三章では、冒頭で見た天狗商会のような職業案内所を検討する。新聞の求人広告など情報の仲介業者としての新たな意義と、暴利目的で新たに参入した多数の業者の特徴を浮きぼりにする。また、警察の取締規制の実態と課題に論及する。

第四章では、貧困層の拡大と治安悪化を受けて、東京で初めて設立された公益事業の浄土真宗無料宿泊所を検討する。真宗の僧侶である大草恵実と、東京市養育院の安達憲忠による事業目的や、補助金頼みの運営方法を検討し、それが日露戦後政府の推進する感化救済事業によって増設され、事業の多様化へ至る過程を追う。日雇労働を中心に展開された同所の成果と課題も論じる。

第五章では、日露戦後に設立された公益事業の基督教救世軍労働寄宿舎を検討する。都市在住の苦学生を対象にした事業の経緯と、日雇労働や電気工事人夫等の需要を開拓しつつ、感化救済事業の進展により第三施設まで増設したことを明らかにする。ただし、特定の業種に特化した職業紹介事業に限界があったことなど施設の課題にも言及する。

第六章では、既存の公益事業とは異なる三つの新しい公益事業を検討する。知識青年層を対象にした基督教青年会人事相談部、労働者に限定した浄土宗労働共済会、「高等遊民」など知識青年層を対象にした板垣退助主宰の社会政策社の東京模範紹介所のそれぞれについて検討し、その意義と限界を考察する。

第七章では、日露戦後「一等国」を自負し、明治末期に日本で初めて設立された公立事業である、公設東京市職業紹介所を検討する。ここでは、従来内務省の奨励がきっかけとする先行研究の誤りをただし、内務官僚の動向を明らかにしたうえで、西欧や既存の公益事業施設にならった設備、規則の実態を明確にする。そして、大正中期にかけての事業の変化と、都市社会への広範な影響についても論じる。

終章では、以上の検討を整理し、第一次世界大戦後に増設される公立事業の政策的意味と東京における展開の意味を概括するとともに、東京の職業紹介事業の近代化と就業の変化について、営利・公益事業の特質とともにまとめ、今後の展望も記した。

注

（1）北浦夕村『東都浮浪日記：附就職難』（崇文館書店、一九一三年）五八〜五九頁。
（2）宇根義人『現代農村　青年の行路』（国華堂書店、一九一六年）二九〜三〇頁。
（3）前掲北浦『東都浮浪日記』六二〜六三頁。
（4）同右、九三、九七頁。
（5）同右、九五頁。
（6）同右、一〇五頁。
（7）同右、九七頁。
（8）同右、一一六頁。
（9）同右、一四二〜一四三頁。
（10）低所得者層を指す「都市下層」と、残飯屋や木賃宿など固有の生活文化を持つ「下層社会」は区別すべきであるが、本書ではそれぞれを分析するのではなく、当時のメディアなどが捉えようとし、実態としても小零細自営層、工場労働者、車夫や日雇労働者、芸人や屑拾などの貧困層が生活水準と構造において広く共通した性格を帯びていたことから、そうした人々の集住地域という意味で都市下層社会と表記している。本書で見るように、職業紹介事業が紹介する業種は、「下層社会」の文化だけでなく、低所得者層である「都市下層」とも密接に関係していた。都市下層社会の研究史については、布川弘『神戸における都市「下層社会」の形成と構造』（兵庫部落問題研究所、一九九三年）一〜七頁が説得的である。
（11）立花雄一『明治下層記録文学』（一九八一年初出。ちくま学芸文庫、二〇〇二年）参照。立花は北浦の著作には触れていないが、その他の代表的なルポルタージュの流行にも目を配っており、同書とは別にこれらの文献を復刻し、詳細な解説を記している。都市下層社会を論じた政治社会の様子については、中嶋久人「「都市下層社会」の成立―東京―」（小林丈広編『都市下層の社会史』解放出版社、二〇〇三年所収）参照。近年、ルポルタージュに関しては、藤野裕子「表象をつなぐ想像力―ルポルタージュ読解試論―」（『歴史学研究』第九一三号、二〇一三年一二月）がこれらの取り扱いにつき有益な知見を提示している。こうした問題関心の高まりは、文学の素材として用いられたことにも現れていた。夏目漱石『坑夫』（一九〇八年）、絵嶋瀾洲『突飛な青年』（一九一〇年）、宮地竹峰『浮世の波瀾：修養小説』（山口屋書店、一九一六年）など。遠藤興一「文献案内近代文学と社会福祉―もうひとつの福祉世界（一）～（九）」（『明治学院論叢』・『明治学院大学社会学・社会福祉学研究』二〇〇〇～二〇〇七年）に関連文献が多数紹介されている。

（12）この表現は、石塚裕道『東京の社会経済史―資本主義と都市問題―』（紀伊國屋書店、一九七七年）二四六頁による。石塚は北浦のルポには言及していないが、職業紹介所の新聞記事を用いて「直接にまたはめぐりめぐって、都市下層社会へ流入する回路があった」のが東京の特徴だと指摘している。

（13）中川清『日本の都市下層』（勁草書房、一九八五年）六～七頁表参照。

（14）江口英一「都市下層社会」（国史大辞典編纂委員会編『国史大辞典』第一〇巻、吉川弘文館、一九八九年所収）三五八～三五九頁。中川清も「明治末の都市下層は、農村からの人口流入と工場労働者の形成とを積極的に媒介する役割を担うようになった」としている（前掲中川『日本の都市下層』二七頁）。

（15）当時の語句の定義およびこれまでの研究史上の課題については西成田豊『近代日本労働史―労働力編成の論理と実証―』（有斐閣、二〇〇七年）第四章を参照。

（16）さとう元雪『職業紹介の歴史』（私家版、一九八三年）一五～一七頁。原文では慶長一〇年を一六〇六年としているが一六〇五年に改めた。

（17）豊原又男『職業紹介事業の変遷』（職業協会、一九四三年）九五～一一〇頁。

（18）南和男『江戸の社会構造』（塙書房、一九六九年）第三・第四章、根岸茂夫『大名行列を解剖する―江戸の人材派遣―』（吉川弘文館、二〇〇九年）、阿部昭『江戸のアウトロー―無宿と博徒―』（講談社選書メチエ、一九九九年）参照。

（19）齋藤修『江戸と大阪―近代日本の都市起源―』（NTT出版、二〇〇二年）。

（20）武家奉公人の雇用がなくなったが商業の雇用は残り、近代社会で一定の役割を果たしたが、この点に答える十分な研究成果がないようである。松本良太「特論　人宿」（『岩波講座日本通史第一五巻　近世　5』岩波書店、一九九五年所収）参照。

(21) その後「雇人」の名称については戸籍の有無を巡る規定で混乱があったが、一八七七年司法省達甲第一号で戸籍の有無にかかわらず一ヶ月以上雇役する者は雇人とされた（福島正夫編『日本近代法体制の形成』上巻、日本評論社、一九八一年概説など参照）。

(22) 「東京」は東京府・市を包含する場合が多いが、本書では主に市部を指し、郡部も含める場合は別途記述する。

(23) 前掲石塚『東京の社会経済史』一〇一〜一〇二頁。

(24) 隅谷三喜男「日本賃労働史論」（『隅谷三喜男著作集』第一巻、岩波書店、二〇〇三年）二七四頁。

(25) 同右、一〇三〜一〇四頁。

(26) ここでは単純に、大工場や伝統工業など特殊技術を伴わない労働者全般を不熟練労働者としている。労働者の熟練技術の有無と集団的特質については、東條由紀彦『近代・労働・市民社会―近代日本の歴史認識Ⅰ―』（ミネルヴァ書房、二〇〇五年、一九二頁図7-1）が詳しい。本書で不熟練労働者とは、東條のいう「窮民」型労働力、「生計補充」型労働、「不熟練」型同職集団の枠内の人々を指す。

(27) 前掲石塚、一〇四頁。

(28) 職工が「募集人」や企業求人、縁故を頼ったことはよく知られる（前掲東條『近代・労働・市民社会』二一六、二一八頁）。ただし本書で見るように、不熟練労働の職工は職業紹介所を通すことも少なくなかった。

(29) 当時、生活困窮者を支援する救貧制度は一九三二（昭和七）年施行の「救護法」まで、「恤救規則」（一八七四〈明治九〉年）しかなく、戸籍を有する「窮民」（極貧で稼働能力を持たない独身の廃疾者）に対して一年に一石八斗（田一反分）を上限として支給するだけで、稼働率は年平均〇・一〜〇・五％程度であった。また、東京府・市においても、慈善・救済事業は自助努力と相互扶助を前提に、財政負担を理由にしばしば削減が唱えられるなど大きな影響力を持ちえなかった（前掲中嶋「「都市下層社会」の形成―東京―」第四項）。

(30) 著者不明「東京の貧民」(一八九七年一〇月初出。中川清編『明治東京下層生活誌』岩波文庫、一九九四年所収)九八～一一九頁、「社会／片影」(『読売』一九〇二年一〇月一六日付朝刊四面)。

(31) 紀田順一郎『東京の下層社会』(一九九〇年初出。ちくま学芸文庫、二〇〇〇年)二〇～三七頁。

(32) 雲水道者談・幸徳秋水筆記「東京の木賃宿」(一九〇四年七月初出。前掲中川、二一八～二三四頁所収)。

(33) 高学歴層では出身校の人脈や個人的な縁故が、職人層では同業者間ネットワークが大きな位置を占めたことはよく知られている。前者は、拙著『近代日本の就職難物語―「高等遊民」になるけれど―』(吉川弘文館、二〇一六年)など参照。「防貧」とは、貧困を予防することで国費による直接救済対象に陥らせないことを意味する。感化救済事業など内務省関係者は、しばしば相互扶助を強調した。なお、本書では慈善・救済事業と表記するが、これは社会福祉史の表現が慈善事業(日清戦争後)→感化救済事業(日露戦争後)→社会事業(第一次世界大戦後)→社会福祉の順に移行してきたことを踏まえ、社会事業以前の公益事業をまとめたものである。実際の歴史用語としては慈善・慈恵・救済が入り混じっている。用語の定義については、一番ヶ瀬康子「解題(第一巻)」(社会福祉調査研究会編『戦前期社会事業史料集成』第一巻、日本図書センター、一九八五年所収)、野口友紀子『社会事業成立史の研究―防貧概念の変遷と理論の多様性―』(ミネルヴァ書房、二〇一一年)、石井洗二「「慈善事業」概念に関する考察」(『社会福祉学』第五五巻第三号、二〇一四年)を参照。

(34) こうした職業紹介事業の歴史は、現代の我々と無関係ではない。すなわち、「天狗商会」は現在の派遣会社や「貧困ビジネス」のルーツであるし、市紹介所は現在の公共職業安定所のルーツである。第二次世界大戦後、「職業安定法」により民間の職業紹介は限定され、一方で公共職業安定所が全国に整備され多くの職業を紹介してきた。近年、新自由主義が世界的風潮となるなかで派遣業務が解禁され、人材派遣業界が台頭し、手数料収入や違法な労働紹介、貧困層を搾取する問題が登場している。こうした問題については、水島宏明『ネットカフェ難民と貧困ニッポン』(日本テレビ放送網、二〇〇七年)、湯浅誠『貧困襲来』(山吹書店、二〇〇七年)、門倉貴史『貧困ビジネス』(幻冬舎新書、二〇〇九年)、中沢彰吾『中高年ブラック派遣―人材派遣業界の闇―』(講談社現代新書、二〇一五年)など参照。ただし、歴史学では類似の現象を同じ形態を取りながらも過去へのゆり戻しではなく、現代のグローバル化に伴う新しい段階として捉えるため、単純比較は慎みたい（山之内靖「総力戦の時代」山之内靖著・伊豫谷登士翁ほか編『総力戦体制』ちくま学芸文庫、二〇一五年所収。一九九七年初出、一七～一八頁）。

(35) 宮本常一ほか『日本残酷物語〈第五部〉近代の暗黒』（一九六〇年初出。平凡社ライブラリー、一九九五年）、前掲石塚『東京の社会経済史』、前掲中川『日本の都市下層』、前掲紀田『東京の下層社会』、大日方純夫『警察の社会史』（岩波新書、一九九三年）六四～六七頁、前掲齋藤『江戸と大阪』など。

(36) 内山尚三『「家」と労使関係―新版・家父長制労働論―』（法政大学出版局、一九八四年）。

(37) 来島浩「わが国の職業紹介と労働者募集の史的展開（Ⅰ）―特に制度面を中心にして―」（『徳島大学教養部紀要　人文・社会科学』第二五巻、一九九〇年）。

(38) 東京については、藤野裕子『都市と暴動の民衆史―東京・一九〇五－一九二三年―』（有志舎、二〇一五年）第四章、神戸については、前掲布川『神戸における都市「下層社会」の形成と構造』、島田克彦「一九二〇～三〇年代の都市における労務供給請負業者」（『ヒストリア』第一七五号、二〇〇一年）、同「戦前期大阪築港における港湾運送業と労働者―一九三二年・築港沖仲士争議を中心に―」（『ヒストリア』第一七八号、二〇〇二年）。大阪については、佐賀朝『近代大阪の都市社会構造』（日本経済評論社、二〇〇七年）、佐賀朝「近代大阪における都市下層社会の展開と変容」（『桃山学院大学経済経営論集』第五三巻第三号、二〇一二年二月）。

(39) 西成田豊『近代日本の労務供給請負業』（ミネルヴァ書房、二〇一五年）。同書への書評で島田克彦は、「労供業者の機能を解して近代日本社会に正確に位置づけていく作業は極めて重要」としており、本書の問題意識と共通している（島田克彦「書評　西成田豊著『近代日本の労務供給請負業』」『歴史学研究』第九四八号、二〇一六年九月、四八頁）。

(40) 公益事業にふれた主要文献は以下のものがある。吉田久一『日本社会事業の歴史　新版』（勁草書房、一九八一年）、池田敬正『日本社会福祉史』（法律文化社、一九八六年）三六八頁、菊池正治・室田保夫ほか編『日本社会福祉の歴史　付・史料―制度・実践・思想―』（ミネルヴァ書房、二〇〇三年）、遠藤興一「都市下層社

会の形成・展開と救済事業（一）〜（五）」（『明治学院論叢』一九八五年〜一九八七年）、前掲遠藤「文献案内近代文学と社会福祉（一）〜（九）」など。

歴史学と社会福祉史の断絶については、杉山博昭「社会福祉史と歴史学—池田敬正『日本社会福祉史』以降—」（『歴史評論』第七二五号、二〇一〇年九月）、拙稿「書評と紹介　室田保夫著『近代日本の光と影—慈善・博愛・社会事業をよむ—』」（『日本歴史』第七八三号、二〇一三年八月）、拙稿「書評と紹介　杉本弘幸著『近代日本の都市社会政策とマイノリティ—歴史都市の社会史—』」（『日本歴史』二〇一六年三月）を参照。

(41)　前掲吉田『日本社会事業の歴史』、佐賀枝夏文「近代大谷派教団社会事業の研究」（『真宗総合研究所研究所紀要』第六号、一九八八年）。

(42)　秋元巳太郎著・杉森英子監修『神の国をめざして　日本救世軍の歴史1（1895-1926）』（救世軍出版供給部、一九九一年）、三吉明『キリスト者社会福祉事業家の足跡』（金子書房、一九八四年）一五二〜一五三頁、室田保夫『キリスト教社会福祉思想史の研究—「一国の良心」に生きた人々—』（不二出版、一九九四年）第二章「日本救世軍と社会事業」、大谷まこと「英国救貧防貧事業の、調査、紹介、導入、展開に対する渋沢栄一の貢献」（『渋沢研究』第一二号、一九九九年一〇月）、遠藤興一「文献案内近代文学と社会福祉—もうひとつの福祉世界（3）—」（『明治学院論叢』第六八九号、二〇〇三年二月）二五五〜二五八頁。

(43)　青年会については斉藤実『東京キリスト教青年会百年史』（財団法人キリスト教青年会、一九八〇年）での概略的記述を除き、ほとんど明らかにされていない。なお大阪では大阪基督教青年会職業紹介所が一九一〇年四月に開所している（大阪府編刊『大阪府統計書（大正二年）』一九一三年、五二一頁）。

(44)　絲屋寿雄『史伝板垣退助』（清水書院、一九七四年）四二二〜四二八頁に東京模範紹介所を経営した板垣主催の社会政策社の記述があるものの職業紹介事業に触れていない。なお、社会政策社の機関誌『社会政策』は国立国会図書館所蔵。

(45)　浄土宗労働共済会については、長谷川匡俊「渡辺海旭と仏教と社会事業研究会」（『近代浄土宗の社会事業—人とその実践—』相川書房、一九九四年所収）、安藤和彦「渡辺海旭と浄土宗労働共済会—社会的実践活動の形態―」（『京都文教短期大学研究紀要』第三九集、二〇〇〇年）が施設の概略を記している。近年、菊池結「渡辺海旭の社会事業と仏教」（『千葉・関東地域社会福祉史研究』第三四号、二〇〇九年五月）が思想史的再検討を行い、評伝であるが前田和男『紫雲の人、渡辺海旭―壺中に月を求めて―』（ポット出版、二〇一一年）第三部で事業の背景と要点が紹介されている。最も実証的かつ包括的な論稿は、三好一成「浄土宗労働共済会の設立と事業の展開」（『長谷川仏教文化研究所年報』第二四号、二〇〇〇年）である。他の先行研究も三次論文の四〜五頁に詳しく挙げてある。もっとも、同論文も紹介事業が中心ではなく全容解明には至っていない。主要史料である『浄土教報』は近年デジタル化され仏教大学図書館で閲覧できる。「労働共済会」関係は検索ヒット数一九五件で、三好論文の指摘にない史料もあった。同史料閲覧に際しては、仏教大学図書館にお世話になった。この場を借りて厚く御礼申し上げる。

(46) 労働省編『労働行政史』（第一巻、労働法令協会、一九六一年）、大霞会編『内務省史』（第三巻、地方財務協会、一九七一年）。

(47) 菅谷章『日本社会政策史論』（増補改訂版、日本評論社、一九九〇年）一四一頁。

(48) 保谷六郎『日本の社会政策史』（中央経済社、一九九四年）、同『社会政策―歴史と課題―』（御茶の水書房、二〇〇八年）。

(49) 宮地正人『日露戦後政治史の研究』（東京大学出版会、一九七三年）。

第一章　近代化と口入業者の変質

雇人口入所（口入屋）に入る女性（永沢信之助編『東京の裏面』金港堂書籍, 1909年）

東京で商工業をはじめとする多様な職業を紹介していたのは、近世にルーツを持つ口入業者であった。老舗は長年培った手法と地盤を生かして、近代になっても一定の地位を有していた。しかし、日露戦後に社会が変化するとともに、様々な問題点も指摘されるようになる。本章では、口入業者の実態と都市下層社会との接点、政治社会への影響を検討する。

1 自由営業と口入屋

人宿の近代化

雇人口入業は、近世期の人宿を起源とし、商工業を中心に様々な紹介を行った。人宿は、幕末・明治維新期を経て、一八七二（明治五）年の東京府布達「東京府雇人請宿渡世規則」、一八七七年一〇月の警視局甲第五二号布達「雇人請宿規則」により宿泊を兼ねた職業紹介所として存続していた。その後、一八九一年六月に警察令第一一号の「雇人口入営業取締規則」により、名称にかかわらず手数料をとって雇傭人を周旋する者はすべて「雇人口入営業者」とされた。前科者や未成年者などは開業を禁止されたものの、資産要件はなく、近世と違い、身分にかかわらず営業者となることができたため、新規参入もあいついだ。この結果、日清戦争後の好景気と上京者の増加に伴い、営利目的から、無資産の業者や身元保証業を兼ねる違法な業者が増えた(1)。なかにはすでに就労した人を住み替えさせて紹介数を重ねて手数料収入の増加を図り、世話料と保証料を徴収する業者まで現れたため、こ

表 1-1　雇人口入業数

	1897	1901	1906	1911	1916	1921	1926
麹町	49	45	39	28	21	15	16
神田	136	166	122	84	79	91	49
日本橋	112	105	92	71	84	89	54
京橋	99	112	81	65	72	80	54
芝	106	123	90	73	69	53	49
麻布	38	41	29	29	29	29	23
赤坂	27	28	22	19	18	30	24
四谷	35	34	34	30	22	37	31
牛込	29	40	39	33	35	55	62
小石川	24	29	23	39	36	51	38
本郷	80	86	56	45	51	47	49
下谷	87	122	80	88	65	95	93
浅草	176	214	120	137	104	153	168
本所	48	86	75	82	59	47	60
深川	49	68	58	36	30	43	32
郡部	72	83	71	119	154	403	540
合計	1,167	1,382	1,031	978	928	1,318	1,342

出典：『警視庁統計』各年度版をもとに筆者作成。

うした行為を禁止し、手数料払い戻しの項目が規則に加えられた(2)。

この頃、口入業者は表1-1のように一九〇一年の時点で一三八二軒あり、表1-2のように六万三五八一人を紹介していた。表0-1の東京市統計を見ると、最も近い一九〇三年に商業・雑業を合わせて約四五万人であるから、単純に計算するとその一三％程度を紹介していたことになる。

業者の分布を表1-1で見ると、日本橋や浅草など近世以来の商業地や繁華街が多い。こうした地域で最も有力な事業者は、一七二〇（享保五）年創業の幅広い業種を扱う日本橋区葭町の千束屋（創業者は神々廻村の吉右衛門）で、江戸時代の落語「口入屋」に登場

表 1-2　雇人口入業からの紹介者数

	1901	1906	1911	1916	1921	1926
東京府下へ						
男	7,676	11,338	29,881	333,397	—	76,402
女	23,056	29,179	55,221	62,637	—	57,878
他府県へ						
男	17,721	14,654	4,803	2,834	—	—
女	15,128	25,366	12,738	8,717	—	—
合計	63,581	80,537	102,643	407,585	114,116	134,280

注：1921年は項目がなく，1926年は就職者数を記載。
出典：『警視庁統計』各年度版をもとに筆者作成。

することでも知られる。明治後期の店主神々廻清七は良心的な口入業者として名高く、業界を代表して経済誌にも寄稿するなどしていた。千束屋からは一八八〇年頃、大阪屋（宮田栄吉）、富士（藤）屋（長瀬覚太郎）が暖簾分けをして開業しており、いずれも著名な店舗であった。[3]

　この他、開業年は不明だが、同区蛎殻町千草屋、出世屋、日本橋区馬喰町で小僧専門の中村屋、日本橋区葭町で女中専門の大黒屋（安藤藤治郎）、越前屋、東屋、両国区米澤町で女性職種専門の鮨屋、浅草区茅町の雀屋などの老舗があった。[4]

　開業者の属性については、東京市社会局調査『紹介営業に関する調査』（一九二二年）に幾つかの事例がある。これによれば、「徳川時代に、〇〇屋と称し、諸大名に奉公人の口入を為し、代代、営業を継承し来り、本人十五歳の時より、営業を相続し

千束屋看板（中島寧綱『職業安定行政史』雇用問題研究会，1988年）

たるもの」や「明治十七年三月十七日、〇〇〇〇に嫁し、同二十一年離縁復籍したるを以て、独立生活を営む目的にて現営業を開始」した者などがいたようである。開業条件に資産要件がなかったため、女性も参入しやすかったのであろう。

新規開業者も相次ぎ、手数料収入を不当に要求する事件も相次いだため、一九〇三年七月警視庁令第三一号「雇人口入営業取締規則」が公布された。これにより業者は不動産を市内に二〇〇円以上、郡部だと一〇〇円以上保有することと資産要件が設けられた。そして、依頼者の宿泊禁止（ただし届出認可制。寄子業）、営業者は所轄警察署の認可を要し、広告および勧誘に関しても制限を課すこと、紹介手数料は第一四条で就業者に雇用期間内に支払われる労賃総額一〇分の一以内にすること（未定の者は一ヶ月二円五〇銭以下として計算する）、ただし契約期間六ヶ月以上の者の場合、手数料は六ヶ月分の給料の一〇分の一を超えられない。手数料が一円に満たない場合は一円まで領収できるものとされた。さらに、「報酬ヲ受ケ雇人ノ身元保証又ハ雇傭ノ周旋ヲ業ト為スノ事実アル者ハ本則ノ違背者トシテ第二一条（違反者への拘留又は科料）ヲ適用ス」とされ、違法な業者にもこれを適用することとなった(5)。

口入屋の事業

その後、新規開業者としては、「多年警視庁及各府県に、警官として奉職し、其の俸給に依り一家の生計を支持し居たりしも、辞職後、適当の職を得ず、依つて本営業を為すに至れり」という者、

「元来薪炭商を営み居たりしも、明治三十六年九月、内職として、現業を営むに至る」といった人々も現れた[6]。資産要件が加わったため、働いてあるていどお金を貯めてから参入する人が多いようである。

もっとも、規則は変化したものの、老舗の口入業者は、近世とほぼ同じやり方で紹介していた。当時の新聞雑誌を見ると、明治末期に老舗の口入業者は、主に午前中（六時〜一二時）、店先に銭湯の番台のような高い台があって、そこに坐っている男が、「何処の風呂番、何処其処の飯炊、何屋の下足番と、夫れ〴〵奉公口を知らせるのに、滑稽を交へて面白可笑しく饒舌り立てる」。そして気に向いた奉公口があれば、帳場は紹介予定の雇い先の住所を求職者に渡して、二〜三日、あるいは一日でもお目見え（仮働き）をして、双方がよければ、二月とか三月、半年などの雇用期間を決めて、雇い先に対し身元引受証書を入れさせ、口入屋は紹介手数料をもらうという方法だった[7]。ただしこれは千束屋や大黒屋、

口入屋かづさや（時期不明。中央区編刊『中央区三十年史』1958年）。明治期の老舗の名前を，昭和初期に別の経営者が使用することもあった。

富士屋、大阪屋など大きな店舗における一例であり、しかも「番頭が其人物の如何を観破して畢ふだけの技両を持つて居る」ことからできるものであった。[8]

紹介先についての史料は少ないが、老舗で地域の信用厚い口入業者は、季節労働者などを多く紹介できた。千束屋は主人の神々廻が全国からやってきた求職者を年間四四五〇人紹介していると発表しており、[9]前述の大黒屋は税務署に月収二六〇〇円を申告して（単純計算で年商三万一二〇〇円）、「巨額に上る」と記者に評されている。[10]

一方、新規開業者を含めた多くの中小の業者の収入は不安定であった。前述の東京市社会局編刊『紹介営業に関する調査』（一九二二年）には業界の特徴として、「相当盛んに紹介周旋せる当時は周旋料を得稍々其生活安易」だが、「得意先も無く、手蔓も無く、且つは所謂玉なるものも無きこととせば」、出費もかさみ「生活費窮乏するに至る」。そして最終的に「営業上の無理をも為すに至る」というのである。特に納税期や質入品の入替え期に焦って法律違反をして破綻するケースが多かったとしている。[11]すなわち経営基盤が弱く窮乏した中小の業者は、世間の信頼よりも経済的事情を優先する場面もまま見られたのである。したがって、近代化に伴う都市流入者の増加は大きなビジネスチャンスであったとはいえ、一方で既に十分な信用と紹介先を持っていた老舗以外は、多くの問題を抱え金に困っていたと言える。

日露戦後、より良い生活を求める[12]求職者に対して、口入業者は新たな対応をしなければならなくなった。例えば、ジャーナリストの横山源之助が言うように、働いた経験の乏しい地方青年、苦学生や高学歴者は、事務員や会社員といった近代的な職種を希望したため、口入業者は「奉公口を望む青年が減じて、絶えず奉公人に払底を訴え」、「萎靡として振るわない[13]」状態になったという。一部の業者は第二章で見る日雇労働を紹介する日雇周旋へ流れていった。

口入屋から出る若い女性と老婆（墨堤隠士『家庭下女読本』大学館，1907年）

また、これまでの口入業者は、家内労働だけでなく芸娼妓酌婦などを紹介することもあったが[14]、廃娼運動の影響から、一九〇五年五月に警視庁令第一六号「芸娼妓口入営業取締規則」が公布され口入業は芸娼妓を扱ってはならないこととなり[15]、大幅に収入を減らす要因になった。さらに、従来女中の求人は多かったが、雇主側の求める所作や教養、性格などが厳しく問われるようになり、求職者側にも学校教育を望む人が増えた。女性の苦学生や通学希望者も来所し、よりよい待遇を求めるなかで女中を嫌い、女工を志願する者も増えていた[16]。

一方で、新規参入も増えた口入業者では、手代、ひきて婆と呼ばれる配下の存在が重要な役割を果たすようになっていた。明治後期の様々な警告書や啓発書によれば、彼らは、「前科はなくとも海山千年の古狸」であり[17]、なかには吉原遊廓などで働いていた者もいたという[18]。性風俗産業と口入業が近い関係にあることは、誘拐した女性を売買する事件が起き、そこで両者が共謀したことからもうかがえる[19]。

彼らの収入は、一人を周旋した場合、手数料を折半または四分六分に分配して、四分をとる形である。例えば手数料二円とすれば、半々の一円か八〇銭が取り分である。したがって、一人でも多く周旋すればそれだけ収入が増える仕組みであった。同様に、駅前や繁華街で個別に勧誘を行う「ポン引き」もいて、女房の名義で口入業を開く男や、口入業者と結託している車夫ら悪漢がその担い手であった[20]。こうした者がどれほどいたかは不明であるが、女性を誘拐して性風俗産業へ売り払う口入業者がいたことは、その「頭株」に千足町の菅野、新畑町の松屋、横町の魁屋、宮古座脇の藤田屋、三輪の尾張屋、公園近くの初音屋などの口入業の名をあげる記事があったことからも推察できる[21]。

すなわち、日露戦後に流入者が増加し中小業者間の競争が熾烈となり、求職者の要望も多様化する都市では、口入業者は経営を安定させるために儲けを最優先するようになった。ここに、本来の良心的な口入業者とは異なる、都市下層社会への「回路」としての性質が前面に押しだされるようになったといえよう。事実、明治後期には、こうした変化を背景に、様々な弊害が多数指摘された。例えば、ある啓蒙書では求職者に対して次のような警告をしている。

地方から始めて出京した人に注意を促して措くが、東京市内至る処に在る数千万の桂庵〔口入屋〕と職業紹介所とは決して信頼してはならない、此の数千戸ある桂庵と職業紹介所とは表には堂々たる看板を懸けて店構は立派であるが、確実親切に職業を周旋して呉る所は東京市内に只僅かに二三軒あるのみで、其他の者は言語に絶へたる悪事悪徳のみを働きて居る詐欺師半りであるから決して近寄らない方が可い[22]

このように、信頼できる数軒の老舗を除き、大半の口入屋は悪徳業者と見なされていたことがわかる。[23]

2　裏の顔を持つ口入屋

悪玉・誘き出し

口入業者の「悪事」について、ある東京案内書は次のように書いている。

不確実と云ふよりは詐欺桂庵なるものも少なくないのである故、又大に注意すべき事であるのだ、此等悪桂庵に先づ頼み込むだとすれば、直ちに保証人の有無を問ふのである〔中略〕保証人になつた以上親類も同様であるから、私の所へお泊りなさいと云ふ〔中略〕其の内宿料は法外の請求を喰ふ、金は無くなる、斯様になれば彼等は愈毒牙を顕して、衣類を質に入れしめて其の金迄巻上げ、結局丸裸にして終に湯屋の三助にでも追ひ込むのである〔中略〕女子にして一度悪桂庵に引掛つた以上、前の金品巻上げの手段に遇ふなどは勿論の事、種々の甘言又は強迫の下に、売春婦娼妓等に売飛ばされ、なお海外密航の売春婦等に売られる[24]

このように、男性であれば保証人の有無を問い、宿泊させ、無一文にして結局何らかの職業に追いやることがあり、女性の場合は最終的に国内外の性風俗産業へ売り飛ばされる懸念が示されている。こうした口入業の弊害をまとめた啓蒙書である『だまさるな倒さるな！詐欺手段予防策』（一九一四年）と、新聞記事をもとにその特徴を見ていく。

第一は「悪玉」の売り込みである。「玉」とは、業者の求職者を指す隠語であり、美貌や職能等を基準に「上玉」「悪玉」などと分類していた。同書によれば、雇主の希望にそぐわない求職者を、実態とはかけ離れた貴重な人材であると保証し、「何でも彼でも之れを納めて仕舞ふの策を講ずる[25]」というのである。これは業界の信頼にかかわる背信行為であったといえる。

第二は「誘（おび）き出し」である。同書によれば、手数料を稼ぐため口入屋は一〜二ヶ月過ぎた段階で別の良い求人があると持ちかけて「無理にも主家から飛び出させる[26]」というのである。

例えば、一九一一（明治四四）年に検挙された六人の業者は、「最初甲の家へ雇人を六ヶ月間雇入れの約束にて取極め其際給料の十分の一を手数料として主家と雇人より五分づゝ受取り斯て一ヶ月か二ヶ月位経過せし後其雇人を誘ひ出して更に乙の家へ住み込ませ且給料の前借をさへ踏み倒させ」た。口入業者は「踏み倒」しできるように、「美貌の女と結託して普通の下婢に雇入させ鼻下長の主人と見れば奸手段を持ち込みて故意に逃出さしめ而して若し主人の妻君厳格にして叱り飛ばす時には飽まで細君の気に逆らはせ終に細君は堪へ兼ねて必ず暇を出すより甘々手数料を只取」していたというのである。[27] ある法律書が言うように、結果的に「飛出して来た雇人等は大に歓迎されて夫れから夫れへと周旋され、前に奉公をして居た家よりも遥かに辛らい骨の折れる所へ遣られて、後悔する者が十中の八九まではある」[28] 状態だったのである。

妾奉公

第三は妾奉公の紹介がある。『だまさるな倒さるな！詐欺手段予防策』によれば、良い手蔓を求める求職者に対して、「華族様や所々のお屋敷から」求人があると匂わせ、「雑多な世間噺を持出して、妾や酌婦の面白く而かも金の収入の多いことを仄かし、先づ其娘の虚栄心を惹いて見る」、そして「親兄弟迄を騙かして之を堕落せしむる」[29] という。

このやり口として別の啓蒙書は次のような指摘をしている。

口入宿の婆さんは何れも口が上手で、頼みに来た下女さんの顔色を見ては、「何処そこへ奉公すれば、お金がたんと取れた上に、何んでも思ふ事が出来るのです、働かずに気儘が出来て、其上お銭がたんと取れるなら、こんな旨い口はありますまい、然し其代りには貴方、たつた一ツウンと云つて頂戴よ」なぞと下女さんの耳に近く口を寄せて、何事か囁き話を為るのです〔後略〕[30]

すなわち、多額の収入を期待する女性求職者の希望に添う形で、「囁き話」として妾奉公を勧めているのである。

ある暴露本によれば「両国やげん堀のすずめ屋が専売であつたが、目下は殆んど市中のあらゆる雇人口入業者で、美人の周旋をせぬものは、恐らく稀な位であらう」というほどであった。「堅気の方」を標榜する老舗の口入屋でも「稀には」同様のことをしていたし[31]、木挽町九丁目の山口、湯島妻恋坂の島村、浜町一丁目花屋敷の上野、山下町河岸の轟、築地二丁目の高島といったところは妾紹介専門の周旋屋であったという[32]。そのやり方も様々で、一九一六年には、牛込の口入屋の内縁の妻と同業者の五一歳の女が、華族家の一六歳の女性を一ヶ月二五円の約束で六五歳の銀行頭取の妾に、別の二〇歳の女性を一ヶ月一五円で四二歳の火災保険会社重役の妾に世話し、総計数十人の男性に妾の周旋をして逮捕されている。両人は営業禁止の上、拘留一五〜二〇日の処分を受けたという[33]。

実は、当時の東京には表**1-3**のように妾の種類と相場があった。「上り切り」は本妻と公然と同居あるいは別居するもので大正期には「アガリ」とも言われた[34]。「通ひ」「呼上げ」「家ゆき」はその名のとおり、出張する通い妾である。大正期には「ウチキ（家に来る、の略称と思われる）」とも言われた[35]。「小間ざはり」「仲ざはり」「炊ざはり」は、小間使い、仲居、飯炊きといった女中のような家庭内労働をそれぞれ本業にした妾である。口入屋によっては女性の体格や性質、容貌から「三人や五人の旦那を取らした所で、身体が続く大丈夫だと見れば」、曜日ごとに異なる家へ派遣することもあった[36]。

仲介に立った口入屋は、需要者との間で通常の口入と同様に「お目見え」の機会を設けたうえで妾の契約をした。契約は気前の良い旦那であれば相当の料理屋や待合で、それ以外は口入屋の奥座敷や二階座敷のこともあるが、「上り切り」などは相手の家で直接行った。

その際、需要者の好みに応じて、女性の容姿によって「下膨れ」「丸ポチャ」「細面」など入れ替わり立ち代り一〇人ほど「お目見え」することもあった。他方、容姿を問わない「ビリ」（多淫多情の旦那を指す隠語）の場合、妾になる女性が嫌がるケースもあるため、口入屋は女性に情夫がいるとか性病罹患者であるなどと嘘をついて気をそらせることもあったようである[37]。

周旋料は、明治末期には半年分の給金の一割程度を雇主と求職者に払ってもらったり[38]、妾の収入の三〜四割にものぼったという。一般の紹介料より高額だったようである[39]。

需要者は、金銭に余裕のある家庭の男性のほか、物好きな楽隠居か、妻をなくした独身男性が多かったが[40]、山の手では

表 1–3　「妾」の種類（明治末期）

名称	月給
上り切り	5 円以上無制限
通ひ	3〜10円
呼上げ	5〜20円
家ゆき	3〜15円
小間ざはり	〃
仲ざはり	〃
炊ざはり	5〜7, 8 円
茶飲み相手	無制限

出典：村上助三郎『東京闇黒記（続編）』（興文館，1912年）686頁をもとに筆者作成。

官吏、軍人もしくは年金暮らしの退職者、下町では実業家や銀行員など身分の違いも見られた[41]。珍しいところではインド人、中国人もいたという[42]。

妾は、自ら志願する者も少なくなく、生活費を助けたい職人や職工の娘、生計の足しにしたい女工や若い未亡人、娼妓にはなる気がない堕落した女性や女学生という三種類のタイプがあった[43]。

なかには「頼込み」といって、口入業者が美人の娘のいる貧困家庭を狙って、娘には浴衣地を、家庭には砂糖や鰹節、副食物の瓶詰物をはじめ、米の無くなった時には米を持ち込み、酒好きの父親がいれば酒を差し入れるなどご馳走により篭絡したケースもあった[44]。求職者側の貧困に目をつけた口入業者が、こうした手段を用いたことがわかる[45]。

私娼への誘い

しかし、口入業者にとっていちばん儲かるのは、高額の手数料を得られる性風俗産業への紹介である。

一九〇八年のある日、東京市本郷区の二九歳の女性は、下谷区の口入業福井お藤に求職を依頼し、下女として雇われることになった。だが働き出して間もなく、下女よりもさらによい働き口があるとの誘いを受けて、本所区にある福屋という三五歳の男が営業する口入屋に引き渡された。

その後、千葉県野田町の料理店へ前借金一三円で酌婦として売られた後、さらに転売され前借金一五円の返済を課されてしまった。ここに至って実家の父親が警察に相談し、誘拐罪として業者は検挙された。口入屋の福屋は、「下女奉公に来る婦人を巧に欺き」、美貌の女性を妻として囲っておき、そのうち酌婦に売り飛ばす「悪漢」であったことが発覚している[46]。警察の取締が強化された大正初期に多くのこうした事例が事件化し、報道されるようになる。

また、海外への人身売買もあった。次のような警告が啓蒙書に見られる。

奉公人口入業には非常な悪党がある、先づ田舎娘又は一般の娘が口入屋へ行き、奉公口を頼む、すると「宜い口がある実は横浜だ、二三日私の所に泊つて居なさい、大分給金を出す家だ」といふから、そんな善い口は無いと待つてゐる、程なく横浜へ連れ立つて行き成程立派な家なぞへ這入る〔中略〕やがて船に乗込ませて其家の番頭支配人と名乗る男が二三人取締として、扨船は出帆する〔中略〕以前に打つて変つた態度をとり、片端から娘を強姦する、若し意に従はぬと縛り上げたり、甚だしきは絞め殺して海へ投込んだりする〔中略〕揚句の果てが布哇又は各開港場へ淫売婦に売られて〔中略〕四五年も経つて異郷の鬼と化しさるのである[47]

これは、米国やアジア地域への人身売買である。よく知られているのは中国や東南アジアへの「からゆきさん」であり、九州長崎の島原周辺の女性が大陸や東南アジアへ人身売買されることをそう呼んだ。実際、大正期には六三軒もの仲介業者が結託し、騙した女性の数も数百名という事件が発覚している。一九一五年、警視庁が部下三五名を派遣して業者四三名を検挙したこの事件では、二〇四人の女性が一人あたり八〜二七、八円の手数料で、横浜、横須賀、伊豆、静岡などの料理店、浅草、さらに韓国、満洲、青島などへ売り飛ばされていたという[48]。口入業者は、女性求職者を主に標的とし、貧困に付けこんで性風俗産業へ転売していたのである。

3　風紀問題と警察の介入

警察の取締強化

こうした弊害の詳細な事件記録をまとめた史料は管見の限り存在しない。新聞記事の事例などを見ると、加害者は正規あるいは「モグリ」の業者、そして被害者は奸策による犠牲者や一般求職者など様々であり、口入業者のそれとわからぬ巧みな勧誘により違法と断定しがたい場合も多かった[49]。被害者も、泣き寝入りしたり、親類縁者がまずは談判して解決を試みたりと時間がかかり[50]、そのうち性風俗産業の環境に適応していく者も少なくなかった。被害に遭った女性に対してなにかしら仕事を与えていることから、新聞の求人広告をまとめたでたらめに近い求人台帳を閲覧させるだけで手数料をふんだくる職業案内所（第三章で検討）と比べて、必ずしも求職者を騙すことが目的ではないと口入屋を擁護する識者さえいたのである[51]。

しかし、先に見た一連の弊害は、信頼で成り立っていた口入業界の評価を損ねるばかりか、求職者を騙し、意図的に都市下層の性風俗産業へ陥れる「回路」であることの証拠であった。

こうした世間の非難を受けて、一九〇七年頃から警察が検挙を始めた。日露戦後から大正時代にかけて警察は、都市の内在的構造に切り込み、治安維持的な対応を辞さず、一部では人事相談など社会事業的な実践も行っており[52]、風紀問題に関わる口入業者の取締強化もその一環と考えられる。

警察は「過般来此悪桂庵に向て一大検挙を為しつゝある[53]」状況となり、本所区では、「下女奉公を頼みに来る婦人を巧に欺き容色の優た者ハ妻とし散々慰んだ上酌婦に売飛ばすといふ悪漢」が逮捕され[54]、下谷区では、身元保証金一〇円を詐取した人事周旋業宇野商会の店員、上野駅で上京者を騙して所持金を残らず巻上げた周旋業者が逮捕されている[55]。

また、神田郵便局の集配人だった宮城県出身の五〇代の男が、一家六人の生活のために「悪心を起し」、宮城屋という口入屋を開業、「奉公口を頼みに来る婦女を高等淫売に売飛ばすを本業」とし、神田区、日本橋区の一〇代の女性を日本橋や浅草の銘酒屋へ多数「売り飛ばした」ことが発覚して逮捕されている[56]。元警察官が口入業者となって人身売買などの事件を起こすケースも少なからずあり[57]、警察の体面上こうした取締を一層強化せざるをえなかったともいえる。

また、『警察協会雑誌』(一九〇九年八月)には法学士杉村幹「桂庵取締ニ就テ」が掲載され、この問題に関する西欧諸国の事例を参照するよう促していた。それによれば、「国家ノ上ヨリ見ルモ、亦研究ニ値スル一問題」であるとして、第一章で見たような弊害が頻発し「社会ノ風教ヲ害スル又大」とし「取締法規ノ不完全ナル、此等ノ行為ニ対シテ、国家ハ之レニ干渉スルノ余地ナキ」点をふまえ、「桂庵取締法規ノ改正ハ、工場法ノ制定ト相俟ツテ、将来為政家ノ考慮ヲ要スル重大ナル一問題」というのである。[58] 杉村が言うように、一九一一年に公布された工場法では雇用側に対する規定は後に定めるとしており、女工の紹介もしていた口入業についても全面的な取締規則の制定を望む声も出ていたのである。

大親分・大規模業者の検挙

大正初期になると警察は口入業者に対し過酷な弾圧を始め、一九一三年三月には、私娼窟へ女性を売り飛ばしていた口入屋の大親分である浅草区の山田辰五郎と「最も勢力あるモグリ桂庵」であった同区の三和田お留の両人を取り押さえている。両者は、地方出の若い女性と紡績工場の女工を各々数十名、女中奉公先を探しに来たところを、料理店か銘酒屋に住み込めば「仕事が楽で金が儲かる」と甘言で釣って酌婦に売り飛ばし、その利益の大部分を着服したばかりか、別の奉公人を「誘き出し」て鞍替えさせ、お留の妹分として住み込ませ、こちらも最後は銘酒屋に売り飛ばしていたという。[59]

こうした業者はその後も次々と検挙され、一九一四年七月にも営業禁止を命じられた五五歳の元業者が、浅草区の一四歳の女性を誘拐し強姦したうえ、長野県の料理店に前借金一八円で酌婦に売り飛ばした事件や、合計一七人の女性を誘拐して地方の料理店に売り飛ばしていた事件が発覚している。[60] 一度検挙された業者が違法に再び開業して同様の犯行に及ぶ事例も多く、転職できずに犯罪に手を染めた口入業者もいたことが窺える。一九一六年以降警察はさらに検挙に力を入れ、メディアでは「所轄象潟署の取締頗る厳重になりたる」[61]ことや、「日本堤署にて過般来悪桂庵の検挙に努め居たる」[62]ことなどが報じられた。その後も、雇人口入業者が仲介して三〇人の女性を一～二ヶ月間強引に同棲させたうえで酌婦に売り飛ばした理髪業者二名が逮捕された事件や[63]、七〇名の女性を売り飛ばした口入業者が逮捕された事件など大規模な事件が次々と発覚した[64]。あわせて警察は私娼窟を壊滅させ、口入業界は大打撃を受けることとなった。

口入業の役割と弊害

このように、口入業者は東京において家内労働を紹介する主要な紹介機関として、明治期に存在していた。とりわけ、近世以来の積み重ねた地元との信頼関係をもとに、求職者の適性を判断できる業者は、出稼ぎ者や挙家流入者にとっては、きわめて重要な紹介機関であったことは疑いがない。

しかし、時代が経るにつれて目先の営利だけを目的とする新規参入者が相次ぎ、他方で日露戦後には求職者側が従来の丁稚・小僧や女中を嫌悪する傾向に変わっていったため、中小口入業の経営は困難となった。紹介手数料のみで収入を得なければならなかったために、口入業者は特に女性の求職者に対して悪玉を紹介したり誘き出し、妾奉公、さらには私娼窟や海外私娼への人身売買もひそかに行うようになっていった。こうした状況こそ、まさに中小口入業が都市下層への直接的な「回路」となったことを示すといえる。

その結果、口入業界は警察による取締対象となり、一部は立件されて多年の信用を貶めたと多くの批判を浴びることとなった。しかし、求職者の貧困や生活事情、人情をも汲み取る店主もいれば、ひき手婆などの儲け主義者もいて、犯罪行為として立件しがたいものも多く、表面化しなかったり、求職者自身がその中に組み込まれていくことも少なくなかったようである。

注

（1）処分件数を見ると、「営業停止竝不允可」は一八九一年に一三件、一八九二年には六件である。一八九三年は三八件、一八九四年は七〇件、一八九五年は二七件の失効・不認可処分がなされた（警視庁警視総監官房第一課記録係編刊『警視庁公文類纂索引』（一八九四年）一三一～一四四頁。

（2）豊原又男『職業紹介事業の変遷』（職業協会、一九四三年）一一三頁。

（3）同右、九六～九九頁、「男雇人口入所」（『サンデー』第一七号、一九〇九年三月）一七頁。なお、東京市議会議員で弁護士の斎藤孝治や日本橋料亭「亀清」主人も千束屋により仕事を得た人であった。

（4）斎藤晰風『男女必適就業案内』（永楽堂、一九〇五年）六〇頁、永沢信之助編『東京の裏面』（金港堂書籍、一九〇九年）三一七頁、村上助三郎『東京闇黒記　続編』（興文館、一九一二年）六七九頁。出世屋・千草屋は千束屋の手代が暖簾分けをして開業したものである（齋藤著、六〇頁）。大黒屋は一九〇五年、男を扱うの記述があり、別の業者か、次第に女中専門になったもののどちらかと推測される（齋藤著、五四頁）。女中専門の場合、千束屋の支店と考えられる（「地方より東京に集る奉公人の優劣」『実業倶楽部』第一巻第三号、一九一一年三月、一一四頁）。他に、日本橋区に伊勢五、岩崎といった女子専門の口入屋があったようである（八濱徳三郎「桂庵の研究」『救済研究』第一巻第三号、一九一三年一〇月二五日、四五頁）。時期は不明だが規則の問題や破産などで越前屋、上総屋の二軒は明治末期までに廃業したという（前掲「男雇人口入所」）。

（5）法令を順守していた口入業者の中には厳罰化に対する反発も強く、「総代一一名を選び其筋の精神を伺ふべく」警視庁に出頭し、部長よりじかに説明を聞くなどしている（「桂庵の出庁」『読売』一九〇三年七月一六日付朝刊四面）。また、同規則の厳罰化については、横山源之助の「警視庁は職人社会を無視す」にて批判されている（一九〇三年九月初出。『横山源之助全集　第三巻』法政大学出版局、二〇〇六年所収、三二八頁）。この規則によって、湯屋の三助、蕎麦屋や料理職人など住み込みを伴う伝統的な技術者や業界との結びつきが密接な職人は、寄子業と称された。前掲村上『東京闇黒記　続編』六七八頁。横山源之助「職人談」（一九〇三年一二月初出。『横山源之助全集』第三巻、法政大学出版局、二〇〇六年所収）三四九頁。理髪店の口入は日本橋葺屋町、大伝馬塩町、神田小柳町の三軒しかなかったという（同「職人の変遷」一九〇三年一二月初出。同、四〇五頁）。寄子については横山の一連の記録が同時代では最も詳しく、やや後の中央職業紹介事務局編刊『寄子紹介業に関する調査』（一九二六年）も重要である。営業年数が古く、数百人の寄子を抱える業者もいたようだが実態は不明であった。この検討は後考に待ちたい。

（6）東京市社会局編刊『紹介営業に関する調査』（一九二二年）四七頁。

（7）前掲永沢、三一六～三一七頁。なお、営利事業の様々な商売道具が大正時代に東京府職業紹介所が開いた展覧会に供されている。近世に求職者のメンタルテストに用いた「天眼鏡」、千束屋主人の危篤の際、世話になった奉公人が持参した「鼈の甲羅」などが展示されたという（「珍品を集めた『桂庵展覧会』／すっぽんの甲羅や天眼鏡に時代を語りつゝ府紹介所の催し物」『東朝』一九二五年六月一三日付朝刊七面）。

（8）前掲『東京闇黒記　続編』六七九頁。なお、この紹介方法は江戸時代と同様であったという。

（9）神々廻清七「地方より東京に集る奉公人の優劣」（『実業倶楽部』第一巻第三号、一九一一年三月）一一二～一二〇頁。

（10）一記者「模範施設／ちつか屋と大黒屋」（『工業界』第三巻第一一号、一九一二年一一月）五八頁。

（11）前掲『紹介営業に関する調査』一四六～一四七頁。

（12）小路田泰直『憲政の常道―天皇の国の民主主義―』（青木書店、一九九五年）Ⅳ章第二項。

（13）横山源之助「下層労働者界の一大矛盾」（一九一二年五月初出。中川清編『明治東京下層生活誌』岩波文庫版、一九九四年所収）二八五～二八六頁。

（14）明治期の桂庵の様子を示す談話の一つとして、「其筋が厳しいと申したところで、女中の世話のかたわら、芸娼妓の口入もやれましたし、抜け道はいくらもあった。〔中略〕あの頃の官員さんと来たら、だらしのないのがあって、女中というと手籠にして、一文だって出すンじゃアなし、「わし知らん」と髭を捻って、「怪しからん言いがかりをいう」と、反対に高飛車に出るンで、警察へ手を廻して、桂庵いじめまでなさるンでしょう」などという証言がある（篠田鉱造『幕末明治女百話』岩波文庫版、一九九七年。一九三二年初出）一八四～一八五頁）。

(15) 前掲豊原、一一四頁。

(16) 清水美知子『〈女中〉イメージの家庭文化史』（世界思想社、二〇〇四年）五〇～五五頁。

(17) 黒面師『だまさるな倒さるな！詐欺手段予防策』（盛文館、一九一四年）一四～一六頁。

(18) 後藤岳堂『貸倒れ復活と詐欺の損害回収策』（名倉昭文館、一九一六年）一〇六頁。なお、なかには口入屋の手代から営業になり、独立した後、芸娼妓を紹介する公周旋業へ転業した人もいる（前掲『紹介営業に関する調査』一三頁）。双方の紹介事業の緊密さはここからも窺える。

(19) 「婦女を誘拐す／五人組の悪漢」（『萬朝』一九一一年四月二日付朝刊三面）。

(20) 前掲永沢、三一九頁。

(21) 「不気味な町（九）魔窟と中学生」（『東朝』一九一二年六月八日付朝刊五面）。

(22) 天籟居士『職業案内全書』（実業社、一九一一年）三頁。

(23) 「確固たる信用を社会に有せるもの」は、千束屋、大阪屋、大黒屋、富士屋、出世屋だったとされる（児林百合松『薄資青年立身策』児林編輯所、一九一〇年、五三～五四頁）。他の同時代の史料も同様の指摘をしている。「地方人が上京して、一寸奉公口就職の便がない場合、何処を便るかといへば先づ芳町へ行くと寸法がきまつてゐる」、「同地方の上京的先輩（？）に教へられたり、聞いたりして、先づ安全な処とめがけて芳町を便るのである」（前掲「男雇人口入所」一六頁）。

(24) 霞崖散史『東京生活』（盛文社、一九〇九年）一二～一四頁。

(25) 前掲黒面師、一四～一五頁。

(26)同右、一六～一七頁。
(27)「口入屋の悪辣手段／下女と結託し周旋料を奪ふ」(『東朝』一九一一年三月三一日付朝刊五面)。
(28)岡部学三『損害予防だまされぬ策』(楽山堂書房、一九〇九年)九九頁。
(29)前掲黒面師、一七～一八頁。
(30)墨堤隠士『家庭下女読本』(大学館、一九〇七年)一二～一三頁。桐友散士『夜の女界—暗面奇観—』(大学館、一九〇二年)一五七～一六五頁の「桂庵と妾奉公」に交渉の雰囲気がよく描かれている。
(31)某桂庵老婆「当世奥様気質」(『商業界』第一一巻第一号、一九〇九年一一月)一一四頁。
(32)杉韻居士『東京の表裏八百八街』(鈴木書店、一九一四年)二七九～二八〇頁。
(33)「口入業の妾周旋」(『都』一九一六年八月三日付朝刊三面)。なお、ある女性は「口入屋の手を経て四五軒も奉公に行ったが、常に男ばかりの世帯の家へ遣らされる」ということ、「或独住の会社員の家へ行つた時の如きは、目見得に行つた初めての夜、無体の振舞を受けて既での事に危い目に遭つた」という(北浦夕村『東都浮浪日記』崇文館書店、一九一三年、二八三頁)。
(34)「妾周旋屋の内幕」(『うきよ』第二八号、一九一五年六月)五七頁。
(35)同右。
(36)「東京の裏面／東京の桂庵(承前)」(『東京』第七号、一九〇三年一二月)三八頁。
(37)同右、三九～四〇頁。なお、桂庵の接待を受けて飲食しただけで帰る、道楽者による冷やかしに桂庵が騙されることもあったという(「東京の裏面／東京の桂庵(大尾)」『東京』第八号、一九〇四年一月、四七頁)。
(38)前掲桐友『夜の女界』一六三頁、前掲『東京の裏面』九四頁。
(39)前掲「妾周旋屋の内幕」六〇頁。
(40)「内証ごと(恥を知らぬ女たち)」(『都』一九一五年三月九日付朝刊五面)。
(41)前掲「妾周旋屋の内幕」五七頁。
(42)「男女学生の暗黒面　女学生の堕落(二)」(『萬朝』一九〇六年七月五日付朝刊三面)。

(43) 前掲永沢、九三〜九四頁。同右新聞記事。
(44) 前掲村上『東京闇黒記』六八六頁。前掲「東京の裏面／東京の桂庵（大尾）」四七頁。
(45) なお、こうした食糧事情や借金事情につけ込む手段は、江戸時代に遊廓へ女性を売っていた女衒と変わらない普遍的なものである（石井良助『吉原―江戸の遊廓の実態―』中公新書、一九六七年、七六〜七七頁）。この他、資産家の寡婦が男妾を要求してくることもあったというが、候補者が「頗る多い」というほかは史料がなく詳細不明である（同右「東京の裏面／東京の桂庵（大尾）」四七頁）。
(46) 「本所の鬼桂庵／他人の妻子を売り飛ばす」（『萬朝』一九〇八年八月二三日付朝刊三面）。
(47) 岩本無縫『東京不正の内幕』（高木書房、一九〇七年）三九〜四〇頁。
(48) 「恐るべき婦女誘惑／久松署の桂庵大検挙」（『都』一九一五年九月五日付朝刊三面）。明治二〇年代以降、南洋諸島には人身売買ネットワークが存在しており、島原天草地方からの「からゆきさん」がいたことは知られていたが、これはそうしたネットワークとも類似するものである（金一勉『遊女・からゆき・慰安婦の系譜』雄山閣出版、一九九七年など）。また、倉橋正直『従軍慰安婦と公娼制度―従軍慰安婦問題再論―』（共栄書房、二〇一〇年）第五章は、九州に実在した南洋向けの人身売買業者の実態を検討している。
(49) 民俗学者の赤松啓介によれば、大正末期・昭和初期の女中の話として、経営者や口入屋の男尊女卑の風潮、より良い職業を紹介してもらいたいがゆえに女性求職者が口入業者に泊り込み、性的関係を結び、利用し、利用される場合があったという。ただしもちろんすべての求職者がこうした事例に該当するわけでないことにも留意が必要であり、おそらく事件化されたもので新聞報道された事例はごく一部であろう（赤松啓介『夜這いの民俗学・夜這いの性愛論』一九九四年初出。ちくま学芸文庫、二〇〇四年、二九三頁）。なお、口入屋に宿泊した場合、男性でも同宿者に性的関係を強要されることがあったともいうが明治期の東京でそうした事実を示す史料は管見の限り見当らない。
(50) 「悪桂庵」（『萬朝』一九〇二年一月一八日付朝刊三面）という記事によれば、騙された母親が娘のために談判し、らちがあかず警察へ駆け込んだという。

(51) 前掲北浦、二六〇頁。

(52) 大日方純夫『近代日本の警察と地域社会』(筑摩書房、二〇〇〇年)一二六頁。なお、同氏は『警察の社会史』(岩波新書、一九九三年、六四〜六七頁)で埼玉県における警察の口入業者対策に触れているが、やはり日露戦後に業者が増えて違法行為が続出したようである。

(53) 「悪桂庵の大検挙」(『警察新聞』第六五号、一九〇七年一二月二〇日付二〇面)。

(54) 「本所の悪桂庵/他人の妻子を売り飛ばす」(『萬朝』一九〇八年八月二二日付朝刊三面)。

(55) 「検挙頻々/下谷の悪周旋屋」(『萬朝』一九〇九年一〇月二七日付朝刊七面)。

(56) 「悪むべき口入屋/奉公人を醜業へ売飛ばす」(『萬朝』一九〇九年一二月二六日付朝刊三面)。

(57) 例えば、口入屋三幸屋の松田某(三九)は新潟県警部辞職後に神田で開業し浅草、本所に支店を出したが人身売買で立件された(「警部上りの桂庵禁止」『東京毎夕新聞』一九一一年四月四日付夕刊三面)。

(58) 杉村幹「桂庵取締ニ就テ」(『警察協会雑誌』第一一一号、一九〇九年八月)五一七〜五二一頁。

(59) 前掲黒面師、二〇〜二一頁(原典は『報知新聞』一九一三年三月一九日付記事)。私娼窟壊滅に至る経過については、寺澤優「東京府の二大私娼窟形成にみる近代日本の売買春と管理体制」(『日本史研究』第六二六号、二〇一四年一〇月)に詳しい。

(60) 「酌婦に売飛ばす」(『都』一九一四年七月二一日付朝刊三面)。

(61) 「人夫釣りの大検挙/親分以下三十四名を引致す」(『萬朝』一九一六年六月四日付夕刊二面)。

(62) 「悪桂庵押へらる/少女を誘拐酌婦に売る」(『都』一九一六年一二月一三日付朝刊三面)。

(63) 「三十余名を誘拐す」(同右同年三月二一日付朝刊三面)。

(64) 「七十余名の酌婦売飛ばし/雇人口入業者七名取調らる」(同右一九一七年一月一九日付朝刊三面)。

第二章　産業化と日雇周旋

日雇労働者と部屋頭（松原岩五郎『最暗黒の東京』民友社, 1893年初出。岩波文庫版，1988年）

近代に至り、口入業から分化した日雇周旋は、大企業工場と日雇労働者の間を取り持ち、様々な不熟練労働を紹介するようになった。日雇周旋は産業化とともに発展し、多くの男性求職者を吸収していたが、賃金の「頭撥ね」が度々問題視されていた。本章では、日雇周旋の変遷と実態を検討する。

1　親方の営利事業化

日雇周旋の近代化

日雇周旋のルーツは、口入業と同じ近世期の人宿である。人宿は参勤交代の人足などを紹介する業者でもあり、明治以後は鉄道工事や土木建築工事などに従事するようになった。当初は親方が人足を自身の家や宿に抱え込んで衣食住の面倒を見、受けた仕事を割りふったり技術を伝えており、特定の法規則にしばられることはなかった。この点は、明治初期に早くも規則で規制された口入業とは大きく異なる。

しかし、一八八九（明治二二）年になると競争入札制度が始まり、請負制度が成立した。労働力を含めた単価で最安値をつけた業者に業務を受注させる制度である。この請負制度とともに、業務発注者―元締め（請負業［日雇周旋］）―下請け（親方［日雇周旋］）―（常雇労働者）―日雇労働者、という構造が生まれ、旧来のように住込労働者を抱えるのではなく、業務の必要に応じて「通勤」の日雇労働者を調達することが求められるようになった。この結果、衣食住の面倒をみたり、技術を教える親方から、労働力の調達業務を主眼とする日雇周旋へ転身する人が、とりわけ土木建築関係と運輸業に目立つようになった[1]。

管見の限り、日雇周旋の全容を示す史料は存在しないが、当時の下層社会ルポルタージュをみると、各業種の人足、つまり日雇労働者の集中する地区に周旋業者もいたと推察される。

労働者の集中する地区を見ると、土木建築業では、道路改修などの日稼人足、土木工事の日稼人足（土方）、大工・左官・石工の下に付属する日稼人足が浅草区阿部川町、松葉町（の西方）、下谷区広徳寺裏町、神田区三河町、本所区外手（以東）、芝区浜松町、深川区富岡八幡などに多い。運輸業では、物品運搬に従事する日稼人足（車力）が神田区三河町や芝区浜松町に集中し、阿部川町の裏長屋や下谷区竹町には鉄道荷物を扱う日雇労働者が目立った。神田・芝・浅草区は煉瓦・材木・薪の運送業界の人足、深川の米相場には仲仕人足がいた。この他、四谷区鮫ヶ橋・下谷区万年町にも人足が多かった[2]。

日雇周旋は、こうした近世以来の産業集積地や、出稼ぎ・定住目的の都市上京者を対象にした駅前などの人口集中地区にいたと考えてよいであろう。業者の実態はほとんど不明であるが、一部の親方は地域政治にも一定の影響力を持っていた[3]。

ピンはねの構造

日雇周旋業は、日雇労働者の賃金から、手数料を撥ねる（いわゆるピンはね）ことによって成立したものの、多くの工事では、下請けが幾重にも介在したため、当然のことながら末端の日雇労働者の賃金はかなり目減りしたものだった。しかし、請負金額に組み込まれた賃金について定めた規則などはなく、現実にはほぼ日雇周旋業者の裁量に委ねられていた。

この構造は早くから問題として指摘されていた。一八九一年、労働組合運動のパイオニアであった高野房太郎は、職工の生活に触れ、「社会の組織は平等を欠きたるがため彼らは空しく不正なる制抑の下に屈服し、天賦の権利は名ありて実なく、優勝劣敗の作用よりして常に厳急なる淘汰を蒙り、財産なく恒心なく教育なく勇気なし、これ実に彼らが現状にあらずや」としている。さらに「一に他人の駆使する所に応じ、狡猾なる請負師のために其の収入を壟断せられ無慈悲なる親方のために不正の利益を貪らる。しかるもなお、かつてこれに抵抗するの勇気なく、終年終日営々として手足を休むるの余暑なし」[4]と『読売新聞』に寄稿した。

松原岩五郎（1866-1935）。二葉亭四迷の影響で下層社会の探訪を始めた。

また、『国民新聞』の記者だった松原岩五郎は、著書『最暗黒の東京』（一八九三年）で請負師や親方が「姦策」をめぐらして日雇の賃金より不当な利益を得ているとと指摘している。例えば、不況で労働者が多数余った場合、親方は請負師と組んで以下のピンはねを行う。親方は請負師より五〇人三〇銭ずつの金額で受注すると、まず一人一〇銭を撥ね、その後三五人をくじで選び出し、労働時間外にただで一～二時間の仕事をさせて、工事完成の際には発注主に五〇人分の賃金を請求するのである。さらに「六分人足」「七分人足」などといわれる一人分の賦役に当らない虚弱者を一人と計算して上前を撥ねたり、発注主からの差入れを私物としたり、部屋頭の妻がこうした悪行を増長させていたこともあったという。[5]「頭撥ね」は、悪しき慣習と指摘はされていたが、なんの対策も講じられなかった。しかし、低賃金を余儀なくされた労働者は、必然的に都市下層社会への「回路」を辿ることとなった。

苦学生の搾取も

日清戦争後になると、土木建築業や運搬業の下請けと思しき業者のなかには、苦学生を周旋し、騙して働かせる者も目立つようになった。苦学生とは、「労働力役に依りて自己の衣食を支へながら、其の余暇を以て学業を修めんとする」者[6]であり、一八九〇年頃から東京に多くの高等教育機関や私学が創設されたことを背景に、縁故や伝手もないまま上京する無謀な「裸一貫型苦学」生が流行した。安易な苦学案内書が多数出版され、あたかも東京にさえ出てくれば成功するかのような言説があふれ、地方の青年の上京熱を煽っていた。しかし、実際には働きながら通学することは楽ではないうえ、こうした新規参入者を受け入れる業界自体も少なかった。[7]新聞配達や牛乳配達といった力仕事や露店などの自営業など期待と程遠い仕事に従事するしかなく、約二万人いたとされる。これを低賃金労働力の宝庫と見なし、騙して賃金を撥ねることで利益を得る周旋業者が出てきたのである。その最たる例は、天野虎次郎が代表を務めた「青年立志社」という団体である。同団体は、「広告して地方の青年を引寄せ」、「砲兵工廠のトロツク押抔に打込まれ日給三十銭位を給せらるゝ内より虎次郎ハ十銭宛の頭を刎ね[8]」るものであった。

もともと天野なる人物は、一九〇二年一一月、深川区の「東京交誠社」として各地方新聞に米国渡航希望者へ渡航費を低利で貸し付けると広告し、応募してきた一〇〇〇名以上から、入社金五〇銭と『渡航羅針』と題する案内書の代価五〇銭あわせて一円を徴収し、その詐欺的な営業が問題視された過去があった。その後、一九〇五年に神田区において青年立志社を開設[9]、この寄宿舎から窃盗犯が出たり[10]、新入りの苦学生に暴行を加えたなどという犯罪行為がたびたび新聞沙汰になった[11]。きわめて問題のある事業者だったといえる。

こうした団体は後を絶たず、岡本淡山『実地東京苦学案内』(学静舎、一九一一年)には、『萬朝報』希望広告欄の「苦学生に適当なる確実の業務あり有為の青年を収容して就職の便を与ふ希望者来れ」につられて行くと、「人夫請負業〇〇組本部、苦学生保護所の看板あり、入れば玄関には入社規則等厳めしく、取次に出で来りたる人に苦学致し度いんですがと頼めば、彼曰く、今直ぐと就職の出来得るは工夫の手伝なり、其の他には適当なる業なし」と「粗暴な」口調で言われ、待遇は日給三三銭で入社金三〇銭と夜具薪炭代一円二〇銭は前納、食事は各自負担、通う学校も紹介してくれなかったと記載されている[12]。

似たような団体として、青年同気社（神田）、海員養成所（高輪）、青年力行社[13]、工事の受注で虚偽の案内をして周旋料を騙し取った人事紹介所東洋社[14]、同様の手口を真似した苦学生自身による詐欺会社もあった[15]。興味深いことに『萬朝報』記者によると、苦学生の集住地区である「神田区内に八地方新聞を利用し苦学生年を集めて膏血を絞るを事とする之に類似の団体数多」であったという[16]。新聞の利用と近代的社名といった手口は、第三章で見る職業案内所にも共通する。

こうした問題は、一九〇〇年代にかけて盛り上がりを見せた労働運動において、労働者保護の見地から改めて批判されることとなったが、組合の加入者は全労働者、職人のごく一部であり、大半は現状の親方制度のままでよいと考えていたようである[17]。請負制度にまつわる日雇労働者の賃金・待遇問題はしばしば労働争議において問題視されながら、日雇周旋は都市下層社会の「回路」を拡充させていったのである。

2　日雇周旋の組織化

日露戦後の日雇労働者の増加

日露戦後、下町地域に工場が集中するようになり、日雇労働者はさらに増加した。職工一〇人以上の工場は一八九九年までに本所区で九九、京橋区で六二、深川区で四八、神田区で三四、日本橋区で二四が設立されており、職工数も小石川区で九四八四人、本所区七一九七人、京橋区六六六五人、深川区四九二一人を数えるに至った。小石川・芝区には職工数の多い軍工廠、芝浦製作所や池貝鉄工所があった[18]。このうち本所、深川、小石川区は明治後期に工場が設立されて工業人口が増加し[19]、道路・電信・電話などの労働者だけでも数千人がいたとされる[20]。

こうした工場労働においては熟練労働と不熟練労働が分化し、職人層の動揺と解体が進んだ。親方制度が衰退し資本による直接管理が始まると[21]、印刷業では月給制・日給制となり、本職工・傭工、軍工廠では定期職工・臨時職工の格差が生まれた。建築・運輸業では下請的な日雇労働者が増え、間接雇用関係（下請）のもとで日雇的工場人夫・工場人足・雑役夫が増加していった[22]。戦時に下駄の歯入れから職工へ転じたいわゆる「日露職工」など「数多の不熟練職工」の戦後の失業[23]、日比谷焼き討ち事件や労働運動の鎮圧を狙った企業の温情主義と養成工制度の設立や親方の管理職への再編が日雇労働者が増える要因だった。そしてこれらの工業地区は都市下層そのものも抱えていたのである。

雇用先は、表**2-1**にみるように大工場・大企業が多く、一日あたりの雇入れ数も多いのが特徴である。

こうしたなか大規模工場では大量の人夫を使役するようになった。既に日露戦時、東京精米株式会社は月島の工場において一〇〇人以上の人夫（大体は新潟や富山周辺の出稼ぎ者で市中や地方の水車精米所を稼ぎまわって知己を訪ねてきた者）を、「工場出入りの人夫口入の手を経て入る」形で採用し、日給の三分〜五分を積み立てさせ、退社時に渡す仕組みを取っていた[24]。

ただし、採用はその日の状況で異なり、確約されたものではなかった。電灯会社での人夫調達につ

表 2-1　日雇人夫の雇用状況

雇用先	使役人数	賃金
日露戦時		
砲兵工廠	500〜1000人	32銭（組の法被損料で－1 銭）
大塚弾薬庫	？	30銭
陸軍戸山学校	？	40・50〜70・80銭
電灯会社	10〜15人	35銭〜
日本橋魚河岸・深川木場	同上	同上
明治末期		
中央電話局	？	35銭（元払い45銭）
東京瓦斯会社	？	35銭（元払い55銭）
千代田瓦斯会社	？	40〜55銭（元払い60〜75銭）
東京電灯会社	？	34銭（元払い50銭）

出典：齋藤喇風『男女必適就業案内』（永楽堂，1905年）61〜67頁，鈴木文治「東京浮浪人生活（三十二）」（1911年 2 月 6 日初出，総同盟五十年史刊行委員会編刊『総同盟五十年史第一巻』第 1 巻，1964年所収）932頁をもとに筆者作成。

いて、救世軍の機関紙『ときのこゑ』記事は、「七時を打つ頃には二三十人にもなつたが、取締らしい一人の男が来て、傍に居る男に向かひ、「オイ今日は出るとよ、五十人許りだ、懸るかも知れねえぜ」と合図をする。彼の男は「ナアニ今朝は己の方はあぶれだらふ、昨日居残をしたから」と何の事だか判きりは分らないが、なんでも多勢の中から唯た五十人しか取らないと云ふことらしい」と描写している。そして結局、「其朝使ふ人間の損割は箱番〔工事現場の詰所〕が決めるのだ」と、その選別が不公平であると指摘している[25]。

底辺労働者の集まる深川・本所

一方、この時期、ジャーナリストの横山源之助は、より大規模に神田区三河町、深川区富川町、浅草区浅草町、四谷区長住町、麻布区広尾、芝区新網などで人夫の募集があったと述べている。とりわけ、深川区富川町では一九一〇年六月に人夫請負会社が設立され、一日一〇〇〇名〜二〇〇〇名の人夫を市中に派遣していた。同町の木賃宿であった上総屋は一日一四〇〜一五〇人で「労力請負業」を兼ねており、「日稼ぎ人足の間に帝王の如き権威を占めている」[26]という。

実際に人夫に変装し、同地区を探訪したジャーナリストの知久泰盛によれば、上総屋は、富川町の木賃宿の店主らが出資者となって作った会社で、佐野屋、勢州屋などとともに本店以外に支店を有していた。三階建てで電気、電話、風呂もある施設で、富川町一〇八軒の木賃宿の一日平均宿泊客は一五〇〇人であったという。

横山源之助（1871–1915）。二葉亭四迷や前述の松原に影響され下層社会を探訪した。晩年は不遇のうちに亡くなった。

ここでは宿泊と職業紹介を兼ねていた。木賃宿では人夫一人につき手数料二銭を雇主から取って周旋したが、これは「表面だけで人夫の頭を刎る事によつて莫大な収入がある」[27]とされている。

人夫たちは概して「妻帯者は稀にある位なもので、多くは裸一環の独身者であるから、全くその日〳〵を稼いで

都市下層社会の食事風景（前掲『最暗黒の東京』より）

食ふものが多数」であり、「純粋の労働者で固まつたものは少なく、女の失敗とか酒の為身が持てないとか、或は地方出の者が芳町あたりの桂庵で傭口がなくその日に窮して仕舞つたとかいふ種類が多い[28]」という。日雇が第一章で見た口入屋の手を借りても就業できない男性労働者の受け皿になっていたこともわかる。

仕事後人夫たちは、木賃宿周辺の安食堂や飲食店で賃金をほぼ全額費やし、時に蓄財をしては木賃宿で買春をした[29]。企業ぐるみで町を巨大な「飯場」として、衣食住のゆるやかな管理統制が行われていたと見てよい[30]。

不景気でその日の仕事にあぶれると、大半の労働者は土方や人足の親方の家に転がりこんだり、後の仕事分を前借りして宿銭にあてたともいう。その場合は「金チャブ」「川越チャブ」といわれる粗末な食事になったようである[31]。

こうした地域であったため、女性の労働者はほとんどおらず、「逃亡女工などの迷ひ込むやうなことがあれば、必ず彼らの中の何者かに捕へられてその餌食となる」ほか「夫婦の観念」は希薄であったともいう。[32]

また、本所区花町では、一九一一年九月四日に労働者に内職を与えたり宿の提供をするために、資本金二万円で区内の有志者(青木庄太郎、新美政吉など)一九人が発起人となって株式会社労働授業会社が設立され、開業後三日間無料宿泊を始めた。青木庄太郎は政友会東京市部の大ボスで、石材問屋・土木請負業者で一九一三年に死亡するまで本所区選出で市議を務めていた人物である。[33]

横山源之助によれば同所の宿泊者は日雇で、「全く浮浪人と見た方が適切」[34]であるという。その後、労働授業株式会社は労働館という木賃宿営業を森徳九郎なる人物と四分六分の利益配当で始めたが、一九一三年に債権が差し押さえられ、「人足共はこの寒空に慄えてゐる」状況となったという。[35]その後の調査によれば労働館のほか、千代世館、乳屋などの木賃宿では、雑居室は大人一人五~六、一〇銭で布団や浴場などはきわめて不衛生であったようである。[36]

苦学生の多い神田・浅草

神田三河町では、日雇周旋を手がける請負業者は二一軒、組織形態は不明である。先に見た苦学生を対象にする業者もこの地区に集中していた。そのうち一〇〇人が自宅に暮らし、その他六〇〇~七〇〇人の人夫は深川や新宿牛込等の木賃宿で「其日暮し」をしている「浮浪者」だった。葬儀人夫が七割、残りは建前荷物運びやレンガ造りなどの雑職であった。横山によれば、明治末期は比較的親分子分の関係性が残っており、「常雇い的の人足」が多かったというが、大正初期には不良学生や無鉄砲な「田舎出の失意者」が多く、「酒、賭博、女の三拍子は一番この仲間に歓迎される」とされており、堕落した苦学生の溜まり場でもあった。[37]

なお、浅草区浅草町にも前述の労働授業会社と同様の無料で宿泊させ職業を紹介する施設がある。一九一三年七月一日、建部岩一郎が土木請負業荒井組の廃材を使って木造建物六棟を建て、労働者向けの宿泊所として「労働者保護会」を結成した。同施設は一九一九年七月にも南千住町に児童施設「少年楽園」を設置して八月には階下を東京府の公設市場に使用するに至っている。[38]

このように地域ごとに特徴はあるが、日雇周旋が集住地域では会社組織となり、その他の地域では従来の親方制度を引き摺りながら確立していたようである。[39] 日雇周旋は貧民窟や工業地区を中心とした特定の地区で成長し、都市下層の住民や苦学生をはじめとする上京者を組み込みながら、圧倒的な数の人夫の労働市場を成立させ、近代東京における労働供給業者に成長していたといえる。すなわち日雇周旋はそのまま都市下層社会への「回路」となったのである。

3　地方へ送られる労働者たち

地方の開発と労働者の払底

ただし、日雇周旋業は都市で完結したわけではなかった。東京の日雇周旋業者のなかには、市内の労働現場ではなく、地方へ労働者を送り込む事例もあったのである。

後の労働運動家で当時『東京朝日新聞』の記者だった鈴木文治によれば、一九一〇年、渋谷出身で早稲田中学を中退し、第四章で見る公益事業の無料宿泊所に宿泊していた一九歳の青年が、浅草公園で遊んでいたところ、「人夫引の網にかかって」足尾銅山に連れ込まれたという。銅山では、「飯は拙し」「身体が弱る、心細くなり、取った金は汽車賃や飯代や周旋料に差引かれて居る間に一文も金の目を見ません」[40]という状況で、一ヶ月後にかろうじて逃亡してきたという。

また、神奈川県厚木出身の二〇歳の青年が職探しのため上京、本所区花町の行徳屋という木賃宿に泊まったところ、新潟県の直江津鉄道の工夫として日給五〇銭の約束で他の五〇人と一緒に送られ、船に乗せられ、着いてみたら佐渡の金山で天井を掘る手伝い「雑夫」として、朝の六時から死の危険を感じる仕事に廻されたという。結局この青年も逃亡し無料宿泊所に厄介になっていたという[41]。

鈴木文治によれば、木賃宿を経由して地方へ送り出される者は、多くは近県の土方工事に雇われ、神奈川の鉄道工事、群馬、栃木、埼玉の水害で破壊された堤防工事に出稼ぎ、東京には身体が弱く力仕事に耐えられない人々が残っていたともいう[42]。これらは都市の余剰労働力を地方に回して儲けようとする業者の都合でしかなかったといえる[43]。

「人夫釣り」業者と手口

その後、大正初期の不景気により、労働者たちも「アブレる」(失業)期間が長くなり、深川区富川町では、「少しも需要がないので毎日薩摩芋や残飯で凌ぎ乍ら遊んで居る」だけでなく、宿代を払えずに橋のたもとや軒下で起居する者が「大分殖えて来た」[44]。こうした中で、日雇周旋業者は北海道や東北地方の開発現場へ回そうと、勧誘を繰り返していた。

例えば、一九一二年六月の『東京朝日新聞』には、下谷区の橋本組に「誘拐されて」北海道に渡り、「監獄小屋」に入れられ、鉄道工事に従事させられ、「食物はまづし金にはならず労働は過激にして某頭の虐待甚だしく命を取られん有様」で逃亡してきたという青年の投書が載っている[45]。

また、一九一三年、山形県出身で二一歳の福島三之助は、上京後、上野公園にて「近頃の東京は不景気で碌に甘い汁も吸ひないが十里許り離れた田舎に行くとウンとした金儲けもあり旅費の外一時に支度金の三百も貰へるのだが」と誘われ、上野駅へ行くと千葉行の列車といわれたにもかかわらず、樺太の飯場へ送り込まれてしまったという[46]。このような地方の職場の紹介は、より手段が巧妙化したため、当時「人夫釣り」といわれ、街中に貼紙をしたり、広告や駅前で「一円の日当になる処があるとか、鉱山へ往つて三年も稼げば大金持ちになるとか」甘いことを言って、青年や失業者を狙った[47]。

これは東京の日雇労働者が供給過剰となったことに加え、地方の鉄道、堤防や発電所工事などの人手不足が要因だった。既に日清戦争後には冬場に地方の鉱山では人夫の募集をしていたようであるが[48]、明治末期になると北海道・東北行き専門の業者が表**2-2**のように、小樽、旭川、青森、仙台の元締

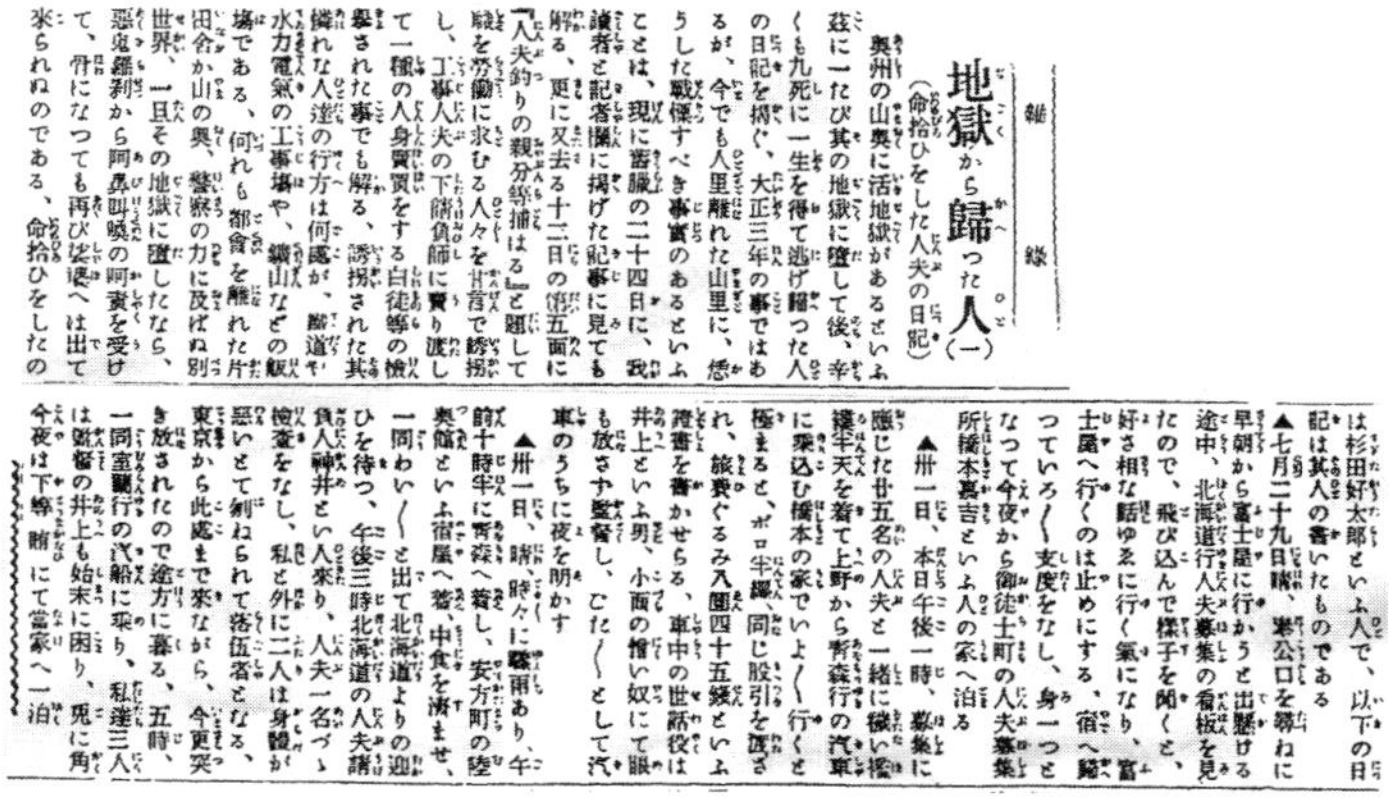

雑録

地獄から歸つた人（一）

（命拾ひをした人夫の日記）

奥州の山奥に活地獄があるといふ茲に一たび其の地獄に墮して後、幸くも九死に一生を得て逃げ歸つた人の日記を掲ぐ、大正三年の事ではあるが、今でも人里離れた山里に、恁うした戰慄すべき事實のあるといふことは、現に當欄の二十四日に、我讀者と記者欄に掲げた記事に見ても解る、更に又去る十二日の第五面に『人夫釣りの親分等捕はる』と題して職を勞働に求むる人々を甘言で誘拐し、工事人夫の下請負師に賣り渡して一種の人身賣買をする白徒等の檢擧された事でも解る、誘拐された其憐れな人達の行方は何處か、鐵道や水力電氣の工事場や、鑛山などの飯場である、何れも都會を離れた片田舍か山の奥、警察の力に及ばぬ別世界、一旦その地獄に墮したなら、惡鬼羅刹から阿鼻叫喚の呵責を受けて、骨になつても再び娑婆へは出て來られぬのである、命拾ひをしたのは杉田好太郎といふ人で、以下の日記は其人の書いたものである

▲七月二十九日晴、業口を尋ねに早朝から富士屋に行かうと出懸ける途中、北海道行人夫募集の看板を見たので、飛び込んで樣子を聞くと、好さ相な話ゆゑに行く氣になり、富士屋へ行くのは止めにする、宿へ歸つていろ〳〵支度をなし、身一つとなつて今夜から御徒士町の人夫募集所橋本嘉吉といふ人の家へ泊る

▲卅一日、本日午後一時、募集に應じた廿五名の人夫と一緒に襤褸半天を着て上野から青森行の汽車に乘込む橋本の家でいよ〳〵行くと極まると、ボロ半纏、同じ股引を渡され、旅費ぐるみ八圓四十五錢といふ證書を書かせらる、車中の世話役は井上といふ男、小面の憎い奴にて眼も放さず監督し、ごた〳〵として汽車のうちに夜を明かす

▲卅一日、晴、時々に驟雨あり、午前十時半に青森へ着し、安方町の陸奥館といふ宿屋へ着、中食を濟ませ、一同わい〳〵と出て北海道よりの迎ひを待つ、午後三時北海道の人夫請負人神井といふ人來り、人夫一名づゝ檢査をなし、私と外に二人は身體が惡いとて刎ねられて落伍者となる、東京から此處まで來ながら、今更突き放されたので途方に暮る、五時、一同室蘭行の汽船に乘り、私達三人は監督の井上も始末に困り、兎に角今夜は下蜂館にて當家へ一泊

1914年頃「人夫釣り」にだまされた労働者の日記（『都新聞』1917年1月14日付朝刊1面）。全８回連載された。

めに対して、下谷区に九つ、浅草区に三つ、本所区に三つの業者がおり、業務の時期によっては「互に融通し合ふ」こともあったという[49]。すなわち、元締め―親募集―下募集という三つの業者が介在し、末端の日雇い労働者を紹介していたのである。

こうした事例からは、日雇周旋業が、都市の余剰労働力を、地方の労働現場に送出する役割を担っていたことも窺える。過酷な地方の飯場に送り出され賃金を得られず、結局貧しいまま都市下層社会へまた流入することとなり、今度は第四章で見るような慈善・救済事業施設に流れつくこととなったのであった。

日雇周旋の役割と弊害

このように日雇周旋業は、近世以来の人宿を受け継ぎ、様々な工事現場に人足を派遣する業者だったが、明治二〇年代の競争入札制度の導入とともに請負業もしくはその下の親方が請負額に応じて労働力を調整す

表 2-2　北海道・東北地方と東京の「人夫釣り」業者一覧

役割	居住地	名称	名前
元締め	小樽稲穂町	◯イ	藤井某
元締め	旭川一條通		坂田某
元締め	青森市安方町	◯へ	盛某
元締め	仙台市新伝馬町	壽屋	沼邊
親募集者	下谷区御徒町三丁目	橋本組	橋本某
親募集者	下谷区万年町	おけらの親分	東北舎齋藤某
下募集屋	下谷区万年町	—	川俣某
親募集者	下谷区車坂町	鈴木の直	武内某
下募集屋	下谷区車坂町	川口	矢野某
下募集屋	下谷区車坂町	菊地屋	藤川某
下募集屋	下谷区稲荷町	鈴本組	小林某
下募集屋	下谷区入谷町	—	市川某
下募集屋	下谷区西町	北陽組	佐々木某
下募集屋	浅草区栄崎町	ひげ庄	山口某
下募集屋	浅草区浅草町	稲荷組	佐藤某
下募集屋	浅草区元ルナパーク裏	こん寅	齋藤某
親募集者	本所区緑町三丁目	旭組	齋藤某
下募集屋	本所区業平橋際	—	中島某
下募集屋	本所区亀戸天神裏門	今村	飯田某

出典：金々先生『商売百種渡世の要訣』（雲泉書屋，1916年）82〜83頁をもとに筆者作成。

るようになった。

日雇周旋は構造上、末端の労働者の賃金を手数料の一環として撥ね、収益をあげていたが、その中間業者によっては末端の労働者はきわめて低額の賃金しか得られなかった。この点を問題視したジャーナリストや労働運動家などはいたものの、現実には取締規則はなく、すべて裁量は日雇周旋業者に委ねられていた。

その後、日雇周旋業は口入屋からの流入者、苦学生をのみ込んで拡大し、特定の業界と関わりの深い地区で木賃宿を併設した会社組織へと発展した。こうして効率的に日雇労働者を集めて配分し、囲い込んだのである。時には余剰労働力を地方へ派遣することもあった。

ここからわかるように、日雇周旋は、近代化に伴う多くのインフラ整備に必要な肉体労働をとりまとめ、全国からの出稼ぎ者や苦学生などの単身労働者を都市に吸収し、再配分する役割を担った。都市下層社会へ直接結びつくこの「回路」は、全国の工事現場と繋がっていたのである。

ただし、日雇周旋による賃金の頭撥ねに多くの問題があり、取締規則もなかったため、日雇労働者は安定した生活を送ることはできず、集住地区で木賃宿暮しを続け、社会的上昇は望めなかった。この結果、前述の新聞記者知久泰盛が言うように、労働者たちは頭撥ねにより親方にますます依存するようになり、「終生どん底の生活を続けなければならぬやうになる」[50]者も少なからず生じた。このため地方への「人夫釣り」は次第に批判の対象となっていったのである。

注

(1) 今日有名な企業では、清水組(一八〇四年創業)、鹿島組(一八四〇年創業)など(高橋伸子「明治期における建設業の発祥と会計意識についての考察」『札幌大学女子短期大学部紀要』第四〇号、二〇〇二年九月、四一~四三頁)。概説は藤野裕子『都市と暴動の民衆史―東京・一九〇五―一九二三年』(有志舎、二〇一五年)第四章を参照。

(2) 松原岩五郎『最暗黒の東京』(一八九三年初出。岩波文庫版、一九八八年)一五六~一五八頁、横山源之助『日本の下層社会』(一八九八年初出。岩波文庫版、一九八五年)第一編参照。横山源之助は別の記録でも、四

谷鮫ケ橋は「住めるもの多く人足土方の一類なりと雖も生活の悲惨を示すもの大なるに於ては其戸数の多大なると共に大なるものあるが如し」としている（「都会の半面」一八九五年一二月初出。『横山源之助全集』第一巻、社会思想社、二〇〇一年、一二九頁所収）。

（3）例えば、宮地正人『日露戦後政治史の研究』（東京大学出版会、一九七三年）によれば、日清戦争後の市会では深川木場の材木問屋、運送業者などを組織しており、一八九九年の東京市会第六回選挙で政友会東京市部の大ボスである石材問屋・土木請負業者の青木庄太郎が選出された。青木を通さなければ請負業務に従事できなかったともされる（一三七頁）。

（4）高野房太郎「日本における労働問題」（『読売』一八九一年八月初出。大島清・二村一夫編訳『明治日本労働通信―労働組合の誕生―』岩波文庫版、一九九七年所収）二七七～二七八頁。

（5）前掲松原、一〇八～一〇九頁。

（6）「言論：学生貸与制度及苦学生問題（上）」（『萬朝』一九〇二年一二月五日付朝刊一面）。

（7）竹内洋『立身出世主義〔増補版〕―近代日本のロマンと欲望―』（世界思想社、二〇〇五年）一四四～一四九頁、拙稿「明治期東京における苦学生活と支援」（『生活文化史』第六七号、二〇一五年三月）参照。

（8）「堕落書生の集合所（青年立志社内幕の暴露）」（『読売』一九〇五年一二月二一日付朝刊三面）。

（9）「地方の人を欺く曲者」（『萬朝』一九〇六年一一月二〇日付朝刊三面）。なお同記事によると天野は事件発覚後、印刷機械を据え置いて「春画を始め風俗壊乱的の図画を出版」、出版法違反で罰金一五円に処せられた。その後は赤坂区で「博愛社苦学生保護所」「美術堂」の看板を掲げて前述の詐欺的紹介業を行い、西洋婦人の裸体図画を地方新聞で広告して販売したという。

（10）同社の監督吉田金作が旅行で不在中、監督を頼むと言われた同社の某苦学生（二〇歳）が、その間に他の学生の「竹行李衣類数点入りの者を窃取したを同苦学生」に問いつめられ、「一昨日帰郷せしを直ちに神田署の手で押へられ目下取調中」とある（「苦学生の手長」『読売』一九〇五年七月二〇日付朝刊三面）。

（11）「苦学生を喰物にする青年苦学社」（『萬朝』一九〇六年九月一五日付朝刊三面）、前掲「堕落書生の集合所」。

(12) 岡本淡山『実地東京苦学案内』(学静舎、一九一一年) 五八～六一頁。
(13)「苦学を目的に上京した青年／九分九厘は途中で困る」(『東朝』一九一五年六月一五日付朝刊五面)。
(14)「苦学生を欺く」(『東朝』一九一一年一二月一三日付朝刊五面)。
(15)「苦学生の悪事」(『萬朝』一九一二年二月五日付朝刊三面)。
(16) 前掲「堕落書生の集合所（青年立志社内幕の暴露）」。
(17) 大田英昭『日本社会民主主義の形成―片山潜とその時代―』(日本評論社、二〇一三年) 二三四～二三五頁。
(18) 沼尻晃伸『工場立地と都市計画―日本都市形成の特質 1905-1954』(東京大学出版会、二〇〇二年) 二〇頁表1-1参照。原資料は農商務省編刊『工場通覧』(一九二一年)。
(19) 中川清『日本の都市下層』(勁草書房、一九八五年) 七頁表および第三章第一節参照。
(20) 八濱徳三郎「桂庵の研究」(『救済研究』第一巻第三号、一九一三年一〇月二五日) 五六頁。賃金は男性で五〇銭、女性三〇銭で請負師が三～四銭、親方が二～三銭を撥ね、手伝人足は七〇銭で直接職人に雇われるため頭撥ねはない。米穀、薪炭等仲仕は一日一円ほどで多少経費が撥ねられた。
(21) 前掲宮地『日露戦後政治史の研究』第三章第一節。
(22) 同右、第二章第二節参照。
(23)「失業者救済策」(『九恵』第二一七号、一九一八年五月一日) 三〇頁。
(24) 岩崎徂堂『大商店会社銀行著名工場家憲店則雇人採用待遇法』(大学館、一九〇四年) 二〇五～二〇六頁。
(25)「不景気の声／失業者の窮況視察」(『ときのこゑ』第三三八号、一九一〇年一月一五日付五面)。
(26) 横山源之助「下級労働社会の一大矛盾」(一九一二年五月初出。中川清編『明治東京下層生活誌』岩波文庫、一九九四年所収) 二九二頁。
(27) 知久泰盛『人生探訪変装記』(互盟社、一九一四年) 二三九頁。
(28) 同右、二四五～二四六頁。
(29) 同右、二四〇頁。「人夫部屋の生活」(『サンデー』第二一七号、一九一三年二月) 一五頁。

(30) こうした木賃宿や下宿屋の資本の管理・統制については、戦間期の三菱財閥系企業・事務所を検証した研究にも登場する。西成田豊『近代日本の労務供給請負業』（ミネルヴァ書房、二〇一五年）二一八～二一九頁など。

(31) 鈴木文治「東京浮浪人生活（二十七）」（一九一二年一月三〇日初出。総同盟五十年史刊行委員会編『総同盟五十年史』第一巻、日本労働組合総同盟、一九六四年所収、九二六～九二七頁）。

(32) 鈴木文治「東京浮浪人生活（三十）」（一九一一年二月四日初出。同右『総同盟五十年史』第一巻、九二六～九三三頁）。

(33) 前掲宮地、一三七頁。

(34) 前掲横山「下級労働者界の一大矛盾」二八八頁。

(35) 「慄えてる人足（労働館差押へに遭ふ）」（『都』一九一三年一一月一八日付朝刊五面）。

(36) 市場鴨村「木賃宿の改善論（国家医学会雑誌より）」（『救済』第四巻第七号、一九一四年八月二〇日）一〇～一一頁。

(37) 「三河町の人足（外で見られぬ奇観）」（『都』一九一三年一〇月二三日付朝刊三面）、「同（二）（昔の気立て今は亡し）」同紙同年一〇月二四日付朝刊三面）。

(38) 東京市社会局総務課編刊『東京市社会事業名鑑①』（一九二〇年）八二～八四頁。

(39) 前掲横山「下級労働者界の一大矛盾」二八八頁。

(40) 鈴木文治「東京浮浪人生活（十一）」（一九一一年一二月二六日初出。前掲『総同盟五十年史』第一巻所収）九〇九頁。

(41) 鈴木文治「東京浮浪人生活（十三）」（一九一一年一二月二八日初出。同右）九一一頁。

(42) 鈴木文治「東京浮浪人生活（二十一）」（一九一一年一月一三日初出。同右）九二〇頁。

(43) 小川二郎『どん底社会』（啓正社、一九一九年）一三三頁。

(44) 「飢ゑたる労働者／不景気の影響」（『萬朝』一九一四年一二月一日付朝刊三面）。

(45)「不気味な町（九）魔窟と中学生」（『東朝』一九一二年六月八日付朝刊五面）。
(46)「三河町の人足（四）（一寸千葉が樺太まで）」（『都』一九一三年一〇月二六日付朝刊三面）。
(47)「人夫つりの親分等捕はる」（『都』一九一七年一月一二日付朝刊五面）。
(48) 横山源之助「貧街十五年間の移動」（一九一二年二月初出。中川清編『明治東京下層生活誌』岩波文庫版、一九九四年所収）二七〇頁。
(49) 金々先生『商売百種渡世の要訣』（雲泉書屋、一九一六年）八二〜八三頁。
(50) 前掲知久『人生探訪変装記』二四六頁。こうした労働者たちの個人史や、大正期に活発になる社会運動への参加などについては今後の課題であるが、以下の論文が個別事例としてきわめて示唆的である。中村元「「土木稼業人」の労働史―20世紀前期における仲木屋鉱一の軌跡」（『人文学報』第四一五号、二〇〇九年三月）、藤野裕子「一九一九年立憲政友会本部放火事件―ある工場人足の政治的軌跡（上）」（『史論』第六七号、二〇一四年）。

第三章　情報化と職業案内所の登場

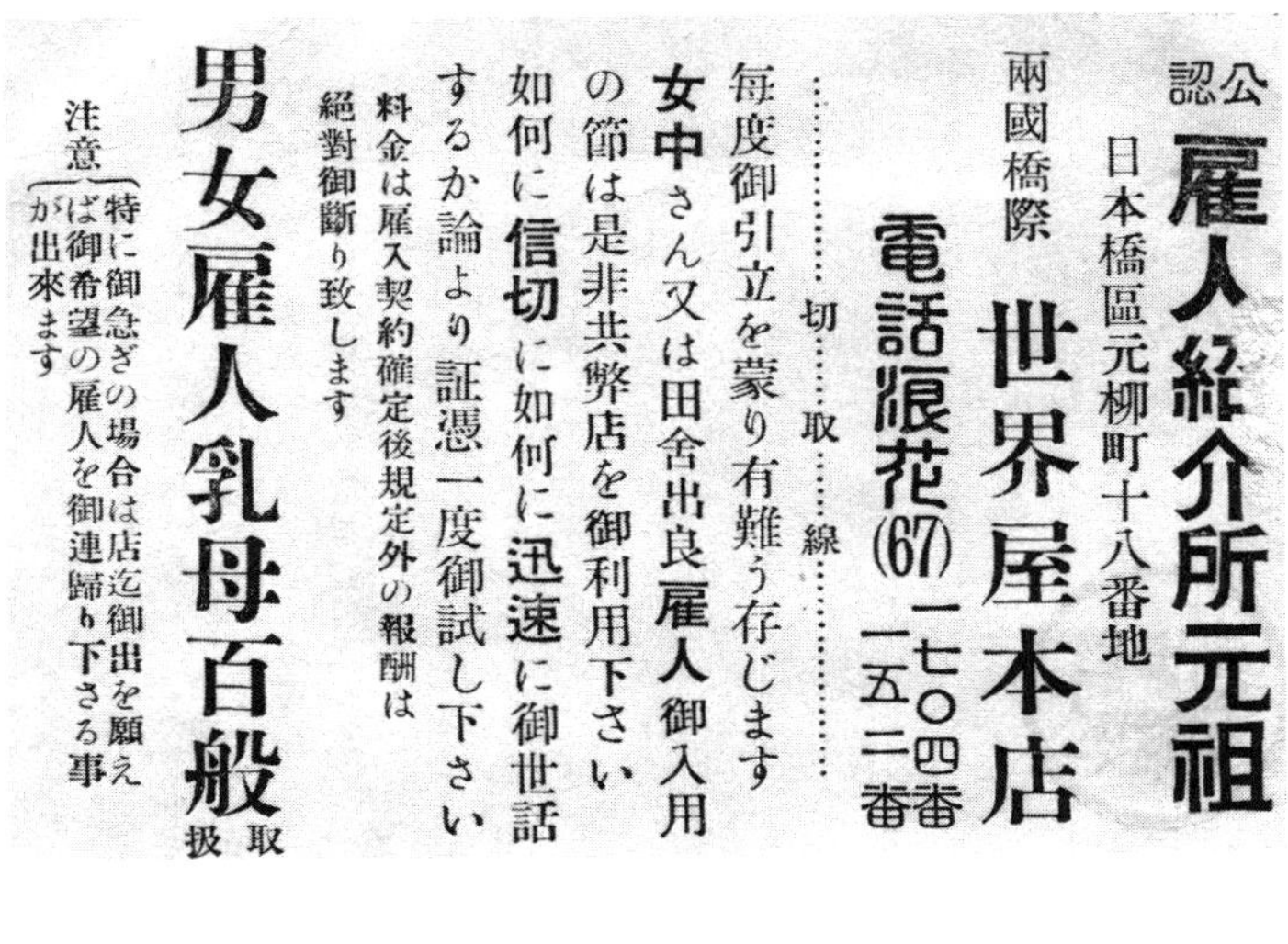
公認 雇人紹介所元祖
日本橋區元柳町十八番地
兩國橋際 世界屋本店
電話浪花(67)一七〇四番
一五二番
切取線
毎度御引立を蒙り有難う存じます
女中さん又は田舎出良雇人御入用
の節は是非共弊店を御利用下さい
如何に信切に如何に迅速に御世話
するか論より証憑一度御試し下さい
料金は雇入契約確定後規定外の報酬は
絶對御斷り致します
男女雇人乳母百般取扱
注意 特に御急ぎの場合は店迄御出を願え
ば御希望の雇人を御連歸り下さる事
が出來ます

世界屋の求人広告（大正末期〜昭和初期のもの）。当初両国橋店は本店ではなく，1912年２月に開店した支店だった。筆者所蔵日露戦争前後には、口入屋や日雇周旋と異なる求人広告を介した職業案内所が増加していた。しかし、これらの多くは序章で見たように情報の信頼性に乏しく紹介に責任を負わないこともあって、事業そのものが問題と見なされるようになった。本章では、この職業案内所の驚くべき実態を検討する。

1　求人情報を売る者たち

求人広告と詐欺事件

職業案内所は、求人広告や外交員が取ってきた求人情報を台帳に載せ、その閲覧料をとりながら求職者の便宜を図るという、まったく新しい営利事業であった。こうした職業紹介は身元保証や身元保証金が不要なうえに、社会的地位の高い職業も選択できるという求職者にとって画期的な業態だった。当初は何の規則の適用も受けなかった。

もっとも、日露戦前後には、こうした求人情報を巡って多くの問題も生じた。虚偽の求人広告を使った詐欺事件が多発したのである。『読売新聞』のデータベースで検索すると、「新聞広告を利用した詐欺　書記募集、応募者の身元金を詐取して逃げる」（一九〇一年一二月六日付朝刊四面）、「またまた新聞広告悪用の詐欺会社　就職周旋を持ちかけ、保証金を詐取」（一九〇二年一〇月一一日付朝刊四面）、「就職あっせん詐欺続発／新聞広告悪用し身元金詐取」（一九〇三年二月二七日付朝刊四面）といった見出しが散見される。

一字千金
事務
古着最
恩給
旅館
齋藤治療所
寫字
恩給
男
事務員
繪畫教授
造作
募集
事務店
採用
小僧
大學館
鷄
一字千金
海員入用
眞珠賣買

求人広告の一例。「東京紹介所」「アサヒ社」「エム商会」など怪しい社名が並ぶ（『東京二六新報』1909年4月28日付朝刊4面）。

右の一九〇三（明治三六）年の記事は、「新聞広告を利用し人事周旋の名目にて申込人より身元金と称し少からぬ金を詐取する曲者市内到る所に網を張りて迷惑する者多く」、神田区蠟燭町九番地の明光株式会社（この会社に騙された被害者が怒って騒ぎも起きたようである）、神田区猿楽町二丁目の実業協会、神田区西小川町の巴商会、本郷区金助町のダブリュー商会、浅草区東三筋町の三四商会などが「目下其筋にてハ厳重に取り調中」であると報じている。[1] こうした状況を受けて警察は誇大広告を取り締まり、新聞社も自主規制したが、あくまでも対象は求人広告であって、それを悪用する職業案内所ではなかった。[2]

その後、前述のように明治末期にかけて、口入業の衰退や日雇周旋を嫌う一般求職者の増加を背景に、職業案内所は活況を呈し、なかには悪質な営業を行うものも登場した。ある啓蒙書は次のように指摘している。

近年は普通の慶庵及前記の周旋屋以外に、一種の口入屋が出来て居る。之れは新聞の広告欄内に「男女事務員入用」とか「店員外交員数名入用」とか云ふ広告を出して、多少の教育ある男女の就職を周旋するのである。而して是等の周旋屋は、新式であるだけに、屋号も旧式の何屋と云はず、何々社、何々商会、東京何とか紹介所、と云つたやうな名称を附けて、所謂コケ威かしを行つて居る。然るべき就職の口をと、諸方を奔走しても、容易に見附からないで、弱り切ッテ居る者の多い時節柄、商店の事務員、外交員、書記其他月給取の口何でも周旋するとあるのだから、誠に有難い訳だ。で新聞の広告を見て、一つ頼まうと出かけて行く者が少なくない。別して地方にプラ〲して居る青年の中には、此周旋屋を頼りに出京する者が、是迄既にたくさんあるさうだ(3)

職業案内所は規制対象外であったため、正確な統計は一九一八(大正七)年まで存在しないが、一九一二年四月の浮浪人研究会(4)による調査結果に基づく、丸山鶴吉警視庁方面監察談話(5)では、東京市内に「実に意想外に甚しく全市に現今百四十五箇所(6)」であったとしている。市内の特定の地域に、全雇人口入営業者の約一〇分の一にあたる職業案内所が集中していたことがうかがえる。特定地域に集中した理由は、都市下層ルポルタージュを書いた深海豊二によれば、「都会に憧れて、田舎を飛び出した先生等が、先づ神田辺の安下宿へ陣取るからであらう、次に浅草下谷本所は、停車場を降りたばかりの連中を欺すのが、目的(7)」だったという。職業案内所は意図的にこうした地域へ出店していたのである。

—508—

會社

市内職業紹介所の内幕

▽神田淺草下谷三方面實地踏査委員の報告

都市に於ける人口集中の傾向は、蓋し近世文化國の通弊てある。如何なれば人の子等は、田舎を厭ふのてあらう。田舎は神が作り、都會は人が作るてふ諺もある位なるに、彼等は逡々として山紫水明の自然境を捨てゝ、煤煙飛び塵芥揚る都へ都へと急ぐのてある。懐中に餘裕のある者はまだよい、東京に知人のある者はまだよい。懐中に餘裕もなく確實な知人もない人々は、多くパンを求めて石を得、魚を求めて蛇を與へられる。右に求めて得ず、左に乞うて與へられず、とゞのつまりは空しく飢を忍んて道途に彷徨する浮浪生活に入る。かゝる人々、日に幾人、月に幾十百人、年に幾百千人。

東京は生き馬の眼を拔く處だといふ。一方に窮迫骨に徹するの憂愁兒あれば、他面には其弱點に乘じて、之を喰物にする不埒漢が現はれる。近年求職者失業者が多くなると、一面之に職を與へんと號して、其貧しき財囊を振はしむる所謂「職業紹介所」なるもの、則ち是れ。彼等は特に最近に於て雨後の筍の如く殖えた。市内に於ては總數百軒の上に出やう。從つて其甘言に乘せられ、毒牙にかゝつた者の數も少くない。其弊害の甚しき由は、既に久しき以前より耳にして居る所、乃ち「浮浪人研究會」は調査委員を選んて、之が調査に從事する事となつた。調査には實地に踏査して其證據を捕へる要がある。委員等は更に合議の上、神田、下谷、淺草の三方面調査の事に決し、二人の踏査委員を選任して、左の事項の調査を命じた。以下揭ぐる所は此實地踏査委員の報告てある。

調査すべき要項

一、職業紹介所備附の帳簿の體裁並に内容

—126—

職業案内所に対する調査（『六合雑誌』第32号, 1912年）

市内各区の業者

管見の限り明治末期の各地区の店舗は次のようである。(8) まず、神田区には、今川小路町の「博報社」、「時報社」、三崎町の「東京職業紹介所」、「エス商会」、「明治社」、神田神保町の「神田商会」、「大成社」、小川町の「共進社」、「東京職業案内所」、「東京社」、町名不明の「東京〇〇社」、「確昇社」、その他個人営業者もあった。

浅草区は、「上野警察署前迄に十軒あり（普通の雇人口入屋を除く）[9]」という状況で、田原町の「世界屋（本店）」（北松山町、北清島町にも支店ありか）、「天狗商会（分店）」、南松山町の「つた屋」、北清島町の「東京紹介所」、「東京三益社」、浅草区小島町の「同益社」などがあった。

下谷区は、「上野停車場に接して居る車坂町、北稲荷町、南稲荷町だけに約二十軒程の雇人口入屋と、職業紹介所（告知業）とが相並んで居る[10]」状況で、上車阪町の「世界屋（支店）」、北稲荷町の「ます屋」、「東商会」、上野広小路町の「天狗商会（分店）」があった。

この他、本所区亀沢町の「天狗商会（本店）」、同区両国橋近辺（町名不明）の「世界屋（支店）」、麹町区には、飯田町の「耕成社」、「旭屋商会」、「有終社」、「九段商会」、赤坂区青山北町の「青山職業調査創立事務所」、麻布区（町名不明）の「啓友社」などがあった。若者をひきつけるためか、「何々社、何々商会」、「世界」、「東京」といった近代的で新鮮な名称が多いのが特徴である。

店舗には、大看板を店頭に掲げて六〇～七〇種類の職種を並べ「大至急募集、雇入一切無手数料」、「職業なき者は来れ当商会は迅速確実に紹介す、一切無手数料」と謳ったもの（天狗商会）から「自宅に人事紹介所の看板を掲げ」た（神田区の個人営業者）ものまで多様だが、一見してそれとわかる看板が必ずあった。

家屋は、老朽化したもの（共進社、つた屋）から「銀行の受付」のようなもの（世界屋本店）まで規模に応じて異なる。店内には後述する帳簿を必ず備え、なかには二～三脚の机、書籍数冊、火鉢に金庫など、近代的な事務所を彷彿とさせる体裁の業者（天狗商会）もあった。このような地域で、地方からの上京者や苦学生などの青少年、女中や日雇ではない職を望む者をターゲットにした出店が相次いだ。

求職者への警告

この結果、各種メディアは職業案内所に気をつけるよう詳細な手口を紹介するようになった。とりわけ東京の案内書や苦学案内書は熱心であった[11]。幾つか引用する。

就職帳簿などゝ名称を附した帳簿二三冊を備付けて置き、此の帳簿を見れば好きな就職口がある故、遠慮なく御覧なさいと、地方出の青少年詐欺とは気付かず、其の帳簿を見むとすれば、甘言以て帳簿閲覧料など云ふ口実の下に、又金銭を捲き上げるのである、市内至る処何々社何々商会など、立派なる名称の下に事務員募集などをやつて居るのは、皆彼等悪徒の根城なのである[12]

諸君が前記の事務員募集の何々社に行つたとせば、彼は事務員は大分入用です、好き勝手な所がありますが、其れは一々お話する事は出来ません故、此の帳簿に残らず書いてありますから此れで御覧なさい、然し帳簿の閲覧料を何十銭頂きますと云ふのである、而して奮発して閲覧料を投じて中を見れば、皆新聞広告にある人員入用の抜書か同醜類の詐欺募集なのである、其れでも尚信じて帳簿にある雇入の会社とか商店とかへ行けば、其むな事は知らぬとか、又同醜類とすれば

前期の手段を繰返し、又は満員など体よく絶〔断〕る[13]

また、法律解説書にも実用的な警告が載っている。岡部学三なる人物は、職業案内所の紹介事業について、たとえ紹介が実現しなくても「返金した例が無い」とし、民事訴訟を起こそうにも何々社、何々所などと屋号をつけてある主人が「殆ど不明の有様で訴訟の相手方の詮議すら容易に出来ぬ」状態で、告訴までする人は一〇〇人中一、二人で大抵は仕方なく泣き寝入りするあり様だ。業者は訴えられても別の警察の管轄地区に移って、名義を変えて新規に開業すると指摘している。[14]

もっとも、このような警告を「成功熱」や「上京熱」にかかって上京してきた地方青年や生活に逼迫した求職者が目に留める機会はあまりなかったと思われる。それは、この後も被害者が減らず、下層社会のルポルタージュなど他のメディアが警鐘を鳴らしつづけたことから明らかである。[15]

2　新手のビジネスの闇

開業者の正体

こうした職業案内所の問題は、日露戦後に求職者が増加するにつれ、営利を最優先する業者が大挙して参入したことと無縁ではなかった。このような経営者には、まず「此の種の職業者が言い合わせたように巡査とか刑事上りの者が多いのは如何した訳であろう[16]」と言われたように、元警察官が多かった。後述する「世界屋」店主の上園万吉、林恒範のほか、「大成社」の求人簿にあった「東洋興信社」なる実体のない会社の社員がこれに該当する。

警視総監の丸山鶴吉は、「紹介所の所長なり主任者なりは〔中略〕多くは桂庵の雇人であつた者で、詐欺などの前科ある者も少なくない」、「一度左うした罠に罹つて、財布の底を叩かせれた奴が、之はいゝ商売だ、濡手で粟を摑むやうな商場だと考へて二三十円の資本を工面して、開業に及んだと云ふ奴もある」[17]と指摘している。前者は罰則規定により新規開業が不可能になったため、似たような仕事を始めたと考えられる。後者は、一定の教育を受けた知識層で自ら手を汚さず利益を得られる点に注目して開業した者がいたことが窺える。

つまり経営者は、元警察官、元営利業者の雇人、元被害者で、いずれも職業紹介の仕組みと法規制や手口を熟知した、営利目的の人物であったといえる[18]。

その最たる事例が「世界屋」である。「世界屋」は、「東京に於ける最も古く、最も設備の広大な元祖の一[19]」といわれたが、もともとは元巡査部長だった上園万吉が健康を害して警官を辞職後、上野浅草区田原町に雇人口入業として開業したものだった（時期不明）。しかし、一九一一年三月一三日に不正行為で営業停止を命じられると、「異名同体とも云ふ可き現今の職業案内簿閲覧所を工夫」して事業を展開、一九一二年二月には両国へ支店を開き、一九一四年一月二二日には浅草区田原町で営業許可を再度受けて活動を拡張した。以後同区内や[20]、一九一五年二月には下谷区に林恒範という下谷署の元巡査に支店を任せ、内勤店員のほか外勤店員を使って広告をでっち上げ、他業者とも結託する組織的運営によって巨額の利益を得るに至ったというのである。ここからも営利を第一の目的とした事業であることが明確である。

店員は、内勤八名に外勤数名と規模の大きな店から（世界屋）、わずか一名（大成社）のところまで多様で、店主と店員の区別がつかない店もあった（共進社）。店主や店員には、求職者を巧みに丸め込む弁の立つ人物が必ずいたのが特徴である。こうした人々がこぞって開業したため、職業案内所の営業の手口はきわめて悪質なものとなっていった。

営業の手口

その手口は、第一章で見たものよりもさらに手が込んでいた。まず求職者が来店すると、店主や店員は「客を相手に種々口から出任せの大法螺を吹き立て就職を勧め」（世界屋本店）、「百枚程も綴りし冊子」を「五六冊も重ねて、職を求むるには是を御覧なさい[21]」と誘導（大成社）する。その際の口上は次のとおり（東京〇〇社）。

ヨロシウ御座いますす職業は色々ありまして最近のもの許りも六十種以上ありまする、当社には一覧簿と云ふ物がありまして職業の種類、給料其他の條件より雇主の町名番地迄明細に記入してありますから、其さへ御覧になれば、独で御解りになります。何しろ其種類が余りに多いので雇先に於ての精しい條件はいちいち説明出来兼ますから、委細は直接先方で御調べ下さいまし、其で

其帳簿の見料として五十銭丈お入れになれば帳簿を御眼にかけますから、貴君のお好きなのをお選み下さいまし[22]

その後、申込書に記入、捺印させ、料金一〇銭（ただし手数料一円は別。青山職業調査創立事務所）～一円で帳簿を閲覧させる。その際、一定期間有効な領収書兼閲覧券を渡す場合もあった（世界屋）。

帳簿は、一冊ごとに二折り半紙約二〇枚程度のもの二～三〇冊（世界屋支店）など多様であるが、「十枚余にして後は全く白紙である。又一冊と取り替へて見ると、是も同じ」[23]（大成社）というケースが大半である。名簿の雇先住所を記した後、紹介状を書く業者もいるが「貴店にては雇人御入用無きか」（共進社）程度の書面や、採用条件を相手方に委ねる（東京〇〇社）ものであった。

しかし、求人簿に掲載された内容でまともなものはほとんどなかった。第一に、無効の求人が多かった。「余程前に出前持を雇ふことを頼みたる」、「先月中手伝等に欠員ありしも目下満員」、「雇主の方より頼みに行きしに非ず」（つた屋）、「他の周旋屋へ頼みたることはあるも、世界屋へは頼まず」（世界屋本店）という例である。これらは、職業案内所がでっち上げた求人だったためである。[24]

第二に、同業者の口入屋が関わっていた。例えば、「麻布の啓友社と云ふ家へ、雑誌配達人夫として紹介された」が「行つて見ると啓友社は雑誌社ではなく之も職業紹介所であった」（青山職業調査創立事務所）というケースも珍しくなかった。[25]業者どうしが融通して、閲覧料を少しでも多く得ようとしたのである。ただし、ごく稀に日雇周旋に紹介されることもあったようである。

大正初期に職業案内所を訪れ、後に大阪市・東京市職業紹介所に勤務する小野磐彦は、「東京では当時至る所に開業していた。求職申込みをすると主人が応対して、求人一覧簿を出し、即座に閲覧料五〇銭をとる。一日三食の食事代が一〇銭で済む当時にしては極めて高額であった、リストの中から選んで紹介状をもらい、求人事業所を訪ねると「すでに充足済み」と断られた[26]」という。そこで職業案内所に文句を言うと別の紹介所を教えてくれたが、そこも「即座に五〇銭の閲覧料をとる」という新規の悪徳業者だった。さらに頼み込むと別の紹介所を示され、そこで「雑役」という仕事があり内容は「宮城内の草むしりだ」と言われたため求人先を訪ねた。しかし着いてみると春日町裏の汚れた二階家で、一階に親方夫婦がおり、二階は多数の若者が蚤と虱と南京虫だらけの薄布団で就寝する人夫部屋であった。翌朝、水道橋際の東京市の土木工事事務所へ行くと、仕事は、電車道沿いの砂利道に鶴嘴で平行線を作成する肉体労働であった。耐え切れず逃げ出して職業案内所へ戻ると、親方が待ち受けていて「そんなことではどこへ行っても駄目だぞ」と説教されたという。職業案内所は日雇周旋ともぐるだったことが窺える[27]。


第三は、正体不明の会社である。借金の集金人の仕事、勤給料一五円の「幽霊的の新聞記者」の仕事や「市中を徘徊して、雇人を要する家を見出し、此申込書に先方の住所姓名と印証を取つて来」る仕事（大成社）である。前者は不明だが、後者は告知業の手伝いか、外勤店員になることを意味した[28]。

また、会社勤務の場合は必ず身元保証金など金銭が要求された。例えば、借金の集金人の場合、「保証金を三十円要する」といわれるか、「君が勤める考なら明日早速入会金として一円持参して来給え」といわれるのである（神田商会）。これは「自ら雇主と成つて能く使えそうな者を自分に使ひ、使へそうでない者は、保証金問題で追ひ帰す[29]」ためであった。この他、求職者が行ってみると空家のケース（神田商会）もあった。

以上から、職業案内所が、求人広告を悪用するだけでなく、業者が結託して求職者からできるだけたくさん巻き上げるため組織的な活動を行っていたことが明らかである。

実際、明治末期に「世界屋」の月の売上は、「四百円から六百円を上下する[30]」といわれている。つまり年商四八〇〇～七二〇〇円となり、紹介料を一人一円と仮定すると、年間七〇〇〇名に紹介したことになる。支店三ヶ所の利益は三倍にして二万一〇〇〇円である。ジャーナリストの横山源之助によれば、同時期、老舗の雇人口入営業者が三軒で一万五〇〇〇名（東京市中の一〇分の一以上を占める）を差配しており[31]、単純に比較して「世界屋」は老舗の業者を凌ぐ規模に成長していたことがわかる。

被害の実態

職業案内所が拡大するにつれ、同じ地区の口入屋と緊張関係が生まれた。例えば、第一章でも触れた千束屋主人の神々廻は、「何時も慨嘆して居たのみならず、此様な同業者に対して（中略）「奉公でもしやうといふ人達から一円の手数料を取り、而かも見せる名簿がほんたうに申込まれたものか、又はまだ未充足であるか或は充足されたのかなど調査もせずに請求するに至つては、恰かも縊死者の脚を引くと同様な行為と言はなければならない。之れ位不都合なものない」[32]と痛烈に批判していたという。一九一四年には、下谷区で口入業の組合が警視総監に陳情書を提出するに至った。[33]詐欺的な手口で登場した職業案内所は、既存の営利業者、特に老舗の口入屋にとって、営業を妨げる存在となっていたのである。

一方、求職者にとって職業案内所は、何よりも近世以来の身元保証を要する営利目的とした形態ではなく、都市社会の就業のあり方を変えたビジネスモデルだった。しかしその弊害も大きく、特に苦学生の青少年の生活はきわめて深刻だったといえる。

被害者の一人、北海道札幌市出身の千葉某（二一歳）は、高等小学校卒業後私塾に入学すると、雑誌『成功』を耽読して「成功熱」に取りつかれた。兄姉の止めるのを聞かず、父の金八〇余円を懐に入れて上京。浅草公園左側の世界屋の本店を訪ねた。そこで店員は「東京市内にあつては到る所詐欺欺惘の周旋屋のみ〔中略〕世界屋は其名称の如く範を世界文明国に取りたるものにて尤も確実にして親切なるはいふまでもなく必ず責任を以て貴下を周旋するの労を取るべし、就ては帳簿検覧料として一円を前納せらるべし」といったため、千葉は約一週間旅館に滞在した。だが虚偽の求人情報に踊らされたため徒労に終わり、「憤然として店員に面会を求め痛く其不親切を詰りしに店主は店員二三名をして左右を警戒せしめ平然として〔中略〕兎に角一ヶ月間当店へ通はるべし」といわれたという。そしてさらに所持金一円となったため、「木賃宿へ移りて後は土工の群に入り予期したる学問は愚か

垢づきたる中古る袢纏に身を包み其日〳〵を送り居りし中憐れや脚気病に罹りて病倒」してしまったというのである。(34)

また、女性の事案もあまり表面化していないが、多かったようである。小幡保安部長は、「彼等の多くは巡査や刑事上りの人間で多少理屈の言へる者等であるが十七位から三十位までの婦人が尋ねて来れば之幸と二階に同居せしめ私通或は強姦して貞操を破り散々弄んだ後温泉場とか銘酒店といつたやうな場所へ売り飛ばす、或は失業者の職業を求めて来る者に対しては新聞紙の切抜きなどを見せて五十銭又は一円の料金を取る扨て教へられた就職先へ行つて見るとそれは半年も以前の広告であるといつた風で其行為は真に悪むべきの極である」(35)と述べている。実際、「世界屋」の上園は後に結婚相談所を開所し、来所した女性を妾にしたうえ売春させ、自殺に追いこむ事件を起こしたと報じられる。(36)

3　警察の対策と規制

世界屋の抵抗

これを受けて警察では、大正初期に上野警察営業取締就任某部長が、「紹介所が巧に法網を潜つて跋扈し、百法悪辣手段を弄して居るが為、取締り上非常な困難を感じて居る。故に若し彼等にして少しでも規則違反の行為があらば、健罰に処して居るが、彼等は危い綱渡りをして居るので、厳正を以て知らるゝ署長井田警視も、殆ど手の下し様なく、全く当惑の有様(37)」と述べている。現実に、取締規則がない以上、具体的な対策はきわめて難しかったといえる。

そのため一九一二年、厳罰で知られた警視総監丸山鶴吉は、「警視庁に於ても、何とか取締の方法を講じなければならぬ」として「各警察署長に対し、精細なる調査を命じ」て答申書を作成させた。[38]その上で、①撲滅する（巡査を張り込ませて悪辣なる営業を継続させないようにする）か、②「雇人口入営業取締規則」の一部改正を行って法の枠内に含めるか、③東京市のみを対象とした「職業紹介所取締規則」を発布し、帳簿の検閲、成績の報告、収支の明細など厳重に監督するか、の三点を検討し、三番めを採用する予定であるとの談話を発表した。[39]

この間、最大規模の「世界屋」と下谷区上野署長の本堂平四郎がせめぎ合いを繰り広げた。本堂は、一八八〇年に岩手県巡査、一八九八年警部、保安・警務両課長、巡査教習所を経て、一九〇八年一一月に前述の亀井英三郎警視総監に抜擢されて警視庁警視に栄転。以後、赤坂、神楽坂の各署を歴任してきた人物である。[40]本堂は上野署長に就任後、一九一四年から「所轄内の不正周旋業者二十三を撲滅し」、翌年三月には「根絶を思ひ立ち管内の職業紹介所の主任を召還して懇々と説諭して正業に就くべく諭したけれど更に効果がないから止むなく私服巡査数名を各職業紹介所の前に立たせ置き其処に入つて来る者を捉へて〔中略〕いつて聞かせる」[41]という対応を取った。

しかし、「世界屋」支店長の林（元警官）はこれに反発して、「独立営業は憲法の保証する所なりなど云ひ之に服従せず却つて店頭には反抗的に大々的広告をなし通行の妨害をさへ敢てする」[42]態度を取ったため、下谷署は林の広告を道路法違反として二月一八日に逮捕、拘留した。その後林は予納金二九円を納めた後、本店主の上園万吉と相談のうえ、警察の営業妨害を裁判に訴えると貼り紙をして逃亡し、間もなく見張りの警官が客を負傷させたと告訴する騒ぎになった。

結果的にこの告訴は検察が却下したため「自然消滅」[43]したが、なおも戦いは続き、翌一六年に保安課の加賀美警部主任が市内各署と連携することを決定、取り締まりをさらに強化した。[44]その後「紹介営業取締規則」が公布されて、こうした営業手法がようやく取締対象となって、ひとまずの決着がついた。

職業案内所の役割と弊害

このように職業案内所は、求人情報を取りつぐため東京に登場した。開業者は、営利目的の元口入業者や元警察官など、職業紹介事業の周辺に居た人物を中心に、その配下や、騙された被害者という場合もあった。

身元保証を求めず、求人情報を提供した対価のみを要求する新たなビジネスであり、既存の口入業取締規則に該当しなかった。このため類似の業者が、地方から上京したばかりの者が立寄る駅前や繁華街を中心に多数出店し、しばしば露骨な搾取を行ったため、社会問題化することとなった。

職業案内所のなかには、新聞広告や独自の求人先を開拓したものもあり、求職者の便宜を図る点でこれまでの口入屋とは異なったため、特に若い世代を多く取り込んだといえる。なかには事務員や外交員など近代的な職業へ就職できた者もいたと思われる。

しかし、実際には求人先がないことも多く、同業者でたらい回しにしたり、就職を条件に手数料を要求したりと悪質なものも珍しくなく、求職者を貧困に陥れ、日雇周旋や性風俗産業に就くことを余儀なくさせた。この意味で、職業案内所もまた都市下層社会への間接的・直接的な「回路」となっていたのである。さらに元警察関係者が主人の店もあり、法の抜け道を知っており、治安維持や体面上の問題があることは明らかであった。ただし、そうした店は営業手法が強引であったがゆえに、とりわけ老舗の口入屋の反感を買うばかりか、営利事業全体の信用を落とし、新たな取締規則や、代替する公的機関の登場を促すこととなったのである。

注

（1）「詐欺的周旋屋の取締」（『読売』一九〇三年二月二七日付朝刊四面）。

（2）津金澤聡広ほか『近代日本の新聞広告と経営』（本篇、朝日新聞社、一九七九年）二六八頁。ただし、大多数の新聞には、新聞の広告媒体としての社会的責任から、不良広告の「浄化」に本格的に乗り出そうとする自覚は、まだ欠けていたというのが現状であった（内川芳美編『日本広告発達史』上巻、電通、一九七六年、一四七頁）。

（3）萍人「口入周旋業」（永沢信之助編『東京の裏面』金港堂書籍、一九〇九年所収）三二〇～三二一頁。

（4）同会は、一九一一年三月、東京朝日新聞記者鈴木文治をはじめ、内務省・警視庁・東京市養育院・救世軍社会事業部・東京基督教青年会・大谷派無料宿泊所・浄土宗労働共済会、新聞記者が集まり成立した研究会である。当該時期の政府は、都市下層社会への対策を行う民間事業主主体の感化救済事業を一九〇八年より展開しており、警察もまた都市下層社会への対策を前述の流れから検討していた。同会はその一環であったといえる。

いわば、警察行政と救済事業関係者との懇親・共同研究・業務提携を目的とした有志の会合であった。松尾尊兊「若き日の鈴木文治とその周辺―友愛会前史―」（『人文学報』第一五号、一九六二年）、中西良雄「明治末期における「浮浪者」問題対応策の諸相―浮浪者処分事業・浮浪者収容所・浮浪人研究会―」（『愛知県立大学文学部論集（社会福祉学科編）』第五二号、二〇〇三年）参照。なお同会は一九一二年一〇月中央慈善協会と合流した（「救済事業研究会解散」『救済』第四巻第四号、一九一四年四月二五日、四四頁）。

（5）「市内職業紹介所の内幕／神田浅草下谷三方面実地踏査委員の報告」（『六合雑誌』第三二巻第一号、一九一二年四月一日）五〇八頁。

（6）北浦夕村『東都浮浪日記』（崇文館書店、一九一三年）三四六頁。なお、これを示すように、同時期脅威を感じた雇人口入業者の団体が警視庁へ取り締まりを請願している（「口入業者の請願」『都』一九一二年三月一四日付朝刊五面）。管見の限り、この動向の詳細は不明である。

（7）深海豊二『無産階級の生活百態』（一九一九年初出。『明治・大正」下層社会探訪文献集成九』本の友社、一九九八年復刻版、一七〇～一七一頁）。

（8）八濱徳三郎「桂庵の研究」（『救済研究』第一巻第三号、一九一三年一〇月二五日）四五頁、前掲「市内職業紹介所の内幕」、前掲『東都浮浪日記』、「不正人事紹介所／誇大広告を為して人夫を欺く」（『読売』一九一一年六月一七日付朝刊三面）、「怪しい職業紹介所」（『都』一九一四年一二月二四日付朝刊三面）より。

（9）前掲「市内職業紹介所の内幕」一三六頁。

（10）同右、一三二頁。

（11）菅原亮芳『近代日本における学校選択情報―雑誌メディアは何を伝えたか―』（学文社、二〇一三年）第一・四章など参照。

（12）霞崖散史『東京生活』（盛文社、一九〇九年）一一頁。他に前掲萍人「口入周旋業」三二〇～三二一頁など。

（13）酒巻源太郎『東京苦学成功案内』（帝国少年会、一九〇九年）一二頁。他に渡辺光風『立志之東京』（博報社、一九〇九年）二三、二六頁など。

(14) 岡部学三『損害予防だまされぬ策』(楽山堂書房、一九〇九年) 三〜四頁。
(15) 村上助三郎『東京闇黒記 続編』(興文館、一九一二年) 六八一〜六八二頁など。
(16) 「痛棒下るべき職業紹介所／悪辣なその内幕を見よ」(『萬朝』一九一六年五月一九日付夕刊二面)。
(17) 前掲『東都浮浪日記』三四六〜三四七頁。
(18) 大正期の私娼窟の主人にも元警官が多かったとされる。業者の臨検などを通じて内情を理解していたからだろう。営利目的である点が職業案内所と共通している(前田豊『玉の井という街があった』一九八六年初出。ちくま文庫、二〇一五年、一九七頁)。
(19) 前掲「市内職業紹介所の内幕」一三四頁。
(20) 「不正業者撲滅／上野署長の英断世界屋一家逐電」(『読売』一九一五年三月一〇日付朝刊七面)。
(21) 前掲「市内職業紹介所の内幕」一三六、一二八頁。
(22) 「だまされぬ策(上)市内に於ける周旋屋」(『ときのこゑ』第三四一号、一九一〇年三月一日、三面)。
(23) 前掲「市内職業紹介所の内幕」一三〇頁。
(24) 外勤店員は適当な求人を創作するのみならず、店先の女中や書生などを買収してでっちあげることもあったという(「苦学を目的に上京した青年／九分九厘は途中で困る」『東朝』一九一五年六月一五日付朝刊五面)。
(25) 「怖しい職業紹介所／其を退治した本堂上野署長」(『萬朝』一九一六年五月二七日付夕刊二面)。
(26) 小野磐彦(のちの大阪市立児童相談所→大阪市職業紹介所→東京飯田橋職業紹介所少年部長、下谷国民職業指導所長歴任。聞き手佐柳武)「求職者泣かせの口入屋」(社団法人全国民営職業紹介事業協会編刊『職業紹介読本』二〇〇六年所収) 四九頁。
(27) 小野磐彦「私の履歴書 職業と私との物語(2)」(『清流』第六号、一九七〇年四月) 一一〜一三頁。同連載のコピーが私家版として国立国会図書館にある。
(28) 「世界屋」の外勤店員の一人は、もともとは求職者だった水戸出身の苦学生だったという(前掲「市内職業紹介所の内幕」一三五頁)。

(29) 同右、一三〇頁。
(30) 同右、一三四頁。
(31) 横山源之助「下層労働者界の一大矛盾」(一九一二年五月初出。中川清編『明治東京下層生活誌』岩波文庫、一九九四年所収)二八五～二八六頁。なお、老舗の千束屋店主は、職業案内所を「縊死者の脚を引くと同様な行為」と批判していた(豊原又男編著『職業紹介事業の変遷』職業協会、一九四三年、一〇〇頁)。
(32) 前掲『職業紹介事業の変遷』一〇〇頁。
(33) 「桂庵と人事紹介」(『新世紀』第二年第五号、一九一四年五月)七九頁。
(34) 「都会病と其の結果」(『救済』第五巻第五号、一九一五年七月二〇日)四九～五一頁。
(35) 小幡保安部長「周旋業者の陳情」(『法律新聞』第一二二三号、一九一七年二月一八日付二〇面)。
(36) 「女を縊死させた悪周旋屋／監禁して結婚申込の玉に使ひ」(『読売』一九二一年八月四日付朝刊五面)。
(37) 前掲「市内職業紹介所の内幕」一三二頁。
(38) 前掲『東都浮浪日記』三四六～三四七頁。
(39) 同右、三四九頁。
(40) 「人物月旦一旬一人／本堂平四郎」(『日本警察新聞』第四三六号、一九一八年四月一一日、二〇面)。
(41) 「怖しい職業紹介所／其を退治した本堂上野署長」(『萬朝』一九一六年五月二七日付夕刊二面)。
(42) 「不正業者撲滅／上野署長の英断世界屋一家逐電」(『読売』一九一五年三月一〇日付朝刊七面)。
(43) 前掲「怖しい職業紹介所」。
(44) 「悪紹介所検挙始る」(『法律新聞』第一一一七号、一九一六年五月二三日、一七面)。

第四章　貧困問題と無料宿泊所の設立

第一無料宿泊所の外観（『宗報』第109号，1910年10月25日）

これまで見てきたとおり東京では、職業紹介をめぐる営利事業に騙された人々や、下層社会における浮浪者の存在が無視できなくなっていた。貧困層の不安を察知し、対応しようとした浄土真宗無料宿泊所は、二〇世紀初頭に初めて非営利目的で職業紹介を行う施設として登場した。ここは宿泊費だけでなく職業紹介の手数料も無料だった。日露戦後は政府の感化救済事業による奨励補助を受けて、施設を増設する。本章では、浄土真宗の無料宿泊所の実態を検討する。

1　第一無料宿泊所の開所

第一無料宿泊所の創設

浄土真宗の無料宿泊所は、貧困層を「救貧」の対象とならないよう救療施設へ送致したり無料で宿泊させたり、職業を紹介するため、浄土真宗大谷派の僧侶大草恵実と市養育院幹事の安達憲忠によって、一九〇一(明治三四)年四月に創設された。

僧侶の大草は浅草別院を拠点に一八九七年神田に免囚保護場を設立するなど教誨事業を進めていた人物であり、安達は元自由民権運動家で、仏教の影響を受けて市養育院の幹事となり、実質的な事務統括者であった。のちに、「所長は大草恵実が其任に当り」安達は「後見役」で、安達の推薦を受けた「高島健作〔詳細不明〕が常務をと」る体制だったと回想されており、大草が中心となった事業であった。(1)

安達憲忠（1857–1930）。東京市養育院時代（内藤二郎『社会福祉の先駆者 安達憲忠』彩流社，1993年より）

大草と安達の接点は不明だが、創設の理由は「設立趣意書」[2]に明確である。ここでは、低額の木賃宿にすら宿泊できず各種の慈善機関があるとも知らずに浮浪し、犯罪に走る困窮者がいること、市養育院で育った少年や貧困層による子殺し、嬰児遺棄、失業による自殺、無宿者の放火などが社会に害悪をもたらすので、「人道の義務」のみならず、「公共の安寧を保持し社会の秩序を保つ」ことが必要だと訴えている。大草らは教誨活動の経験から、こうした社会状況に起因する事件を念頭に、治安維持を目的に無料宿泊所の設立を企図したのである。

では、無料宿泊所はいかなる規則を有していたのであろうか。一九〇一年七月の「無料宿泊所概則」によると、業務は、「住居ナリ宿泊スベキ金銭ヲ所持セス露宿セサル可ラサルノ悲境ニアルモノヲ止宿セシムル事」、「貧児孤児迷児又ハ扶養者ナキ病者等ヲ養育院又ハ孤児院施療所等ニ入院セシムルノ手続ヲ取計フ事」、「無職業者ヲ工業会社又ハ土工等ノ適当ナル場所ニ紹介シ業務ニ就カシムル事」の三点である。ここからわかるように対象者は幅広いため、宿泊できる人は、①「地方ヨリ来リテ宿泊スベキ費用ナク一時困難スル者」、②「路頭ニ迷ヘル老若男女」、③「路頭ニ病メル者」、④

「正業ナクシテ困難スル者」の四種類が想定された。ただし、「金銭ヲ所持スル者又ハ飲酒シタル者」、「本所ノ宿泊券ナキ者」、「本所ノ紹介ニ依テ職業ニ就クモ怠惰ニシテ再ビ業務ヲ離レ困難スル者」[3]は対象外とされ、「設立趣意書」によれば、慈善家や警察署に宿泊券（切符）をもらって「浮浪者間に知れ渡りて自然に集り来る」[4]ことを期待していた。さらに、事業の特色として、「本所ハ仏陀ノ慈悲ニ基キ設置スルモノニ付毎晩特志宗教家ヲ聘シ宿泊者ニ対シ講話ヲ聴聞セシム」[5]と、講話の聴聞が義務づけられた。宿泊者には「講話」を聞いて仏陀の「慈悲」を感じ、修養を積んでもらいたいという意図があった。

つまり無料宿泊所は、「怠惰」でない幅広い貧困層に対して、それぞれの事情に応じた無料宿泊、病院への送致、職業紹介を行い、宗教的に教化しようとする事業だったのである。[6]

経営は、義捐金による創立と運営、銀行預金による資産運営が見込まれ、三ヶ所に設置し、経費は年に一ヶ所二〇〇円以内、合計六〇〇円以内の予定であった。また、一年後大口投資者の協議を経て、財団法人あるいは公共団体の監督下に入ること、発起人の立案による役員の選挙を行うことも予定された。[7]さらに賛助員に対しては、困窮の原因や紹介先が統計化され、半年または一年ごとに『事業報告』という形で配布されることとなった。[8]ここから事業は、できるだけ支出を抑え、義捐金主体で運営し、将来的には財団法人化、公立事業化を考えていたことがわかる。[9]

職業紹介の方法

では、無料宿泊所の職業紹介の実態を見ていこう。一九〇一年四月に浅草区神吉町二九番地に開所した。浅草は当時有数の貧民窟を有する地域で、事業の目的に則していたといえる。ただし翌一九〇

職業紹介者数						
第一無料宿泊所			第二無料宿泊所			合計
男	女	小計	男	女	小計	
?	?	81	—	—	—	81
?	?	29	—	—	—	29
?	?	23	—	—	—	23
?	?	21	—	—	—	21
?	?	58	—	—	—	58
?	?	18	—	—	—	18
?	?	30	—	—	—	30
?	?	25	—	—	—	25
?	?	551	—	—	—	551
?	?	110	—	—	—	110
?	?	?	?	?	?	7,577
?	?	?	?	?	?	5,253
?	?	?	?	?	?	3,776
?	?	?	?	?	?	6,795
?	?	?	?	?	?	2,231
431	0	431	1,175	0	1,175	1,606
340	6	340	1,360	1	1,361	1,707
152	0	152	700	1	701	853
52	0	52	848	0	848	900
—	—	—	—	—	—	—
110	0	110	182	0	182	292
110	0	110	—	—	—	110
6,502	0	6,502	—	—	—	6,502
—	—	—	—	—	—	—

し。

計書』,『東京市統計年表』各年度版をもとに筆者作成。

表 4-1　無料宿泊所宿泊・職業紹介統計

	宿泊者数						
	第一無料宿泊所			第二無料宿泊所			合計
	男	女	小計	男	女	小計	
1901/4-1902/4	?	?	3,021	—	—	—	3,021
1902/5/12	?	?	3,525	—	—	—	3,525
1903	?	?	3,506	—	—	—	3,506
1904	?	?	4,306	—	—	—	4,306
1905/1/6	?	?	2,267	—	—	—	2,267
1905/7-1906/6	?	?	6,782	—	—	—	6,782
1906/7/12	?	?	4,577	—	—	—	4,577
1907	?	?	8,051	—	—	—	8,051
1908	8,209	3	8,212	—	—	—	8,212
1909	5,950	5	5,955	—	—	—	5,955
1910	21,456	712	22,168	3,965	94	4,059	26,227
1911	11,035	703	11,738	14,702	208	14,910	26,648
1912	13,122	836	13,958	13,851	153	14,004	27,962
1913	15,991	1,231	17,222	19,050	129	19,179	36,401
1914	13,846	446	14,292	14,170	229	14,399	28,691
1915	20,060	918	20,978	19,464	176	19,640	40,618
1916	10,949	506	11,455	8,147	181	8,328	19,783
1917	6,697	419	7,116	4,750	29	4,779	11,895
1918	6,093	1,080	7,173	4,027	18	4,045	11,218
1919	—	—	—	—	—	—	—
1920	10,745	133	10,878	10,614	58	10,672	21,550
1921	19,008	101	19,109	—	—	—	19,109
1922	10,746	112	10,858	—	—	—	10,858
1923	?	?	14,131	—	—	—	14,131

注：対象月は1～12月。それ以外は表中に記載した。
　表中「？」は統計数値不明。「—」は施設なし。ただし1919年度は統計自体な
　1923年度宿泊者数は府と市の統計で異なる。市の統計では2,725人。
出典：無料宿泊所編刊『無料宿泊所　第十六回報告』（1911年4月），『東京府統

二年一二月に同区松葉町二九番地へ移転している。理由は不明だが、初年度経費六七七円のうち地代が一八〇円と高く、この影響が考えられる。[10] その後さらに広い敷地を探すなか、一九〇五年三月に市養育院から提供を受け、[11] 本所区若宮町三八番地へ移った。本所も浅草同様、貧民窟を抱えており、同区花町は多数の請負業者が暮らす工業地区で、職業を紹介するのに適していた。[12] すなわち貧困層が多数集住する地区で事業を始めたのである。

まずは本所区に移転するまでの成績を見る。宿泊者は、表**4-1**のように、一九〇一年の年間三〇二一人から一九〇五年の上半期二二六七人へ、一日平均八・三人から一二・五人へと毎年増加傾向にあった。開所当初は所在地を知らぬ人も多く、警察署へお知らせしたり神田万世橋に看板を設置するなどして順調に宿泊者を増やしていったという。[13] 宿泊者には名前と出身地を尋ね、身の上の事情を丁寧に聞いたうえで説諭もし、対応を考えていたようである。[14] 日雇労働者の働き口が少なくなる冬季は施設の収容人員（若宮町移転前は二〇名・移転後は三〇名）を超えることが多く、その場合は宿泊希望者を断るか、近隣の安宿を紹介したという。[15] ここでそのやり取りの一例を見てみよう。

来所者「私は駿河の者で御座いますが、悉皆金も使つて了つて、どうする事も能きませんで、此辺を歩いて居ますと、此前の橋の所で、此処では無銭で泊めて下さると云ふ事を聞いて上がつたんで御座います〔中略〕実は何家かへ奉公する積りで参ゐりました、日本橋の大黒屋と云ふ桂庵にかかりましたけれども、奉公口が見当らない中に金がなくなりましたから、今日新聞配達にでもならふかと思つて、浅草千束町二丁目の何とか云ふ配達所に参ゐりましたら、保証金が一円要ると云はれましたが、其れが御座いませんので、不得已戻つて来ましたのです」

受付〔高島健作〕「了解りました、此所ではお困りなさる方を宿めて上げる事にしては降りますが、貴方くらいな困まり方の人は限りなくあるので、到底宿め切れるものではありません、そこで致し方ありませんから、貴方よりもゝつと困まる方丈けを宿めてあげる事にして居るのですが……」

来所者「御尤もで御座いますが、御覧の通り雨も降りますし夏と違つて野宿も出来ませんから、どうかお宿め下さる様に願ひます」〔中略〕

受付〔高島健作〕「ウ、ムット、それではお宿め申す事にしませう、だが此方では食物は上げませんよ、ほんの雨露を防ぐ丈ですから、其おつもりでお出なさい(16)」

このときは男性の宿泊希望者で若干口調も丁寧であるが、当初受付はより貧しい人を想定した施設であると説明して、断ろうとした。だが結局、冬の雨のなか、宿泊を許しているのである。

様々な事情の貧困者

こうした宿泊者の特徴として無料宿泊所の記録は、「親に別れ親戚に離れ、何の頼る所なくして不得止上京し、奉公口捜査中或は悪桂庵の手に弄ばれ又は朦朧車夫の好餌となりて、果ては路頭に迷える者」、「父母兄弟を尋ね親戚旧故に便らんとして都下に入り来りたる者」、「夫に棄てられ妻を失ひて自活の途を絶ちたる者」、「主家の虐待に堪へかねて遁走し来りたる者」、親のない幼児、稚児[17]といった貧困者であると指摘している。最初の一つ目が先に引用した事例に該当しよう。

しかし、ジャーナリストの横山源之助は、徐々に「創設の当時舞ひ込み来る浮浪者は、放蕩書生の類〔苦学生か〕多かりしが、一二年来漸次労働者の数増加[18]」となったという。他の報道にも、「重に立ん坊の如きもの其の多数を占め」、「多く壮年屈強の男子」だが、その日暮らしの人々であり、「中には三年以上の定客もあり」、「恰も取締役の如く万事を監督[19]」していたとある。木賃宿にも泊まれない「立ん坊」や人夫などの底辺労働者が無料宿泊所を多く利用し、定宿化した人もいたことがわかる。また、全体として女性が少ないのは第一章の口入屋を主に頼り、このような無料宿泊所を知らない者が多く、女性の職業を紹介するネットワークがなかったためと思われる。

では実績を見ていこう。まず、各種施設への送致者は、初年度こそ四六人、一日平均〇・一人であるが、その後減少し、年間一〇～二〇人、一日平均〇・〇二～〇・〇五人とそれほど多くない。送致先と延べ人数は一九〇一年一一月までに市養育院が二九人、共済慈善会などが五人で、その後も大半が市養育院へ送られた[20]。

そして職業紹介は表**4-1**のように、初年度八一人、その後も一九〇七年まで年間五〇人程度、一日平均はほぼ〇・二人程度と僅かであった。一九〇五年の上半期は五八人だが、これは入院者が増加して出院後の保護が必要になった市養育院の依頼で、砲兵工廠へ一日五〇人まで、日給三〇銭の人足を紹介した影響である。

通常の紹介先は限定されていた。一つは、請負師への紹介である。これは事実上第二章で見た日雇周旋業者のことである。無料宿泊所は、「某請負師に約束しつゝあるを以て、是等の人々を其方へ遣し労働を与へ三十銭以上[21]」という契約を結んでいた。請負師とは、各種の下請けの人夫を統括する者のことである。賃金が中間搾取される代わりに紹介手数料や身元保証は不要であった。当初、請負師は「下谷二長町の土木請負師遠藤某[22]」だったが後に他の業者とも特約を結び、高等文官試験を受験する予定の苦学生[23]や、青物商を開業する予定の元苦学生など[24]も利用した。

もう一つは、個別に求人を開拓した職人の徒弟や商業である。例えば、資産家の出身で虐待を逃れて上京した児童が「或る建具職の家にありて熱心に勉強しつゝあ」るという事例、熟練技術を持つ指物職の男が放蕩のあげく失職して「世話を為した[25]」事例、不景気で職がない青年に「周旋の労を執り彼を総武鉄道の雇員[26]」とした事例などがある。このように無料宿泊所は、主に男性労働者層が利用し、就労が無理な人を市養育院や病院へ送致し、就労できる人を営利事業の請負師や、宗派関係者や近隣地区の徒弟、商店などに紹介し、救済していったのである。すなわち、日雇周旋の一部を担い、宗派や近隣地区の個々の縁故を頼った紹介事業を行っていたといえる。

1906/7-1907/6	1908/1-1908/6	1909/1-1909/6	1910/7-1910/12	1913/1/12
163円	135円30銭	216円	1282円32銭	307円85銭
378円35銭3厘	37円97銭	9円61銭	219円27銭2厘	188円44銭
—	—	26円45銭	138円28銭5厘	251円48銭5厘
5円96銭	2円57銭	4円50銭	7円50銭	7円90銭
—	27円	—	1214円83銭3厘	213円67銭
—	—	500円	—	250円
—	—	300円	—	—
—	—	—	—	240円
—	—	—	—	—
—	—	—	—	413円
547円31銭3厘	202円84銭	1056円56銭	2762円21銭	1872円34銭5厘
180円	90円	90円	370円20銭	914円50銭
144円	72円	81円	113円6銭	275円40銭
35円	11円88銭	500円	27円73銭	45円15銭
	3円50銭	10円	55円5銭5厘	60円11銭
9円	—	—	28円29銭	—
—	1円80銭	9円50銭	45円80銭	40円7銭
3円60銭	1円90銭	2円60銭	25円20銭5厘	35円21銭
16円	—	—	—	—
—	—	—	—	
30円69銭3厘	13円	26円12銭	32円40銭5厘	68円76銭
3円96銭	2円16銭	—	—	—
—	—	—	15円	—
—	—	—	—	—
—	—	—	—	35円
—	—	—	—	8円85銭
422円25銭3厘	196円24銭	719円22銭	2762円21銭	1803円29銭5厘

その他823円5厘である。1913年度は別に臨時費69円５銭がある。
報』(第75巻, 1904年3月),『無料宿泊所第五回報告』(1904年),『無料宿泊所第九回報告』
日),『宗報』(第96号, 1909年9月30日),『無料宿泊所第拾六回報告』(1911年1月),『救済』

表 4-2　浄土真宗無料宿泊所の収支詳細

	1901-1902/4	1902/5-1902/12	1903/1-1903/6	1904/1-1904/6	1905/7-1906/6
収入					
寄附金	710円7銭	507円46銭1厘	—	197円60銭	575円40銭
繰越金	—	34円33銭6厘	—	349円42銭5厘	275円91銭5厘
雑作売却代	1円56銭	—	—	—	
銀行利子	—	—	—	4円98銭	8円82銭5厘
一時借入金	—	—	—	—	—
東京市補助金	—	—	—	—	—
内務省補助金	—	—	—	—	—
本願寺下付金	—	—	—	—	—
銀行より受取	—	—	—	—	130円
月掛維持金	—	—	—	—	—
合計	711円63銭	541円79銭7厘	477円69銭	552円5厘	990円24銭
支出					
職員給料	232円93銭5厘	120円	—	90円	180円
家賃・敷金	179円9銭9厘	110円	—	60円	144円
家屋修繕費	—	—	—	5円20銭	13円31銭
布団等備品	125円50銭4厘	—	—		
印刷代	8円30銭	—	—	9円34銭	9円34銭
車代・電車代	12円35銭5厘	3円40銭	—	2円25銭	—
郵便費	2円45銭5厘	1円90銭	—	2円1銭	3円12銭
手当金	8円	8円	—	—	13円
違約金	5円	—	—	—	—
雑費	102円74銭6厘	37円36銭2厘	—	21円	32円96銭
点灯料	—	—	—	—	3円96銭
銀行預金	—	100円	—	14円44戦	162円43銭7厘
講話手数料	—	—	—	—	50円
家屋保険料	—	—	—	—	—
税金	—	—	—	—	—
合計	677円29銭4厘	380円66銭2厘	184円58銭5厘	204円20銭	611円78銭7厘

注：表中の印刷代は広告費，郵便費は通信及人夫費をそれぞれあててある。
1910/7-1910/12の布団等備品中には洗濯費 1 円がある。
1910/7-1912/12の臨時費1973円 5 厘の内訳は第二無料宿泊所購入費が1150円，同左修繕費
出典：『宗報』（第16号，1902年11月 1 日），『宗報』（第20号，1903年3月10日）『慶應義塾年
（1907年7月），『無料宿泊所第十一回報告』（1908年7月），『宗報』（第83号，1908年9月30
（第4巻第8号，1914年9月20日）をもとに筆者作成。

自治体・政府の奨励補助金

ただし、その資金繰りは決して楽ではなかった。表**4−2**は収支の詳細である。一九〇一年はほぼ寄附金しか収入がなく、そこから職員給料や家賃、備品、維持費などを賄っている。一九〇二年もまた同様で、若干の繰越金があるものの原則的に寄附金頼みの運営であり、新しい事業は実施できていない。こうした収支の状況は、経費を切り詰めて繰越金を次年度の主要な収入に回しながら一九〇八年まで続いているのである。とりわけ一九〇七、一九〇八年は宿泊者数が増加した一方で、ほとんど繰越金がなく、営利目的ではなかったとはいえ、厳しい事業運営の実態が垣間見られる。

このなかで、表**4−2**にあるように、一九〇九年の収入として東京市補助金、内務省補助金の項目が登場し、収支の規模が大きく変化した。前者は発起人の安達が勤める市養育院による事業連係を企図した支援、後者は、日露戦後に始まった国の感化救済事業によるものであった。

それまで政府は職業紹介事業にほとんど注目してこなかったが、日露戦争中に内務省は「諸般の新事業中止の為め一般経済界の不況を来たし近時全国各地方を通じ無職業者益々増加の傾向を来たせし」ことを受けて、「之れが救済策を講ぜんとて泰西各国の無職業者救済制度を参酌し調査中なるが今回独仏両国に於ける該制度を翻訳し以て各地方庁に参考の為め配布せり(27)」と認識を改めるようになった。
しかし日露戦後、莫大な戦費を外債で賄ったせいで重税と緊縮財政を余儀なくされる。戦後不況のもと、多くの人々は生活苦に直面することとなった。[28] これに対し、一九〇八年七月に成立した第二次桂太郎内閣は、「戊申詔書」（一九〇八年）を範に地方改良運動を展開した。反社会的行動に走る可能性の高い貧困者を救済し、労働産業界の矛盾や階級対立の激化を防ぐことを目的に、民間慈善事業団体の活動を奨励、助成する感化救済事業を実施した。同事業は、緊縮財政を背景に、公費削減の通牒（「国費救助ノ濫給矯正方ノ件」）を発して公的扶助を大削減する一方、半官半民の中央慈善協会に慈善・救済事業を委ね、地域共同体に転化させていく政策であった。[29]「防貧」の意義が強調されたほか、道徳性、社会性、勤労意欲の創出を目指す「教化」も唱導された。さまざまな民間団体には、内務省や地方自治体から奨励・助成がなされることとなった。[30]
このうち職業紹介事業は、慈善・救済事業の一環として注目された。それを象徴するのが、第一回感化救済事業講習会開会式（一九〇八年九月）における平田東助内相の訓示である。

近来貧民を救ふ方法に就ては頗る研究されつゝあるか又貧民なからしむる方法に就ても非常に工夫を尽されてある併し其の既に飢寒に陥るの後に於て之を救はんよりは其の未た飢寒に陥らさるの前に於て之を救ふに若かんのてあるされは此目的を以て労働紹介所、幼児保育所、施療病院、職工の保護事業、貯蓄奨励の事業〔中略〕を始め延いては都市農村の改良問題にまて亘つてあらゆる方面に其の経営を認められて居る故に其本意とする所は一事の施与問題にあらす又一部の救恤問題にあらす常に永遠の利益全般の公益如何を考へ着々其歩を進めて居る点最も着眼すへき事と思ふ[31]

ここで平田は、「貧民なからしむる方法」=「防貧」の事業の例として西欧の労働紹介所を挙げ、推進を期待している。貧困層の救済策として職業紹介事業に注目したのである。日露戦後の公益事業は、こうした政府の推進する感化救済事業とともに活発化することとなる。

内務省の刊行物では、「授産事業と職業紹介」の項目が初めて設けられ、「貧民をして独立自営の良民たらしむるは、之に業務を授け、之をして勤労の風を養はしむるに在り[32]」と意義を説いたほか、欧米や日本の地方自治体における多様な試みが紹介された。その後、救済事業関係者の教育・管理を目的に開かれた同年の感化救済事業講習会でも、内務官僚が西欧の職業紹介事業、労務分配制度の概略を説明し、奨励している[33]。

ここには感化救済事業の実質的な推進役であった内務省神社局長・地方局府県課長の井上友一の思惑があったと思われる[34]。井上は西欧に留学した経験があり、日露戦後「一等国」としての日本のあり方についても検討をつづけ、後に東京市長になった際にも多額の補助金交付を予定するなど慈善・救済事業に理解があった。

井上は感化救済事業の講習会における講演で、「金を貸してやつて働かせるのも一の方便てあるか、職業を見付けてやつてそれに従事させるは是ほと結構なことはない。西洋ては之を労働紹介所といつて居る（東京ては之を桂庵といひ京都では口入といつて居る）是は又西洋ては非常に盛んにやつて居る。之を労働分配の制度と名付けて職業か有つても人の無いところへは人をやり人か有つても職業の無い者には職業を与へるといふことをして居る」[35]との認識を示し、西洋を引きあいに出して実施を肯定した。内務省は欧米視察、文献研究にもとづいて慈善事業に理解を示し、地方行政に働きかけて推進を図ろうとし、平田や井上のように西欧の「労働紹介所」を手本とするよう訓示・啓蒙したといえる。

もっとも、内務省の動向は、まだ具体的な政策を提示するものではなかったが、政府が職業紹介事業の意義に注目し始めたのは重要な変化であった。感化救済事業のもと、公立職業紹介所は、低所得者層を就業させ、戦後の経済復興に必要な勤労国民の育成に益する「防貧」対策と見なされ、自発的な設立が期待されたのである。[36]

重要なのは、こうしたなか、民間団体に対して奨励補助金が下付されたことである。管見の限り最も古い一九〇九年度の東京市の公文書では、「事業経営の状況及成績」「経営者信用程度」「維持方法」「資産ノ多寡」「事業将来ノ見込」が調査されている。[37]

詳細な調査項目がみえる一九一一年の書類には、「名称、所在地、経営者氏名」「事業の種類（収容者五月末日現在数）経営ノ状況成績（創立年月沿革大要共）」、「維持ノ方法並前年度収支決算及本年度予算」、「資産ノ現在額」、「経営者信用ノ程度」「奨励又ハ助成ヲ要スル事項」「従来奨励又ハ助成ヲ受ケタルモノニ在リテハ必スシモ基金トナスヲ要セス之ヲ以テ当面必要ナル改良ノ資ニ充ツヘキ儀ニ候処其実際ニ於ケル利用ノ方法並ニ著シキ効果アラハ其概要」の調査が要請されている。もっとも、既に奨励・助成金を受けた事業者については前年と「異動ナキ部分」は再調査の必要はない[38]。こうした下付金は、政府のみならず自治体も拠出しており、無料宿泊所のような寄附金頼みで厳しい運営を強いられていた団体にとって大きな意味を持ったと考えられる。

事業体制の強化と第二無料宿泊所の設立

感化救済事業が始まって以降の無料宿泊所の様子を見ていこう。表**4-1**のとおり宿泊者は一九〇六年に年間六〇〇〇人、一九〇七年に八〇〇〇人を超え、施設が二ヶ所に増えた一九一〇年には二万六〇〇〇人を超えた。第一宿泊所は定員をはるかに超過しており、増設が必然性を持っていたことがわかる。職業紹介事業も一九〇八年の五五一人から一九一〇年の七五七七人へ、一日平均一・五人から二〇・八人へ激増している。一九〇八年九月の止宿人の生活根拠地は東京府が四〇九八人中五二一人と最大であるが、神奈川県の三六七人をはじめ千葉、茨城、埼玉が一〇〇人を超え、東海地方でも愛知・静岡で一〇〇人を超え、大阪府二三〇人、新潟県一一八人など全国にわたっていた[39]。こうした実態を背景に、一九〇九年の無料宿泊所の事業報告は宿泊者の多数を占めた日雇労働者が集中する神田三河町、四谷大木戸、麻布四ノ橋広尾、業平、花町、富川町、三ノ輪などが生活根拠地であると分析、施設の増加が必要であるとしている[40]。

無料宿泊所宿泊室説教の風景。後ろを向いて笑っている者もいる（『グラヒック』第2巻第5号，1910年3月）

無料宿泊所は、出院者の便宜を図るために、市養育院の支援を受けて一九〇九年一一月七日に敷地一二〇坪に建物二階建て（二棟八〇坪）として改築するとともに、職業紹介事業を強化するべく市養育院の事務員を派遣してもらった[41]。市養育院は一九〇八年に巣鴨分室、翌年に巣鴨分院・安房分院を増設し、あわせて二〇〇〇名程度の貧困者の救療を手がけていた。ただし、市養育院では入院者が一九〇八年に一九九八人と増加し、行旅病人も一九〇五年の五五五人から一九〇八年の八〇一人へと増加したにもかかわらず[42]、「恤救規則」の対象者は減り続け、内務省より救済対象者を抑制する「国費救助ノ濫給矯正方ノ件」が出た後に〇人となった[43]。こうした公的扶助が限られていったなか、役割を拡大しようとした市養育院は無料宿泊所との連繋を強化したものといえる。

一九一〇年九月一八日には洪水による被害を受けた深川区の有志から財政支援をされて、深川区西町四一番地に第二無料宿泊所を開設した。所内の掲示や宗教家や来賓者の訓話により勤労意欲を高め、他者への依存心を戒めて自立を促すなど新たな教化も行われた(44)。

ここで無料宿泊所は事業体制を変更した(45)。第一に、事業を維持するやり方が「篤志家ノ寄附ニ係ル金員物件、基本金ノ利子、官公署ノ補助金及其他ノ収入ヲ以テ維持」となった。「篤志家ノ寄附」は主に浄土真宗大谷派や地区の名望家・代議士によるもので、「官公署ノ補助金」とは内務省、東京市の補助金を指す。無料宿泊所は一九〇八年から一九一六年まで内務省から三七七〇円、東京市から一七五〇円の奨励補助金を下付された(46)。表**4-2**でわかるように、一九〇九年度の補助金は全収入の約八割（一〇五六円五六銭中八〇〇円）を占めており、行政整理のため内務省の補助金がなかった一九一三年でも、全収入一八七二円三四銭五厘のうち東京市と本願寺の補助・下付金が合計四九〇円で三割弱を占めた(47)。

また、「篤志家ノ寄附」も依然として貴重な財源であった。そこで篤志家を寄附額に応じて「名誉賛助員」（毎月五円以上）、「特別賛助員」（毎月一円以上）、「賛助員」（毎月一〇銭以上）、「賛成員」（毎月一〇銭未満）に大別し、その他の特別な功労者も「名誉賛助員」か「賛成員」にすることで支援者をもらさず組織化した。なかでも、一九一三～一九一六年に七二〇円を寄付した浄土真宗大谷派の大谷勝信らと、第二無料宿泊所の開設に関わった深川区の資産家で代議士の太田信治郎は、一九一二年に創設者の大草が没した後(48)、事業運営にも携わることになった。

第二に、事業体制の変更に伴い組織体制も変えた。従来は大草ほか数名の事務員の簡素な組織だったが、所長一名、会計監督・理事・事務員・顧問若干名の形となった。所長と会計監督は創立者が選定し、欠員は顧問が認定する。理事・事務員、顧問は所長が選定、推薦し、この他、「総裁ヲ推戴スルコトアルベシ」と規定された。

一九一一年末の時点で所長は大草、会計監督が西澤善七（詳細不明）、今井喜八（詳細不明）、太田

無料宿泊所編刊『無料宿泊所第16回報告』（1910年）。筆者所蔵。

信治郎（前述）。顧問は東京市長尾崎行雄、市養育院院長渋沢栄一、同院幹事で創設者の安達憲忠、そして浄土真宗大谷派の大谷勝信と大谷瑩亮が務めた。大草が一九一二年に死去した後は太田が実質的に運営を仕切り、一九一三年二月には大谷勝信が総裁に就任し、大谷派の事業であることも示された。

第三に、事業の「目的」が変更された。「労働者保護ヲ目的トシテ無料宿泊セシメ兼テ左ノ事業ヲ行フモノトスル」とあり、「職業先紹介」「幼児昼間預リ」「飲食実費給与」「慰安及教訓」「廃疾者救護手続」「其他必要ノ事項」が事業として明記された。当初は幅広い貧困層が対象だったが、「労働者保護」が目的となった点、職業紹介が最も重要な附帯事業となった点、「飲食実費給与」「幼児昼間預リ」が付加された点が大きな変化である。実際、一九一〇年から飲食費の支給が始まり、一九一八年に幼児の昼間預所が創設された。こうして無料宿泊所は、公的扶助がますます縮減されるなか、感化救済事業の進展とともに政府と行政より支援を受けて機能を強化し、労働者を主な対象にした事業へと変化していったのである。

一九一二年度の東京市調査によると、傷痍疾病者救護手続の拡充（主に三井慈善病院、東京市施療院、済生会への紹介）、飲食費の支給（一食六銭として大体金銭を与え自由に食をとらせる）、附属寄宿館（一九一一年宿泊所内に設置）の収容、宿泊者の貯金は、入院一五人、施療紹介一三三人、飲食費の支給は五三七人に対し一三六四食分を供給、付属寄宿舎は一四人を常駐させ、貯金も年度末で一六人、二五〇円を預かるなど、小規模ではあるが結果を残している[49]。これらは後の各章で見る救世軍や市紹介

表 **4-3**　無料宿泊所の事業経営

	1913	1914	1915	1916	1917	1918	1920	1921
第一無料宿泊所								
職員数	5	6	7	7	7	7	3	7
収入	1,872	2,754	1,884	3,283	1,930	4,525	2,660	3,610
支出	1,872	1,359	1,884	2,284	1,691	4,525	2,410	2,822
敷地坪数	125	120	125	125	125	125	120	120
建物総坪数	39	39	39	39	39	39	96	96
第二無料宿泊所								
職員数	3	5	7	7	9	9	4	—
収入	1,872	2,753	1,884	3,284	1,930	—	2,661	—
支出	1,872	2,753	1,229	1,392	1,691	—	2,410	—
敷地坪数	50	50	50	50	50	50	50	—
建物総坪数	39	39	35	35	35	35	35	—

注：統計中数値未掲載な箇所は「－」とした。

1912年度以前及び1919年度は管見の限り史料がない。

1920年度より第一無料宿泊所は増改築，1921年より第二無料宿泊所は改築のため閉鎖している。

前掲表3-2の1913年度と収支が異なるのは差額を切り捨て，臨時費を組み込んだためと思われるが詳細不明。当時の統計はこのような史料的限界を持つ。

出典：「感化救済事業経営者に対する奨励金又は助成金」（東京都公文書館，630. B 4.01）1104コマ，東京府編刊『東京府統計書』毎年度をもとに筆者作成。


所、浄土宗労働共済会と同じように、労働ができない人や自立できない宿泊者を救済し、自立を促す事業の一端といえよう。

こうした新たな試みについて、第二無料宿泊所所長で元教誨師の沼波政憲は、付属寄宿館に滞在していた人物が巡査や村長になったことを挙げ、「其成功の端緒を開くを認むるに至れり(50)」と自讃している。もっとも、これらは小規模の実践であり、まだ大きな成果は出ていなかったようだが、新事業の実施に伴い、長年の課題だった教化においても手ごたえが生まれ、監督者が自信を持ち始めたことが窺える。

また、一九一二（大正元）年には「臨時事業」として三月の洲崎大火の際に、貧民の罹災者六六名を収容、九日間無料で宿泊場所と飲食費と風呂を提供し、同年七月の明治天皇崩御の際には、三日間宿泊を希望する困窮者に飲食物を与え、九月一二日には恩賜財団済生会に対し求療患者向けの「金二十銭入滋養袋一千袋」および「感恩ノ栞一千部」を寄贈している[51]。

3 大正時代初期にかけての事業

定職の紹介と貯蓄の指導

宿泊者は一九一〇年度に一日平均六〇名を数えた。前章までに見たように、第二無料宿泊所のある深川区富川町は一日一〇〇〇〜二〇〇〇人の労働紹介をする工業地区であったことから、日雇労働者の利用が激増したといえる。宿泊者の出身地に関する表**4-4**を見ると、東京府内が第一位、以下神奈川、千葉、茨城、埼玉、栃木、群馬の関東各県が主であるが、その他では上京する人の多い新潟県が上位にあり、大阪府、愛知、静岡の近

（1908〜1911年）

1910/7－1910/12		1911/7－1911/12	
府県	人数	府県	人数
東京府	3,021	東京府	1,934
千葉県	1,038	千葉県	752
新潟県	1,035	新潟県	711
埼玉県	810	三重県	421
神奈川県	787	神奈川県	417
長野県	655	静岡県	416
茨城県	651	福島県	408
大阪府	536	長野県	361
愛知県	518	山形県	316
静岡県	504	大阪府	251
全府県	14,502	全府県	9,261

（ニ）」（『工業界』第3巻第8号，1912年

表 4-4　無料宿泊所宿泊者中，生活根拠地都道府県上位10府県

	1908/1－1908/6		1909/1－1909/6		1910/1－1910/6	
	府県	人数	府県	人数	府県	人数
1位	東京府	521	東京府	524	東京府	1,696
2位	神奈川県	367	神奈川県	427	神奈川県	645
3位	大阪府	230	茨城県	237	埼玉県	606
4位	愛知県	126	埼玉県	229	新潟県	574
5位	千葉県	181	千葉県	215	千葉県	496
6位	茨城県	169	新潟県	182	京都府	429
7位	埼玉県	167	栃木県	179	栃木県	303
8位	山梨県	120	静岡県	178	茨城県	298
9位	栃木県	119	群馬県	178	群馬県	264
10位	京都府	119	愛知県	169	富山県	248
総計	全府県	4,098	全府県	4,266	全府県	7,666

出典：前掲無料宿泊所各年報，『宗報』記事および一記者「私営無料宿泊所実況
8月）50頁表をもとに筆者作成。

畿地域の来所者も少なくない。

職業の紹介先は大正に入っても変わらず、請負師へのつなぎと、工場が最も多かった。一九〇八年上半期の『事業報告』によれば、「其他各工場へ紹介し現に左の場内に居住し業務を執りつゝあるもの」が三七人おり、内訳は、電灯会社四、セメント会社七、佐野鉄工場三、坂本鉄工場二、平野鉄工場二、遠藤土工部六、三益社一三人となっていた(52)。工場労働の詳細は不明だが、土木建設業だけでないのが新しい点であった。

二番目に多いのは、これも従来どおり職人の徒弟や商業である。一九〇八年の就業先は、「間接又は直接に保護を与へ一戸を構へ又は同居の身となりて業務を執」る者が三八人いた。内訳は、職人七、商業一四、日稼労働一三、その他四人となっており、商業で自立した事例もあって、若干の成果を収めたようである(53)。すでに明治末期に、求

職者数の増加を受けて、市内一〇ヶ所に「職業紹介所函」を設置して求人・求職を呼びかけ、「保証人の資格」「ひきうけ人の有無」を明記させて、身元保証を含めた職業紹介も行っていた[54]。大正初期からは、急いで仕事を紹介する「一時的日雇労働紹介」と、日雇労働者で労賃を貯めて窮状を脱した者や失業者に比較的長期の仕事を紹介する「半永久的職業紹介」に分かれた[55]。求職者の希望に応じて紹介する業種を変えた画期的な変化であった。

業種の定義や内訳は不明だが、「半永久的労働」は一九一二年（上半期）、一九一三年、一九一四年でそれぞれ総紹介者数三七七六人中六〇人（一・七％）、六七九五人中二七七人（四％）、二二三一人中一八〇人（八・一％）であった[56]。人数は少ないが、後述する営利事業者の一軒あたりの数よりも多く、意義のある成果といえる。このほかの成果としては、寄宿舎の長期滞在者のうち定職に就いた者が一九一二年（上半期）二四人、一三年二八人となっており、就職して退館した人も一二年一人、一三年一〇人であった[57]。

不衛生と伝染病

ただし、無料宿泊所の運営に問題がなかったわけではない。当時のルポルタージュで、明らかな「肺病患者」や、「立ちん坊のやうな汚ない労働者[58]」がいたと指摘されているように、施設の老朽化とともに、不衛生な環境が常態化していた。

実際、一九一三年四月二日より宿泊者が「発熱悪寒を催し」、回帰熱と判明、患者を駒込病院に送り込んだが同月二一日夜に止宿人二名が発病した。回帰熱は再帰熱ともいい、スピロヘータを病原体とする伝染病で、高熱、悪寒、皮膚疾患を伴う。シラミやダニが媒介することで知られている。当時これを報じた『都新聞』記者によれば、日清戦争後日本へ持ち込まれ、中国・四国をはじめ、大阪、東北地方、北海道の高山などで流行、東京では本所や深川などの湿地で放浪生活をしている労働者がこの病に冒されやすいと指摘された。[59]事態は四月二三日に無料宿泊所が「隈なく消毒され且つ止宿人に対しては爾来健康診断を行ひ居れば茲両三日を以て根絶すべし」と報道され、解消の兆しを見せた。[60]

しかし、翌一九一四年二月一六日には東京市内で発生した発疹チフスが拡大し、この年に三八三六人が感染、七三三人が死亡した。[61]無料宿泊所はこの影響を受け、「沼波主任を始め係員一堂チフス又は熱生病の為め機関殆んど全滅の状態」となった。その後、沼波は三月二九日に江東病院を退院し深川無料宿泊所に帰り静養し、「両宿泊所共三月末中に大消毒を施し四月一日より事業を開始する筈」となったという。記事によれば「今後は昨年の回帰病及び今年の熱生病に鑑み警視庁及び東京市と交渉し衛生上の設備に就き改善を加ふる方針[62]」がとられた。無料宿泊所では富川町の木賃宿を買い切って発疹患者を臨時に収容したため、月一二〇円の経費がかかった。[63]

こうした影響からか、表**4-2**を見ると、一九一三年は収支がほぼ同じ、それ以降についても表**4-3**のとおり、一九一四年は第二無料宿泊所でとんとんであった。費目の内訳は史料が見当らないため不明だが、そもそも収支に余裕のないうえに伝染病の影響もあり、引続き切り詰めた運営を行っていたと考えられよう。

増設したにもかかわらず、施設の整備や維持に十分配慮できない運営と、規則と異なる疾病者の恒常的利用によって伝染病を媒介し、事業に支障をきたすこととなってしまったのである。

無料宿泊所の役割

このように、無料宿泊所は、都市の貧困層を対象に、人夫などを請負師に回してもらうほか、工場など新規の就業先を開拓し、「半永久的職業」を紹介したり、寄宿舎から自立者も若干名出るなど新たな成果を上げるようになった。この意味において、無料の宿泊所、職業紹介施設が登場した意義は大きいといえる。従来の営利事業は身ぐるみをはがし借金を背負わせることを目的に宿泊させていたが、無料宿泊所はその不安がないうえに原則身元保証人・身元保証金も不要で、貧困層にとってきわめて有益な存在となったのである。

しかし、一方で、宿泊者を自立させる成果は多少見られたものの、なかなかに困難であった。例えば一九〇八年には、「多年放埒なる漂浪生活に慣れ規則正しき時間極めの仕事に従事するを好まず宿料なき時のみ同所に迷ひ来り翌朝稼ぎに出で少額の金を得れば他の木賃宿に泊り仕事無き日は又舞ひ戻るといふ有様[64]」が新聞で報じられている。こうした浮浪の生活を送る者にとっては、無料宿泊所は一夜の宿に過ぎなかった。

また、請負師との契約では賃金の「頭撥ね」が生じ[65]、紹介される業種の大半は失業・貧困状態に陥りやすいものばかりであった。無料宿泊所では紹介手数料がなかったとはいえ、日雇労働は、日雇周旋の下請けの役割を結果的に果たしてしまったのである。実のところ、無料宿泊所のような救済機関も、都市下層社会への「回路」であった営利事業を引き受けたのであり、別の「回路」であることに変わりなかったのである。

この点について、施設の関係者は明確な問題意識を持っていた。第二無料宿泊所の沼波政憲は日雇労働者の賃金の頭撥ねが「猛烈」であり、これを人夫保護の観点から懸念していた。(66) この懸念は、利用者側に勤勉になって貯金し、貧困生活から脱出しようとする者が少ない現状を鑑みてのことであったといえる。(67) しかし、対案を提示するには至らず、無料宿泊所は多くの貧困層をただで宿泊させ、職業を紹介し続け、はたして「救済」の名に相応しい事業なのか問われることとなったのである。

注

（1）「無料宿泊所第二十一回報告」（『救済』第四巻第八号、一九一四年八月）五六頁。
（2）「無料宿泊所趣意書」（「市会議案提出の件　第二六号　養育院所属建物無料貸付の件」東京都公文書館、六〇二・C四・〇五、市明Ⅰ三八-八、六八〇〜六八七コマ）。同文書が最初の「趣意書」、「無料宿泊所概則」である。翌年に一部が改定され、一九〇九年に大幅な改定がなされている。
（3）前掲「無料宿泊所概則」六八八〜六九〇コマ。
（4）同右、六八六コマ。
（5）同右、六八八コマ。これは翌年概則を改定して第六条に記載された（「無料宿泊所統計」『宗報』第一一号、一九〇二年六月二一日、一二頁）。
（6）紹介所における「教化」は本書でも何度か言及している。古くは山本恒夫『近代日本都市教化史研究』（黎明書房、一九七二年）第一章にあるように、狭い範囲で労使協調主義が浸透したといった効果がみられたという。本書では教化自体を検討するわけではないが、各施設における成果については言及したい。教化のプログラム、あるいは「通俗道徳」との関連についての検討は後考を待ちたい。

（7）「無料宿泊所創設要項」前掲「市会議案提出の件」六八八コマ。その後財団法人化・公立化はされていない。

（8）宿泊者については「本所ニ於テハ自分帳ヲ調製シ宿泊人ノ住所姓名職業年齢困難ニ陥タル原因本所ガ紹介シタル場所等成可ク詳細ニ記入シ賛助員ニ報告スル」とある（前掲「無料宿泊所概則」六九〇コマ）。

（9）なお、大阪でも同時期に新しい動きが見られたことは注目される。すなわち大阪職務紹介所が一九〇〇（明治三三）年に新設され、それほど長期間は続かなかったようであるが、商工業の雇用を主に扱おうと試みている（大阪市社会部労働課編刊『職業紹介事業関係史料』一九三五年、九五～九八頁）。

（10）無料宿泊所編刊『無料宿泊所第五回報告』（一九〇四年七月）九頁（前掲「市会議案提出の件」六九六コマ）。移転後の家賃は七〇～一一〇円程度へ下がっている。

（11）前掲「市会議案提出の件」六七八～六七九コマ。

（12）横山源之助「下級労働社会の一大矛盾」（一九一二年五月初出。中川清編『明治東京下層生活誌』岩波文庫、一九九四年所収）二八五頁。

（13）「無料宿泊所第一回報告」（『宗報』第一六号、一九〇二年一一月一日）七頁。

（14）「寒中の無料宿泊所」（『読売』一九〇二年一月二七日付朝刊四面）。

（15）前掲『無料宿泊所第五回報告』四頁（前掲「市会議案提出の件」六九四コマ）。

（16）鹽谷生「無料宿泊所」（『慶応義塾学報』第七五号、一九〇四年三月）四二～四三頁。

（17）「無料宿泊所の事蹟」（『監獄協会雑誌』第一七巻第一二号、一九〇四年一二月）四八頁。

（18）横山源之助「浮浪人問題」（一九〇四年六月初出。立花雄一編『横山源之助全集』第四巻、法政大学出版局、二〇〇六年所収）二二四頁。

（19）「無料宿泊所の状態」（『人道』第九九号、一九〇八年七月五日）一三頁。

(20)「無料宿泊所宿泊者統計」(『宗報』第二号、一九〇二年一月一五日)七頁。
(21)「無料宿泊所の近況」(『政教時報』第五八号、一九〇一年一一月一日)一一頁。
(22)前掲「寒中の無料宿泊所」。
(23)前掲「無料宿泊所第一回報告」七〜八頁。
(24)前掲『無料宿泊所第五回報告』六頁(前掲「市会議案提出の件」六九五コマ)。
(25)無料宿泊所編刊『無料宿泊所第八回報告』(一九〇六年七月。成田山仏教図書館蔵)一一〜一二頁。
(26)前掲『無料宿泊所第五回報告』七頁(前掲「市会議案提出の件」六九五コマ)。
(27)「無職業者救済制度の調査」(『読売』一九〇四年五月二六日付朝刊二面)。
(28)小路田泰直『憲政の常道—天皇の国の民主主義—』(青木書店、一九九五年)Ⅳ章第二項。
(29)一番ヶ瀬康子「解題(第一巻)」(社会福祉調査研究会編『戦前期社会事業史料集成』〔以下『史料集成』〕第一巻、日本図書センター、一九八五年所収)一頁。
(30)池田敬正『日本社会福祉史』(法律文化社、一九八六年)二九三頁。池本美和子『日本における社会事業の形成—内務行政と連帯思想をめぐって—』(法律文化社、一九九九年)三四〜四〇頁。なお、遠藤興一『天皇制慈恵主義の成立』(学文社、二〇一〇年)は皇室御下賜金に言及しているが感化救済事業には触れていない。
(31)「開会式に於ける平田内務大臣訓示演説」(『感化救済事業講演集』上巻、一九〇九年。『史料集成』第一八巻所収)三〜四、八頁。
(32)内務省編刊『我国に於ける慈恵救済事業』(一九〇八年初出。『史料集成』第一巻所収、二一頁)。
(33)井上友一「救済事業及び制度の要義」(前掲『感化救済事業講演集』初出。『史料集成』第一九巻、一九八五年、四三〜四四頁所収)、中川望「英国に於ける救貧行政及び窮民救助」(『慈善』一九〇九年七月三〇日)七六頁。
(34)一九〇九年夏に内務省嘱託として赴任した生江孝之は、「床次局長と井上課長との時代ほど地方局の活動の盛んな時は無かつたと思うのであるが、それは恐らく、その多くは井上課長の創意によったのだと思う」としている（生江孝之先生自叙伝刊行委員会編『伝記叢書二四　わが九十年の生涯―伝記・生江孝之―』一九五八年初出。大空社復刻版、一九八八年、九九頁）。

(35) 前掲井上「救済事業及び制度の要義」四三～四四頁。

(36) ただし、すべての論者に共通理解があったわけではない。野口友紀子は、当時の多くの慈善・救済事業関係者には、職業紹介事業が浮浪者の保護的な救済事業として理解されたとし、労働力需給調節機関としての役割も担い始めたと指摘している（野口友紀子『社会事業成立史の研究』ミネルヴァ書房、二〇一一年、第四章第三節）。

(37)「慈恵救済事業奨励に関する件」（東京都公文書館、六二九・A二・一六、府明四二-六）九九～一〇〇コマ。

(38)「内務省秘第五三六号　明治四十四年四月七日　内務省地方局長床次竹二郎　東京府知事阿部浩」（「救済事業奨励に関する件」同右、六三〇・D三・一八、府明Ⅱ明四四-五）一九七～一九八コマ。

(39)「無料宿泊所申報」（『宗報』第八三号、一九〇八年九月三〇日）九頁。

(40)「無料宿泊所報告」（『宗報』第九六号、一九〇九年九月三〇日）二七頁。

(41) 市養育院は事務員大橋勇を派遣した。大橋は後の公設東京市職業紹介所の主幹になる人物である（「無料宿泊所の成績と本院」『東京市養育院月報』第一一二号、一九一〇年六月二五日、一九頁）。

(42) 東京府編刊『東京府統計書』各年度版より。

(43) 中川清『日本の都市下層』（勁草書房、一九八五年）三六三頁表。

(44) 所内の掲示は「無料宿泊所のきまり」と「今日一日のこと」の二種類があり、前者は宿泊ルールについて、後者は儒教の徳目、勤勉を奨励する内容であった（「第二無料宿泊所／新設後の成績如何」『日本』一九一〇年九月三〇日付一面）。講話は「佐藤布教使等毎週一二回づゝ、該宿泊者に向て講話をなし、慰藉を与へ居れるが、毎回努力主義を鼓吹し深く依頼心を戒め居れり」（「無料宿泊所の拡張」『宗報』第一〇二号、一九一〇年三月二五日、一五頁）。

(45) 無料宿泊所編刊『無料宿泊所第十六回報告』（一九一一年一月）。

(46)「無料宿泊所の十五周年記念会」(『労働共済』第二巻第五号、一九一六年五月一五日) 一七頁。
(47)「無料宿泊所大正二年報(第二十一回報告)」(『救済』第四巻第八号、一九一四年九月二〇日) 六三頁。
(48) 大草は一九一一年五月頃より胃潰瘍を患っていたが、療養中、内務省の三教合同問題が起こり、内務省へ出頭し係員と激論した後容態を悪化させ、三月三一日逝去したという(前掲「大草恵実師逝く」)。大草については、近角常観「大草慧〔恵〕実師を悼む」(『求道』第九巻第一号、一九一二年二月一日) 参照。
(49)「感化救済事業経営者に対する奨励金または助成金交付」(東京都公文書館、六三〇・B四・〇三府明Ⅱ明四五 - 一一、七〇五~七一二コマ)。これらの事業は、同様の施設を持っていた救世軍労働寄宿舎の他には見られない。ただし、飲食物を支給した人数では救世軍第三労働寄宿舎の四万六四六一人に遠く及ばない(同、六七八コマ)。
(50)「無料宿泊所たより」(『救済』第三巻第七号、一九一三年八月一日) 四六~四七頁。
(51) 前掲「無料宿泊所」七〇二コマ。同じ内容は沼波政憲「無料宿泊所の経営に就て」(『慈善』第三巻第四号、一九一二年四月三〇日) にもある。
(52) 無料宿泊所編刊『無料宿泊所第十一回報告』(一九〇八年七月。成田山仏教図書館蔵) 一二~一三頁。
(53) 同右、一三頁。
(54) ふむばる〔鈴木文治〕「東京浮浪人生活〔三八〕」(一九一一年二月一一日初出。総同盟五十年史刊行委員会発行『総同盟五十年史』第一巻、一九六四年所収)。ただし、営利事業が対象となる規則の適用は受けていない。
(55) 前掲「感化救済事業経営者に対する奨励金または助成金交付」七〇二コマ。
(56) 前掲「無料宿泊所たより」四八頁、前掲「無料宿泊所大正二年報(第二十一回報告)」五九頁、「大正三年度に於ける無料宿泊所」(『救済』第五巻第三号、一九一五年四月二〇日) 三三頁。
(57) 同右「無料宿泊所たより」四九頁、同右「無料宿泊所大正二年報」六一頁、同右「大正三年度に於ける無料宿泊所」三三頁。ここには旅費を稼いで帰国した者も若干名いた。

(58) 北浦夕村『東都浮浪日記：附・就職難』(崇文館書店、一九一三年) 一七〇頁。
(59)「回帰熱と労働者」(『都』一九一三年五月五日付朝刊一面)。
(60)「貧民病無料宿泊所を襲ふ／死病には非ず」(『読売』一九一三年四月二三日付朝刊三面)。
(61) 東京都養育院編刊『養育院八十年史』(一九五三年) 八五頁。
(62)「無料宿泊所閉鎖を解く」(『救済』四巻四号、一九一四年四月二五日) 四四頁。一連の経過は天薗生「大正三年度に於ける無料宿泊所」(『救済』第五巻第三号、一九一五年四月二〇日) に詳しい。
(63)「人足は払底 (労働者は業外の景気)」(『都』一九一四年四月一四日付朝刊五面)。
(64)「無料宿泊所の現況」『東朝』一九〇八年八月二八日付朝刊六面。
(65)「第二無料宿泊所所開所式」(『慈善』第二編第二号、一九一〇年一一月三〇日) 八五頁。
(66) 沼波政憲「細民の救済私観」(『救済』第三巻第九号、一九一三年一〇月三日) 一五頁。
(67) これは日雇労働者に限って言えば、金があれば飲酒・買春・賭博で浪費し、できる限り働かないという特質によっていた (藤野裕子『都市と暴動の民衆史—東京・一九〇五–一九二三年—』有志舎、二〇一五年、第五章参照)。他は疾病が推測される。

第五章　苦学生を救う基督教救世軍労働寄宿舎

社會事業圖繪

右下に救世軍労働紹介所のイラストがある（『ときのこゑ』第276号，1907年6月15日6面）

東京に無料宿泊所ができたのち、公益事業として基督教救世軍の労働寄宿舎が建てられた。当初は東北凶作で困窮する子女の救済を目的に始まったが、やがて苦学生向けの労働寄宿舎を始め、やはり感化救済事業の支援を受け増設していった。世間で高い評価を受けたが、その事業内容については新聞記者の北浦夕村は疑問を呈していた。本章では、事業の実態を検討していく。

1　労働を前提とする寄宿舎

労働紹介部の開所

救世軍（The Salvation Army）は、一八六五年、イギリスで生まれたプロテスタント一教派の宗教団体である。創立者ウィリアム・ブースは、ヴィクトリア朝の貧困、不衛生、不道徳、児童虐待、非行や飲酒など問題があふれていたロンドンのスラム街、イースト・エンドに暮らす人々を伝道の対象とした。そして精神的救済と物質的救済（救霊と社会事業）を合わせて行い、その後、活動の場を世界へ拡げたのだった。

救世軍は一八九五（明治二八）年九月日本に上陸、元苦学生で同志社大学を中退した山室軍平が中心となって、廃娼運動、出獄人保護事業（前科のある人の支援）、職業紹介など模範的・実験的な数多くの事業を行い、先駆的な役割を果たした。(1) 救世軍の職業紹介事業は、労働紹介部（以下、紹介部）が、一九〇六年一月、芝区の救世軍本営内に設置されたことに始まり、翌年一月神田区三河町三丁目八番地に移転、同年六〇名収容の長屋に寄宿舎をあわせて第一労働寄宿舎と称した。その後、一九一〇年八月に浅草区黒船町二八番地に第二労働寄宿舎が、一九一一年一二月に京橋区月島通八丁目六番地に第三労働寄宿舎ができて、施設は合計三ヶ所を数えた[2]。施設は幾つかの転機を経て、苦学生をはじめ知識青年層向けに宿泊と職業紹介を行う施設となった。

紹介部を設立したころ、救世軍は日本でも存在が知られ、東京に拠点を置いて活発に活動を始めていた。この年は「前進」を標語に、社会問題に関わる活動を広く展開するため、労働紹介部の他にも木賃宿箱船屋（花町二一番地に設立した簡易宿泊施設。職業紹介も若干行っている[3]）を建てるなど、力を入れていた。

注目すべきは、職業紹介事業を始めた理由である。山室は「信用すべき奉公人口入所の役目[4]」を果たすものと位置づけている。開所時の『ときのこゑ』を見ると、「直ぐに有ゆる方面に必要なる経験を得て多人数の失業者を職に有つかせ、又は狡猾なる「慶安（桂庵）」一流の禍ひより免れさすることが出来ることと信じて居ります[5]」と事業の意義を主張しており、失業者を救済し、危険な営利事業から守るために設立されたことがわかる。

様々な貧困層への対応

では事業はいかに行われたのであろうか。施設の詳細は不明だが、『ときのこゑ』のイラストから、小さな窓口での対応であったこと、求人側と求職側の双方に来所を呼びかけていること、求職者の経歴に添うような職業を紹介していたことがわかる。[6] 運営については山室は、「午前中は其者の身元を調べ来歴を聴いて、午後から士官が八方に飛廻つて口を探して遣ることにして居る」と説明している。それほど需要者は多くなく、来所者の都合に合わせて救世軍の士官が職業を探すものだったのである。紹介部の担当者は救世軍士官の青木賢次郎で、家族とともに暮らし、開所時は候補生だったが、[7] その後中尉に昇格、[8] 一九〇七年に大尉に任命され、一九一一年には第三労働寄宿舎の主任になっている。[9] 寄宿舎における青木の活躍は目を見張るものがあったという。[10]

『ときのこゑ』によれば、開所直後の段階で「申し入れをなす人々の数は毎日十五人二十人といふ有様」[11] であり、一九〇六年八月の『読売新聞』における山室軍平の談話によれば、その後少し減って「日に八人乃至十人は依頼に来る」ような「中々結果はよい」[12] 状況だったという。

来所者のなかには「苦学生にて、ここで世話になり、中学程度の夜学に通ふて居るものも、数名ある」[13] ほか、「東北に凶作があつた為め其土地の者が困難をすると云ふので百三十人計りの女子と二七人計りの男子を救護して来て夫れ〳〵片を付けて遣つた」とある。後者について後に山室は、男子二七人、女子一二三人の合計一五〇人を助けたこと、わずか一円で工場へ売り飛ばされた一三歳と一一歳の姉弟がいたこと、彼らを「東京にて堅気な先に口入して奉公させた」と振り返っている。[14] また、女子専用の「女中寄宿舎」も臨時に設けられた。[15]

紹介部の様子は史料が乏しく実態がつかみにくいが、救世軍の機関紙『ときのこゑ』は、成功事例として、奉公人から届いた「御かげ様にてえい御主人様に付まして〔中略〕毎日たのしくくらして居りますから御安心下さい」という手紙を紹介している。雇用先からは、手習いや裁縫を教えているが、貧困ゆえ身体に虫〔虱や南京虫か〕がおり問い詰めて「今迄の衣服をすてるやら薬を求めるやらにて大さわぎ致し候」という知らせがあり、「救世軍の名をけがすことなく御高恩に報ゆる所の者に育てんとして日夜導き居る」と救世軍の体面に気を使った内容の手紙がある。[16]救世軍の活動に敬意を払う雇用者を思わせる内容である。

青木によればその後、紹介部は以下の問題を抱えるようになったという。それは第一に、「需要と供給との調和が全然不可能なること」であり、第二に「求職者の多数は、其晩の宿に困つて居る。又或者は食ふことが出来ぬ」ことであった。一点めは、需要者側が「救世軍のことだから人物は大丈夫に違ない」と思い込み、求職者は「確かゝ確かでないかは分らぬ」ことから、確実な職業紹介ができない状態をいう。二点めは「先づ其方〔宿と食〕からしてどうにかせねばならぬことは知れて居るが、其には其で相当の設備を要する」ことである。すなわち、紹介部は、社会的要請にこたえるためにも金のない大勢の求職者の保護と監督の役割を負わねばならなかったのである。こうした状況を受けて、青木は、紹介部ではなく労働寄宿舎の必要性を痛感した。[17]後に山室自身も、寄宿舎へ転換した理由を「そのうち労働紹介だけでは何うも本当に失業者の世話は出来ない。之に宿所を授けて之を監督保護せねば十分でないといふことを感ずる様にな」ったからと説明している。[18]

第一労働寄宿舎の開所

特に対象とされていたのが、苦学生など男性の来所者であった。第二章でも見たように学校の官費・貸費制度や故郷の県人会等の支援を受けない・受けられない苦学生は、神田、本郷を中心に麴町や下谷など学校施設の集まる地区に単身あるいは複数人で生活費を切りつめて暮らし、牛乳配達や新聞配達、日雇労働などに従事していた。しかし貧困や挫折による窃盗や自殺、風紀退廃などがしばしば問題視され、一九〇〇年頃より新聞が取り上げていた[19]。救世軍はこうした苦学生に対して宿と食を与えて職業を世話する施設に転換することとし、そのための施設を、後に青木が述べたように「昔から神田の三河町が本場になつて居るといふ処から、程なく思ひ切つて其処に乗り出すこととなつた[20]」。開設した経緯については、社会事業家の留岡幸助主宰の雑誌『人道』に以下の記事が出ている。

立ん坊の巣窟といはれたる神田三河町二町〔丁〕目に此程立派な長屋新築せられ、長屋に似合はず電燈、湯殿、便所等新式の設備を調えたるが、右は或る篤志家が匿名を以て金千八百円を救世軍に寄贈し、労働者の為に寄宿舎を托せられたるものにて、近々落成と共に入舎の手続を履むことゝなりしが、既に三十余人の申込あり、中には苦学生も少なからずと[21]

ここから、篤志家（「軍友船尾栄太郎氏」と思われる）の支援と多額の寄附をもとに、「立ん坊」（主に人力車夫などの意味）など労働者の多い神田三河町で、「新式の設備」を備えた宿泊施設のある新事業をはじめたことがわかる[22]。

この施設は路地奥にあり、幅五尺、奥行き二間の受付、正面に階段、二階に五室、一階に一室、電灯も風呂もある「気持の好い」建物で、合計五〇~六〇人が収容できる。[23]施設の担当士官として前述の青木、そして高橋勇吉が「其上を監督する」体制となった。[24]高橋は一八九五年に救世軍に入隊、一九〇六年に出所者の救済所と木賃宿箱船屋の監督を兼務した人物である。[25]事業の拡張に伴い、現役士官に担当させ、事業に力を入れた。

また、前述したように女性専門の職業紹介は別につくられたため、ここの仕事は「専ら男子の失業者を職に有りつかす」[26]ものとなった。救世軍の年報『救世軍と日曜学校』(一九〇八年)によれば、「労働者を寄宿させて、之を労働に出し、段々慣れて来たら之を一定の職業に就かしめる様に、世話をする」[27]とある。ここにおいて救世軍は、男子の求職者に対し、一時的な労働から定職へ段階を踏ませて勤労の習慣を育み、確実な職業紹介事業を実施しようしたことがわかる。[28]

なお扱っていた労働の種類、会社の詳細は不明であるが、後に電話電信会社の人夫を紹介しており、特定の業者と関係ができている。[29]管見の限り他に史料は見当たらないが、近代的産業を主な紹介先にしたようだ。この紹介先の特徴は後の第二、第三労働寄宿舎にも引き継がれた。

手続は、後に第一寄宿舎を取材した東京朝日新聞記者によれば、来所者に出身地、職業などの経歴を尋ね、「入舎のしほり」を渡し、規則(門限の厳守、飲酒の禁止、二円以上の貯金など)を読ませ、誓約書に捺印させた後、寄宿舎に入れ、翌日の労働のために食事を与えるものであった。[30]後述する留岡の史料によれば、宿泊料は七銭、食費は一〇銭を徴収し、金のない者は衣服など所持品を担保に取って衣食住を提供したとある。また、労働寄宿舎では、毎週数回の「集会」を開き、祈禱、聖書に基づく講話など宗教的な教化をし、「霊魂の救の為に力を尽し」[31]たという。これは、その後二ヶ所でも行われ、救世軍の活動方針である物質的救済と精神的救済を象徴することとなった。[32]このように、労働寄宿舎は紹介部と異なり、一定の管理体制を敷いたうえで求職者を宿泊させ、段階的な職業紹介と教化を実施する慈善事業施設として開所したのである。

苦学生対応の苦労

表**5-1**は初年度以降明治末期までの実績である。これを見ると、二年目以降に人数が激増し、延べ二万人が宿泊、一万五〇〇〇人が職を得ていた。[33]ただしこの統計では、通常どの程度の人数が宿泊していたのか、いかなる職業紹介が行われていたのかはわからない。『ときのこゑ』で短期的な実績を見ると、開所から一九〇七年度末までの収容人数は五二人、一九〇八年一月〜六月の収容人数は二二人、国許・知人のもとへ帰した人数が八〇人、他の地方へ行った者が七九人、不結果は二七人、退去を命じた者が三人、死亡二人であったという。[34]

同誌は「随分好成績といはねばならぬ」としており、後に救世軍が示した「最上の結果」、「第二の結果」、「不結果」の基準で示すと、[35]一九〇八年は、死亡者を除く二四四人中、「最上の結果」は三八人（一五・六%）、「第二の結果」が一五〇人（六一・五%）、不結果が五六人（二三・〇%）だった。個人の事情で史料に残っていないが、説得で帰郷した事例が後に新聞で報道されており、成功例も窺え

表 5-1　救世軍第一神田労働寄宿舎の実績（1907～1912年）

	1907	1908	1909	1910	1911	1912
宿泊延数	1,422	20,538	19,889	16,198	19,819	18,174
日雇労働紹介数	1,066	14,376	12,443	11,039	14,819	12,346
定業に就く	—	38	28	—	9	8
父兄に引き渡す	—	76	118	—	73	43
不結果	—	56	126	—	76	65
他所へ移動	—	74	—	—	21	—
自ら就職のため退舎	—	—	—	—	143	102
退舎を命じた者	—	8	—	—	18	—
年間求職者	—	—	383	—	—	—
年間新収容者	55	262	281	320	328	228
死亡	—	2	—	—	—	—
現在員	—	60	58	—	—	—
繰越人員	—	52	49	—	58	46

注：1908年度は，1月～10月2日までの数値。1909年度は，1909年10月1日～1910年9月30日の数値。1911，1912年度は同年5月～翌年4月末の数値。
1908～1910年までの宿泊及び労働紹介者数が『ときのこゑ』史料と公文書史料と食い違うものがあるが，統計数値の大きい数値を記載した。
「父兄に引き渡す」は「国元又は知人の元に行きたる」と合わせた人数である。
出典：「労働寄宿舎近況（『ときのこゑ』第309号，1908年11月1日）6面，「箱船屋の新発展（承前）」（同第359号，1910年12月1日，3面），前掲『弱者之友』，「慈恵救済事業奨励に関する件」（東京都公文書館，301.B 7.21）36コマ，「感化救済事業経営者に対する奨励金又は助成金交付」（東京都公文書館，630.B 4.03）663コマをもとに筆者作成。

る。[36] しかし、一九〇九年は二七二人中、それぞれ二八人（一〇・三%）、一一八人（四三・四%）、一二六人（四六・三%）、一九一一年は二四九人中九人（三・六%）、一六四人（六五・九%）、七六人（三〇・五%）である。実際のところ日雇労働を繰り返し紹介し、自力救済に委ねているために「最上の結果」の比率が減少していることが、これらの数字に如実に表れている。

この要因として、日雇労働を紹介されても、激しい労働に疲れて勉学できず、労働者生活を抜けだせない若者が少なくなかった。[37] また、後に山室が言うように、「浮浪の生涯を送つて居る人々を多く扱ふ故、仕事着でも着せて仕事に出せば、其儘出て行つて帰つて来ないといふ様なものが、割合に多い」[38] ことがあった。

あわせて宿舎内では、頻繁に逃亡や窃盗があったため支出がかさみ、赤字事業ともなった。救世軍では衣類などを「担保」にして、規則を守らなければ入浴を許さないなどの対応を試みた。ただし、入浴制限などの罰則は後に強化されたが、[39] それで問題が解消したわけではなかった。[40] 各人の生活態度が職業紹介に大きく影響したのである。

2　感化救済事業と施設の増設

内務省の奨励補助

一九〇七年に英国より創立者のブース大将が初来日し、明治天皇に謁見を許されると、救世軍の各種活動が社会に知られ、説教師としての山室の地位も固まって活動は大きく飛躍した。一九〇八年には感化救済事業の進展に歩調を合わせるように、従来の事業を一新し、出獄人救済所を労作館、醜業婦救済所を婦人ホームと改称し、学生の支援事業を大学殖民館、浮浪外国人救済事業を外国人ホテルとして新設した(41)。政府もこうした活動を評価するようになり(42)、救世軍にとっても感化救済事業の助成を受けることは、社会的認知を得て宣伝や権威付けになるとともに(43)、収入が増えるメリットがあった。

従来、奨励助成金については、一九〇九年度に始まり「それ以来毎年その時々の内相から救世軍の社会事業に対し奨励助成があった」とされてきたが(44)、管見の限り救世軍すべての慈善事業全体に対しては一九〇八年から支援が行われており（一九〇八年は金額不明）、一九〇九年が五〇〇円、一九一一

1917	1918	1920	1921
—	—	—	—
—	—	—	—
—	—	—	—
—	—	—	—
—	—	—	—
1	2	3	2
591.0	579.0	1,425.0	3,306.0
591.0	591.0	1,428.0	3,306.0
41	41	41	41
79	80	80	80
7	5	5	5
14,748.0	14,968.0	8,857.0	6,832.0
14,748.0	14,748.0	8,858.0	6,832.0
285	—	285	285
228	168	168	168

宿泊所へ改称する。
以降も救世軍年報には10月付の年間収
ことを断っておく。なお，統計中数値

「救済事業奨励に関する件」（東京都公
金」（東京都公文書館，630.B4.03）663

表 5–2　救世軍労働寄宿舎の事業経営

	1908	1912	1913	1914	1915	1916
神田						
職員数	—	—	3	3	—	—
収入	4,465.5	5,232.8	5,324.0	5,438.0	—	—
支出	4,465.5	5,379.1	5,324.0	5,433.0	—	—
所有地坪数	—	—	34	34	—	—
建物総坪数	—	—	34	34	—	—
浅草						
職員数	—	—	3	2	2	3
収入	648.5	2,415.0	3,829.0	2,588.0	1,827.0	475.0
支出	648.5	2,686.0	2,938.0	3,253.0	1,827.0	475.0
敷地坪数	—	—	41	41	41	41
建物総坪数	—	—	79	41	79	79
月島						
職員数	—	—	6	6	6	6
収入	—	5,917.8	10,509.0	11,762.0	11,709.0	14,498.0
支出	—	6,164.2	10,509.0	11,819.0	11,810.0	14,579.0
所有地坪数	—	—	285	285	285	285
建物総坪数	—	—	228	228	228	228

注：なお神田労働寄宿舎は1915年で閉鎖，浅草労働寄宿舎は1916年より浅草無料
1912年度以前の数値は，1908/10/1–1909/9/1，1911/9–1912/9の数値。1913年度
支明細票があり『東京府統計書』と数値が異なる。継続性から後者を主とした
未掲載部分は「ー」とした。
1909〜1911年度以前及び1919年度は管見の限り史料がない。
出典：救世軍日本本営『日本の救世軍とは何乎何を為しつゝありや』（1913年），
文書館，630.D3.18）410コマ，「感化救済事業経営者に対する奨励金又は助成
〜681コマ，東京府編刊『東京府統計書』毎年度をもとに筆者作成。

年が一〇〇〇円、一九一四年が八〇〇円で別途宮内省より三〇〇〇円を下賜されている。[45] 同じころ職業紹介事業を行っていた浄土真宗の無料宿泊所の助成額が七五〇円から一六五〇円だったことから、[46] 他団体とほぼ同程度の金額を支援されていたことがわかる。一九一三年の内務省の奨励に関する詔書には、他の施設とともに救世軍救済事業につき、「救済ノ事業ニ関シ従来尽力スル所少カラス今後尚一層倅励シテ其効果ヲ収メムコトヲ望ム」[47] とあり、救世軍が感化救済事業における重要な施設として期待され、多くの補助金を毎年受け続けたのである。

ただし、これらの助成金が第一労働寄宿舎の維持費に回された形跡はない。表**5–2**の収支状況を見ると、統計のある年はほぼ収支が拮抗している。一九一一年度の収入内訳を資料で見ると「寄附金」が三二円四六銭しかなくほとんどは「製作品労働銀の収入」であり、支出は「維持費」が四五九二円七八銭と大半を占めている。[48] このうち「製作品労働銀の収入」は労働者の払った宿泊料と考えられる。事業自体は営利目的ではなかったとはいえ、労働者の賃金をあてにする経営が必然的に強いられていたといえよう。[49] これは後述するように問題視されることとなる。

第二労働寄宿舎の開所

明治末期にかけて救世軍は、新たに二軒の労働寄宿舎を設立した。まず、一九一〇年一〇月一五日、浅草区黒船町に第二労働寄宿舎が増設された。山室はその直接の理由として、『ときのこゑ』で「去八月の大洪水では箱船が浮き上らないで、却つて沈没した上に容易ならぬ破損をしたので、これではならぬと、乃ち浅草区黒船町に兼て救世軍にて買ひ求め置きたる建物大修繕をなし其方に移転することとなつた」[50]と説明している。当時浅草区は人口が一〇万人を超え、犯罪件数は三〇〇〇件余りで東京市では一位、泥酔者、自殺未遂者、浮浪、疾病などの対応に警察が追われる地区でもあり、八月の水害で隅田川の氾濫による浸水被害を受けていた[51]。

木賃宿箱船屋は大洪水で破損したため、浅草区に移転して、これを第二労働寄宿舎とした。山室の言葉によると「大体事業の性質は第一労働寄宿舎と同じものと思はれて、間違いない」[52]ようで、「之を神田三河町にある救世軍労働寄宿舎の支部となし、安宿よりも寧ろ失業者救護に重きを置く」[53]ものであった。

設備は、一階は一三畳敷と二〇畳敷の集会所、「宿泊と風呂だけの設備」があり、二階は一〇畳四間、七畳半、四畳半が一室ずつであり[54]、四〇人が収容可能であった[55]。購入費が二九〇〇円、修繕費が八〇〇円かかったため「年額数百円の補助は免かれぬさうだ」[56]と赤字経営が見込まれた。担当者は河合吉郎大尉で、第一労働寄宿舎の青木が「其上を監督」[57]する体制であった。河合大尉は士官学校第一期生で、一九〇八年に中尉に任ぜられた後、一九一〇年に大尉として第二労働寄宿舎付になった。事業経験者を監督役に据えて、士官学校出の人物を受持ちに、事業体制を整えたのである。

開所直後の詳細な状況を伝えた一九一一年一〇月の『読売新聞』によれば、室料は一晩六銭、寝具、火鉢、風呂等を供給するが飲食は自費で、収容者は主として「地方より無鉄砲に上京する者より採り入舎の際に厳重に鑑別」され、「六ヶ月間は水道部、電話局、電燈会社等の人足となし成績の好良なる外に金六円の貯金を得たものには特に三円の賞金を与へ電車々掌、運転手、郵便配達等確実な月収ある職業に周旋[58]」したという。第一労働寄宿舎との違いは宿泊料が一銭安く、「地方より無鉄砲に上京する者」を集中的に採用したほか、貯金額を定職に紹介する際の目安にした点が指摘できる。これは事業成績を上げるためだったといえる。なお、手続は第一労働寄宿舎を踏まえ、「求職票」を来所者に渡し、原籍、住所、姓名、年齢、経歴、希望などを記入させた後、求人簿と照合する綿密なもので、紹介受付時間は午前八時から午後四時、宿泊受付は午後六時から午後八時、門限は一〇時とされた[59]。

開所式は一〇月二六日に浅草小隊の会館で行われ、ヘンリー・ホッダー少将の司会に始まり、祈禱、茶菓の供応のほか、山室、内務省地方局生江孝之、東京市助役田川大吉郎などが演説をし、渋沢栄一、原胤昭が祝賀を述べた。この様子は警察協会雑誌、朝日新聞、報知新聞、職工新聞の記者によっても報じられた[60]。第二労働寄宿舎は、第一労働寄宿舎と同じ事業体制を敷き、感化救済事業の進展にふさわしい役割を、政府行政をはじめ多くの関係者に期待されて開所したのである。

労働紹介の成果と課題

では、第二労働寄宿舎はいかなる実績をあげたのであろうか。表**5-3**は、一九一〇年から一九一九年の成績である。これを見ると、開所二年目より宿泊者、紹介者数ともに増加し、一九一二年には宿泊者が一万人にまで至ったことがわかる。

開所以降一年間の値を救世軍の基準である「最上の結果」「第二の結果」「不結果」で見ると、一九一〇年は一四一人中、順に二九人（二〇・六％）、六七人（四七・五％）、四五人（三一・九％）、一九一二年は二三九人中、同じく一一人（四・六％）、一四四人（六〇・三％）、八四人（三四・一％）である。救世軍の年報によれば、実家と喧嘩して浮浪者となったある男性が、親戚と面会して和解した後、相当の地位に就いて妻子を持った例があり、こうした成功例は「稀有の事ではない」[61]としている。

仕事を紹介した実数は少なく、大半が一時的な仕事であった。求人先は不明である。また、来所者の性質はここでも問題となり、前述の『読売』は、「無鉄砲に上京する者」を収容したため、生活改善に苦戦し、「教育は嘗て救世軍自身が企てしも失敗に帰し今日にては各自随意に夜学へ通つてゐる」、「三十歳以上の無職者と教会より紹介された者が概して悪い」と指摘している[62]。第一寄宿舎と同じく、生活態度に問題のある人物が多かったようである。

支出もかさみ、赤字となった。管見の限り最も古い一九一一年六月から一九一二年七月の収支を見ると、収入は、「寄附金」が一〇円四七銭、「製作品労働銀の収入」が二四〇四円四八銭の合計二四一四円九五銭に対して、支出は、「手当及び事務費」が三四九円五七銭、「維持費」が二一四五円一八銭、「家賃及び諸税」が一九一円二五銭の合計二六八六円であり、明らかな支出超過である[63]。なお、その後も表**5-2**のように一九一四年まで収支が安定しない経営となっている。

このように、第一労働寄宿舎の問題点をカバーするため設立された第二労働寄宿舎は、短期的には第一労働寄宿舎以上の成績を上げ、少ないながらも成功例もみられた。しかし、第一労働寄宿舎と同

表 5-3　救世軍第二浅草・第三月島労働寄宿舎の実績

浅草	1910	1911	1912	1915	1916	1917	1919
宿泊者延数	4,881	9,960	11,634	5,686	6,532	—	4,161
無料宿泊数	—	—	—	2,991	—	4,334	—
無料給食数	—	—	—	193	—	—	—
定業に就く	29	25	11	34	—	—	518
日雇労働紹介	3,615	—	6,615	288	149	—	
父兄に引き渡す	40	—	53	—	—	—	—
自ら就職のため退舎	27	55	91	—	—	—	—
退館を命じた者	1	—	—	—	—	—	—
不結果	45	—	84	—	—	—	—
年間新収容者	167	86	238	—	—	—	—
繰越人員	—	23	—	—	—	—	—
現在員	25	31	36	—	—	—	—

出典：前掲「感化救済事業経営者に対する奨励金又は助成金交付」（東京都公文書館，630.B 04.03）671コマ，ヘンリー・ホッダー編『弱者の友』（救世軍本営，1911年），東京府編刊『東京府管内感化救済事業一斑』（1913年），救世軍本営『来りて観よ』（1916年），山室軍平『不幸女の救護』（救世軍本営，1917年），同『特選の民』（同，1919年），同『二十五年戦記』（同，1920年）をもとに筆者作成。

		1915	1916	1917	1918
浅草					
求職者数	男	2,907	149	300	772
	女	0	0	0	52
求人数	男	3,089	149	300	691
	女	0	0	0	261
就職者数	男	2,069	149	300	436
	女	0	0	0	26
月島					
求職者数	男	273	15,686	1,413	29,564
	女	0	0	0	0
求人数	男	—	21,953	1,413	24,320
	女	—	0	0	20
就職者数	男	273	15,686	1,413	24,343
	女	0	0	0	0

出典：『東京府統計書』をもとに筆者作成。

月島	1911	1912	1914	1915	1916	1917	1919
宿泊者延数	9,028	35,687	53,565	29,182	27,556	29,564	—
無料宿泊数	—	—	1,544	1,031	859	926	—
食事賄い数	21,342	46,561	40,373	26,536	36,311		—
無料給食数	—	—	2,569	2,364	2,142	2,319	—
日雇労働紹介	5,711	28,021	30,730	16,533	15,623	17,235	14,547
定傭稼業	—	—	9,481	6,739	6,330	7,108	8,395
定業に就く	—	49	—	100	63	74	63
無断退去	—	126	—	108	108	127	78
帰郷	—	99	—	84	85	74	73
他所へ移動	21	223	—	162	66	49	57
入院	—	5	—	4	1	3	2
死亡	—	—	—	2	—	1	1
年間新収容者	111	494	—	416	367	318	283
繰越人員	90	90	—	95	51	71	71

注：1914年度のみ浅草，神田，月島三ヶ所の合計数値。
1911，1912年度の「他所へ移動」は職を求めて自ら退所した者，1912年度「帰郷」は「親類知人に引き渡した者」。

出典：「慈恵救済事業奨励に関する件」（東京都公文書館，301.B 7.21）38コマ，前掲「感化救済事業経営者に対する奨励金又は助成金交付」678コマ，東京府編刊『東京府管内感化救済事業一斑』（1913年），山室軍平『復活の人一名：救世軍の事業』（救世軍本営，1915年），救世軍本営編刊『来りて観よ』（1916年），山室軍平『不幸女の救護』（救世軍本営，1917年），同『特選の民』（同，1919年），同『二十五年戦記』（同，1920年）をもとに筆者作成。

じように、増加する来所者には一時的な仕事を紹介するにとどまり、赤字事業となったのである。

3　工場街への設立と事業の課題

第三労働寄宿舎の開所

この傾向は、翌年一二月に開所した第三労働寄宿舎でも見られた。設立理由につき山室は、「前期同種の経営あるも尚不足を感する」ことがあったためとしている[64]。風聞生なる記者によれば、来所者が多く対応に困ったため、「更に其規模を大にする必要に迫り、百名内外を収容し得る二百坪計りの所を得たいものと苦心して居る矢入〔先〕き、内務省の奨励金を下賜せらる」こととなったという[65]。『ときのこゑ』によると、当初は、「新築の費用約壱萬壱千円を要するに対し、目下手元にある金は九千円に過ぎない。不足金二千円に対し、切に有志家の助力を仰ぎ度」という状態だったが、内務省と三井家の援助が得られたことで建設が推進され、東京市も「特に二百八十五坪の敷地を低廉なる地代にて其為めに貸与」したという[66]。

当時月島には工場が多かったため労働者も集まり、明治四〇年前後には電気、ガス、水道が整備され、相生橋が架設されて発展していた[67]。第一・第二労働寄宿舎は収容力をはるかに超す来所者に対応を迫られて職業紹介まで手が回らず、事態の打開が望まれていたところに、感化救済事業の推進役である内務省や、市当局、財界の協力が直接得られたため、勝手知る月島に第三の施設を建てたのであ

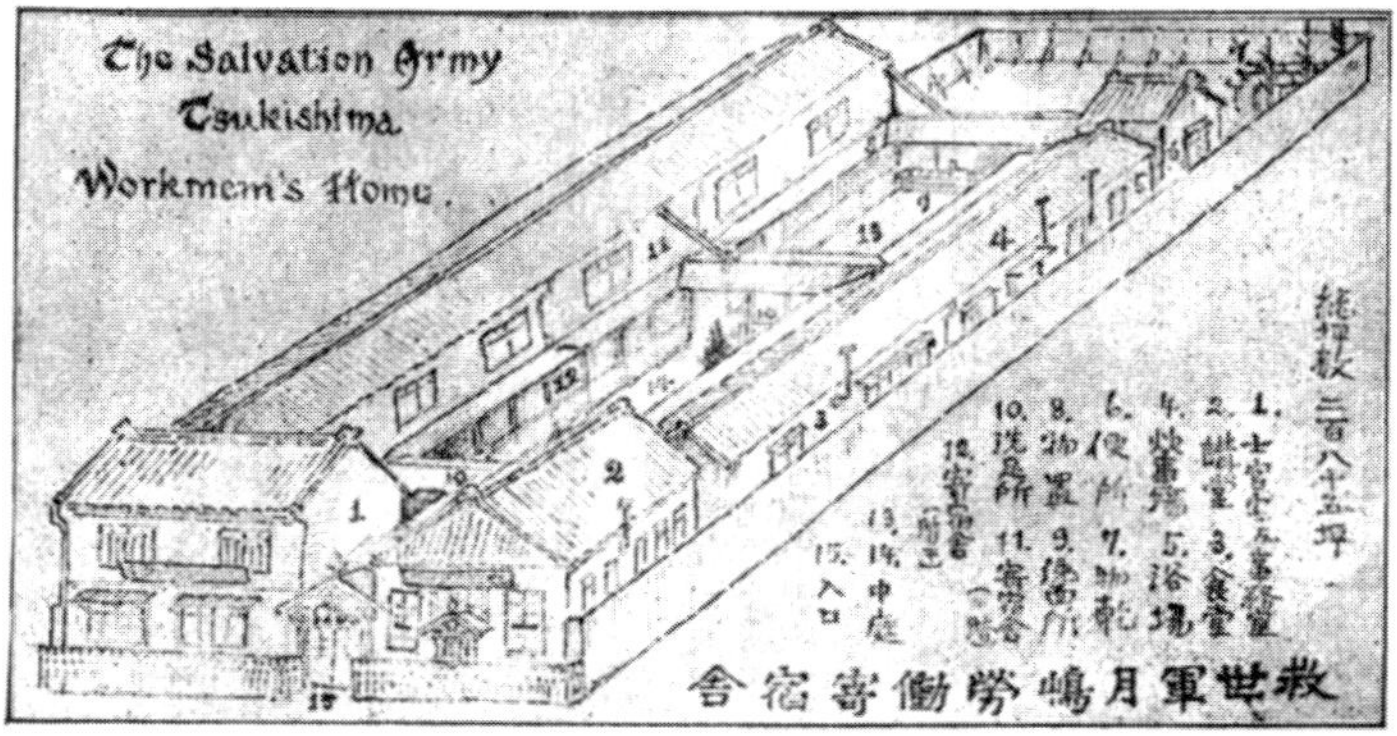

救世軍第三月島労働寄宿舎（『ときのこゑ』第384号，1911年12月15日5面）。

る。

開所式は、一九一一年一二月一五日に盛大に行われ、軍歌六九番の歌唱と祈禱のほか、司令官ホッダー少将の挨拶（救世軍の社会改良事業の精神的教化を強調、建設費の収支報告）、石黒忠悳男爵の演説、渋沢栄一男爵の演説、尾崎行雄市長の祝辞（代読）、床次竹二郎次官の演説などが続き、茶菓の供応、施設の構造や設備の説明もなされた[68]。第三労働寄宿舎は、第一・第二宿舎の問題点をカバーするべく大規模かつ手厚い事業体制を敷き、政府関係者の期待を集めて開所したのである。

『ときのこゑ』によれば、第三労働寄宿舎は、既存の二つの施設と「全く同性質のものにて、唯規模ちつと大なだけ」で、月島町八丁目六番地に用地二八〇坪に、万国本営の補助金が四九一一円、内務省の下賜金が一五〇〇円、三井家の寄付金が一〇〇〇円、万国本営からの借入金が二九四六円、不足金が七二五円四二銭の合計一万一〇八二円四二銭を投じて建設された[69]。

設備は、木造二階建てで一階は士官室三室、洗足所、一〇畳の試験室、一二畳の寝室で、二階の一二畳は寝室で約一一〇人が収容可能である。「畳は総て縁無し琉球の青々とした物で戸棚には十人分の布団を備へ空気や光線に特に注意が払はれて居る」[70]。担当は前述の青木賢次郎、事務主任、助手、掃除夫が各一名、賄方三名、蒲団修理一名の合計八名のスタッフがいた[71]。ここから、前述の二ヶ所に比して規模が大きく充実した事業を志したことがわかる。

宿泊料は原則五銭、食費が三食一五銭〜二〇銭[72]である。第二よりさらに一銭安くなっている。入舎手続きは従来と同様であるが、やや詳細になり、申込書に原籍、属籍、姓名、年齢のほか、前職、将来の目的、知人、信仰の有無、教育程度、飲酒喫煙、父母、妻子の有無、紹介者および疾病の有無の項目があり、集会への出席義務、禁酒、退舎に異議を唱えないという三点の約束に署名することになった[73]。なお、寄宿舎の生活に必要な道具（約六一銭分）を貸与する際は、本人の衣類を担保にしたという[74]。前二施設で逃亡者が少なくなかったことなどを踏まえた処置といえる。

また、新しい人が入舎するときは早速国許へ照会し、回答を求めたとある。照会状では来所者の上京が合意の上かどうか、この後の東京滞在を認めるか、兵役との関係はいかがなるものかを尋ねており、これまでの経験から、無謀な上京者はできる限り国許へ帰らせようとする選別もあったことがわかる[75]。

主な紹介業種を見てみよう。『ときのこゑ』を見ると、定職の内訳は電灯会社職工、電話局職工、鉄工その他の職工、電車運転手、郵便局集配人、商店雇人、郵便局事務員、下男であり[76]、第二労働寄宿舎と同様である。短期的な成績を見ると、開所から一二年四月末までに一一一名を収容し、職を求めて退舎した人は二一人、宿泊者延数は九〇二八人、食事賄い数は二万一三四二人で、日雇労働紹介数は五七一一人であった[77]。

年間の実績について、表**5-3**の数値より、先の救世軍の基準である「最上の結果」「第二の結果」「不結果」を見る。一九一二年は四九七人中四九人（九・九%）、三二二人（六四・八%）、一二六人（二五・四%）、一九一五年は四五四人中一〇〇人（二二%）、二四六人（五四・二%）、一〇八人（二三・八%）である。開所後は第一、第二寄宿舎と大きな違いは見当らないが、時代が進むにつれて好成績となっている。また、表中に「定傭稼業」があり、単なる日雇とは異なる業務も紹介していた点が大きな違いである。この他、宿泊者延数・日雇労働の紹介数は前二施設よりも多く、食事も相当数が提供されている。

この成果についてはまず、第三労働寄宿舎の立地によるところが大きいだろう。東京府がまとめた救済事業施設一覧の紹介文には、「浅草神田のそれに比して周囲の状況は労働心を刺激し誘惑に遠かるの点に於て〔中略〕意外の好成績を奏するものゝ如し[78]」とある。浅草や神田といった盛り場に近い寄宿舎より、工業地帯に近いため労働に専念できる環境だった。

次に、前二者に比して充実した宿泊者支援を行ったのも大きな要素である。第三労働寄宿舎では、開所後、宿泊者への綿密な調査、休業者への便宜供与を行っている。感化救済事業者に関する東京市の調査書によれば、「十五日間ニ至ル詳細ノ状況ヲ記入スヘキ台帳ヲ設ケ」、「一種ノ観察」を行い来所者の実態を詳細に把握して、「注目スベキ重要ナル資料ヲ得タガ如ク依テ尚之ニ応スルノ設備ニ就キ考究」することとしたほか、雨天で仕事が少ない場合、休業した者に衣食住の必要経費を「従来ノ貸与ヲ廃シテ給与トシ」(79)たという。これで来所者が働き続ける心構えを育てようとしたのである。

以降、入院者と死亡者を除いた成績を見ると、一九一五年の成功例と不結果は、救世軍の基準で七六・二%と二三・八%、厳しい基準では四〇・五%と五九・五%、一九一六年は救世軍の基準で六六・五%と二三・五%、厳しい基準だと四六%と五四%となっている。来所する人数は多いものの、概ね第一・第二労働寄宿舎と同様の成績だったといえる。

ただし、定業に就いた者が少ない点は他の二ヶ所と同じであった。事業の収支状況にもこれが影響しており、一九一二年度、第三労働寄宿舎の経費の詳細を見ると、収入が「寄附金」三六円六〇銭、「製作品労働銀の収入」五八八一円二四銭の合計五九一七円八四銭、支出は「手当及び事務費」五九七円七四銭、「維持費」五一三八円一七銭、「家賃及び諸税」四二八円三三銭の合計六一六四円二四銭と、支出超過の赤字事業なのである。(80)その後も一九一六年まで同様の傾向となっている。このように、第三労働寄宿舎は第一、第二労働寄宿舎と比較して開所後に好成績を収めたものの、同じく赤字事業となった。

また、救世軍は第三労働寄宿舎で一九一二年より独立奨励制度なる仕組みを設け、「一面入舎者ノ職ニ対スル永続心ヲ養成シ一面独立自営心ノ開発ヲ促ス」[81]ことに尽力した。『人道』の記事によれば、この奨励制度は定職に就くことを前提に、二年間のうちに五円以上を貯蓄させ、定職に就いた人に運転資金として返却する制度である。一枚一〇銭の貯蓄を続けると「独立奨励金」という金券証がもらえる。これを毎週一人につき一枚与え、一年間で五〇枚、五円になるという仕掛けであった。この成果についての統計は残されていないが、青木大尉は「結果が頗る良いと快心の笑」を漏らしていたという。同じ記事によれば、青木はこの成果に気をよくし、三〇円を貯めて結婚させる「結婚資金制度」なるものを実施しようと計画中とあり、少しでも経営をよくしようという工夫がかいま見られる。[82]

とはいえ、第三労働寄宿舎の紹介事業は求人先がほとんどわからないため、明確な位置づけが難しい。宿舎がある地区の宗派のつてや、工場地帯という立地を生かして特定のいくつかの工場に委託していたことが間接的に窺えるだけである。この意味では、既存の二施設を踏襲しつつ、自立を目的に苦学生の労働力を月島付近の諸産業へ供給する機関だったことがわかる。

東京電灯会社との癒着

しかし、救世軍労働寄宿舎は苦学生を多数収容したものの、最も古い第一寄宿舎では施設の老朽化が進み、職業紹介事業では特定の業者との癒着が発覚するなど、救済機関といいがたい状況が見られるようになった。

これについて、時事新報記者の北浦夕村は、かつて「理想的職業紹介機関の一[83]」と自ら紹介したにもかかわらず、読者からそれに反する実態を訴える手紙をもらったため、一九一二年一二月三日深夜、実際に第一労働寄宿舎を訪れている。

　すると、施設は、「快よく迎へて呉れるであらうと思つた」が「予期に反して容易に扉は開かれなかつた」ばかりか、一〇分後に現れた事務員の「三木さん」は、「「誰れだ、何処から来たんだ……」と冷な声を浴せ」、「「宿屋ぢやないよ、泊まるだけといふ訳にやいかん、労働をするならば泊めて上げるが……」即座にこゝで労働をすると誓はねば、折角開かれた此の戸が再びピツシヤリと閉ぢられ」てしまうというあり様であった。この際、宿泊帳への記入などはなかった[84]。もっとも、北浦は深夜に訪問しているので、異例の対応だったことを考慮する必要はある。

　とはいえ、施設は「路地の奥の奥に、貧民長屋以下の此の陋悪なる家屋[85]」であった。土間からすぐ上がれる床の低い一二畳の一室は、「踏めば足痕がゴボリと凹みさうな安畳」、「余り大きくない煎餅蒲団を柏餅[86]」、「低い天井には板も張つてなく、梁は幾年かの埃に塗れたまゝ露はに、壁落ち障子破れ[87]」ており、一冊の書籍もなく、弁当箱の蓋に煙草の吸殻が山盛り、棚の上に古新聞に包んだ襤褸、泥まみれの法被などが壁にかかっていた。あまりの惨状に記者は、部屋の隅にある「錦の袋に馬糞を包み、救世軍に表裏あり」との落書きを見つけ、「何と鋭い然も大胆露骨なる諷刺的楽書ではないか」と絶賛する始末であった[88]。

　さらに、宿泊客は、一一人が一二畳の部屋につめこまれ、「労働者の境遇に落ちてからは日の浅い、学生の悌を失はぬものが多[89]」く、「中学を卒業した者も、一人居りますし五年の中途まで行つたものもあれば四年三年位のものも」(90)いた。この部屋は「五号室」で、二階には他に四室、一階に一室があり総数六〇名ほどがいた。翌朝残った四人の宿泊者には、活動写真の道楽のあげく今では賭博をする堕落青年もいたが、彼らに対する士官の説教や訓戒などはなく、風紀は改善されていなかった。

他方、職業紹介は、求職票への記入も促されぬまま、電気人夫を勧められている。同じく新聞記者であった知久泰盛のルポルタージュによれば、東京電灯会社の場合、常傭と臨時で日々平均三〇〇人を使い、日当三五銭内外で、労働者は「労働者の家庭に育つた者は殆ど絶無といふ可く、お店者の失

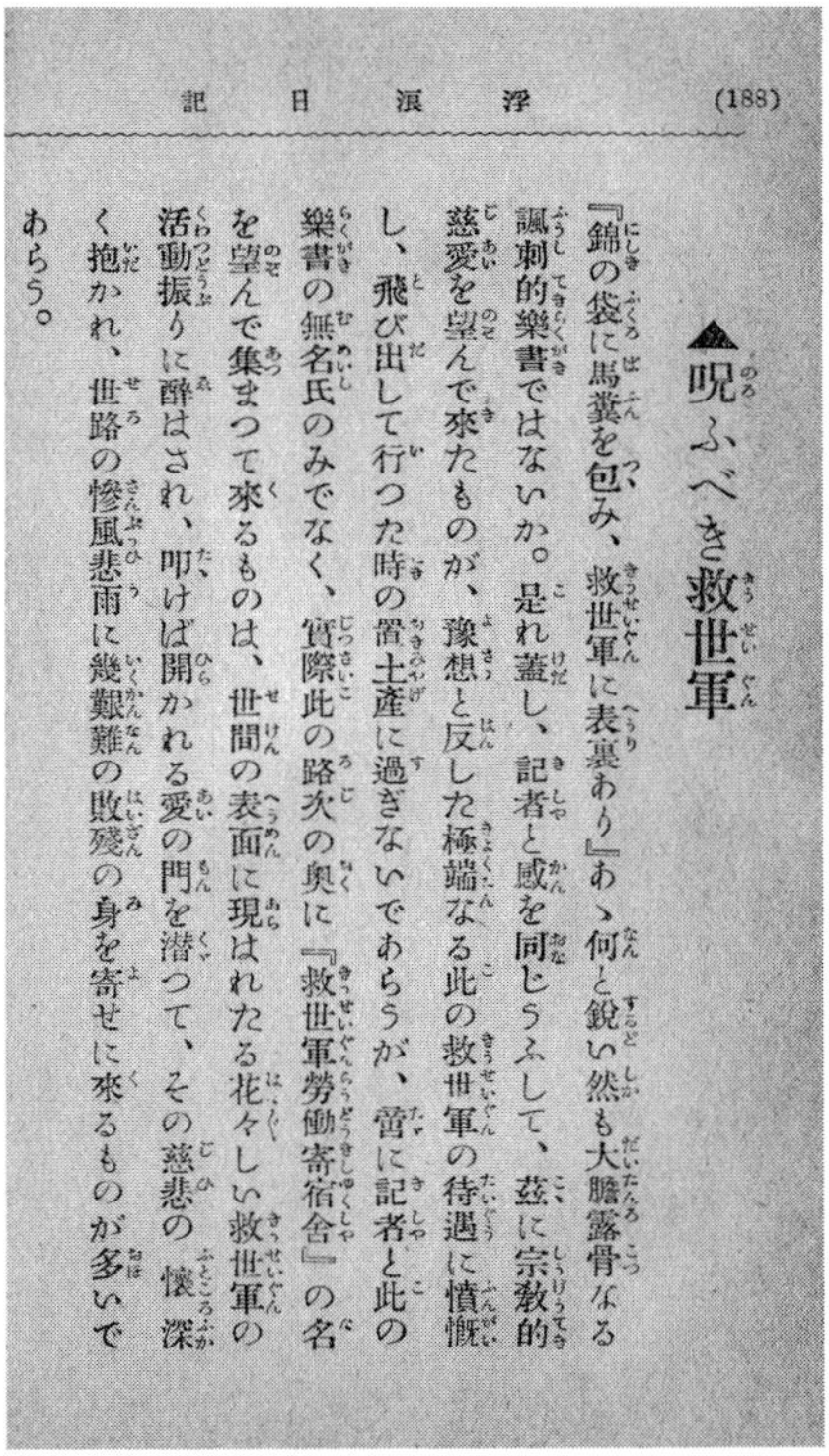
(188)　浮　浪　日　記

▲呪ふべき救世軍

『錦の袋に馬糞を包み、救世軍に表裏あり』あゝ何と鋭い然も大膽露骨なる諷刺的樂書ではないか。是れ蓋し、記者と感を同じうふして、茲に宗教的慈愛を望んで來たものが、豫想と反した極端なる此の救世軍の待遇に憤慨し、飛び出して行つた時の置土產に過ぎないであらうが、當に記者と此の樂書の無名氏のみでなく、實際此の路次の奥に『救世軍勞働寄宿舎』の名を望んで集まつて來るものは、世間の表面に現はれたる花々しい救世軍の活動振りに醉はされ、叩けば開かれる愛の門を潜つて、その慈悲の懐深く抱かれ、世路の慘風悲雨に幾艱難の敗殘の身を寄せに來るものが多いであらう。

救世軍第一労働寄宿舎に対する北浦夕村の探訪調査(北浦夕村『東都浮浪日記』より)

敗とか、田舎者のポット出とか、所謂苦学を標榜してゐる貧書生」[91]などであったという。

北浦によれば、早出は一銭五厘の追加、夜業は一時間三銭五厘、勤務態度がよければ三銭上乗せされたというが、ここには救世軍に限る特別な事情があった。救世軍の宿舎の青年には本給三五銭が札で払われ、救世軍では札から宿泊費を引いて支払うが、札一枚について「更に二銭づゝの口銭を先方から貰ふ」というのである。つまり「他の労働に従事する者の六銭よりは、〔事務員の〕三木さんの懐には五銭の客が大切」[92]だったのである。救世軍は東京電灯会社の人事担当者ないしは日雇周旋と通じて、労働者を提供して代価を受け取っており、利用者の便宜を図るよりは、金銭目的に自らの便宜を図っていたことになる。北浦の宿泊者への取材では、三木さんはその他の労働者には六銭も要求したともいう[93]。

これらの指摘に対して救世軍は、山室軍平自ら事実を認めて謝罪し、北浦に設備の改善や、収入に補助金を導入するなどを約束した返信を寄せた[94]。しかし、結局第一労働寄宿舎は一九一五年一〇月に閉鎖し[95]、以後、救世軍の施設は二つだけとなった。

労働寄宿舎の役割

このように明治末期にかけ、救世軍は水害地区と工業地区に二ヶ所の労働寄宿舎を新設し、青年層を中心に日雇・工業労働を紹介した。どちらの施設も三割程度の就業、帰郷者を生み、多くの青年を宗教的にも教化し、無謀な上京者や苦学生の受け皿となった。その後は独立奨励制度や結婚奨励など生活全般に関する支援も試みた。

この施設について、前述の青木は、「寄宿舎に身を寄せた青年の中で、現に相当の成功を遂げて居る者が決して少くない。但し成功した位の者は反て万事が然う奇抜ではないから、話にして面白いか否かは全く別問題[96]」と述べている。施設によって定業に就職できた者はごく一部であり、その他は日雇労働に従事しながら苦学を続けたり、その後何らかの形で就業したことがうかがえる。

ただし、統計を見ると、明治末期に三ヵ所をあわせてみても宿泊者総数はきわめて多いが、職業紹介は「日雇労働紹介数」が一九一一年に一万四八一九人、一九一二年に二万一四三四人であった一方、定業は一九一一年に三四人、一九一二年に一九人に過ぎない。つまり宿泊者の大半は浄土真宗の無料宿泊所とやや異なるものの、結果的には大多数が日雇労働を紹介されたに留まったのが現実であった。

すなわち、利用者層が若干異なったとはいえ、無料宿泊所と同様、周辺の工業地区の求人に依存し、結果的に都市下層社会への「回路」と化し、「救済」という名にふさわしい事業の意義を示せないという葛藤を抱え続けたのである[97]。

注

(1) 高橋昌郎「救世軍」(『国史大辞典』第四巻、吉川弘文館、一九八四年)二四〇頁。なお、組織は、万国本営をロンドンに置き、軍団本営を各国に置き、全体の統率者は「大将」、各軍指揮者は「司令」、その編成は「軍団」「連隊」「小隊」などに分かれている。「兵士」は一般教会の信徒にあたり、小隊は一つの教会にあたる。これらが地区別に統括されて連隊となる。

（2）東京府編刊『東京府管内感化救済事業一斑』（一九一三年）三七〜四〇頁。

（3）この名前は、旧約聖書に出てくる「ノアの箱船」にかけて付けたものであり、「せち辛き浮世の浪間に漂はされて、浮きつ沈みつ、あはや限りなき滅亡に行かんとする人々を、引受けて宿泊させ、やがて肉体上のみならず、亦霊魂上の救に入らしむる様、及び丈其世話をする所」という意味があった（「箱船屋（救世軍木賃宿）」『ときのこゑ』第二四三号、一九〇六年二月一日、三面）。

（4）「労働紹介部」（『ときのこゑ』第二六〇号、一九〇六年一〇月一五日、三面）。ここには救出された女中の手紙も紹介されている。

（5）「慶安（附労働紹介所）」（『ときのこゑ』第二四二号、一九〇六年一月一五日、三面）。

（6）同右。

（7）同右。

（8）「凶作地の子女の成行（労働紹介部の活動）」（『ときのこゑ』第二四八号、一九〇六年四月一五日、五面）。

（9）青木は一九四〇年に死亡記事が出ており、「最初の職業紹介所を設けた時、その担任者であつた。近年殊に救世軍の為に何彼と援助された」と紹介されている（『ときのこゑ』第一〇五九号、一九四〇年五月一五日、五面）。なお、救世軍士官の略歴の概要、救世軍年報史料については救世軍資料館館長朝野洋氏、宮本重勝氏よりご教示頂いた。両氏にはこの場を借りて厚く御礼申し上げる。

（10）例えば、「身を車輪になして奔走」（前掲「慶安（附労働紹介所）」）、「青木中尉の働き振りといふたら、会ふ人毎に感心しない者はない」（前掲「凶作地の子女の成行」）。

（11）前掲「凶作地の子女の成行」。

（12）山室軍平「労働紹介事業」（『読売』一九〇七年八月二九日付朝刊六面）。

（13）「社会事業図絵」（『ときのこゑ』第二七六号、一九〇七年六月一五日、六面）。

（14）ヘンリー・ホッダー編『弱者之友』（救世軍本営、一九一一年初出。『戦前期社会事業基本文献集』第二二巻、日本図書センター、一九九五年所収）二三頁。なお、四月初旬にこれらの救出者に関する発表がなされた後、労働紹介部には奉公先からの募集が増加したという。『ときのこゑ』によれば、商家八〇軒、工業家三〇軒、官吏三五軒、会社員三〇軒、その他一二軒に達し、このうち、婦人が奉公三人、会社員三人、工業家三人、商店九人、医師三人など四三人が多方面に落ち着き、男子も商家や工業家に一七人が落ち着いたという（前掲「凶作地の子女の成行」）。

(15) 一九〇六年末の『ときのこゑ』には、「今暫くしたならば、労働紹介部にて大に下女問題に力を尽すやう、新しき方面に向て運動する計画は既に熟して居れど」とある。しかしこれはその後実現していない（「労働紹介部の発展」『ときのこゑ』第二六四号、一九〇六年一二月一五日、四面）。

(16) 前掲「労働紹介部」。

(17) 「社会改良事業部めぐり／月島労働寄宿舎」（『ときのこゑ』第四三二号、一九一三年一二月一五日、六面）。

(18) 前掲『弱者之友』二九頁。なお、事業転換の直接の理由ではないが、本国の救世軍の職業紹介事業は、既にこの時期「授産場を設け、農業部を開き、殊に海外移民を奨励する」ことを実施していた。そのため、山室は、前述の『読売』で「之れから先きは横浜其他の地にも労働紹介所を造らうと思つて居るが、先づ差当り房州地方と連絡を付けるつもりである」（前掲「労働紹介事業」）と事業の発展に言及している。本国の影響は不明だが、山室がこうした理由からも事業発展の必要性を痛感していたことが窺える。

(19) 拙稿「明治期東京における苦学生活と支援」（『生活文化史』第六七号、二〇一五年三月）第一章参照。

(20) 前掲「社会改良事業部めぐり／月島労働寄宿舎」。

(21) 「神田の労働者寄宿」（『人道』第三二号、一九〇七年一二月五日）一三頁。なお、三吉明氏はこの点につき「女中寄宿舎が神田三河町三丁目の労働寄宿舎となり」としているが、間違いであろう（三吉明『山室軍平』吉川弘文館、一九八六年新装版、一八〇頁）。

(22) なお、『ときのこゑ』の記事によれば、篤志家の寄贈は二〇〇〇円となっている（山室軍平「箱船屋の新発展（承前）」『ときのこゑ』第三五九号、一九一〇年一二月一日、三面）。

(23) 救世軍本営編刊『日本の救世軍とは何乎　何を為しつゝありや』（一九一三年）四四頁（以下『日本の救世

軍とは何乎』）。救世軍資料館所蔵。「労働寄宿舎（失業者の避難所）」（『ときのこゑ』第三〇二号、一九〇八年七月一五日、四面）。施設の評価と収容者数六〇名が後者。その後、施設が劣化し、収容者数を減らした可能性もあるが詳細は不明である。

（24）前掲「労働紹介部の発展」。

（25）大正初期には、第一労働寄宿舎の「旧い出身者の一人である日本由藏大尉がここの担当となる（前掲「社会改良事業部めぐり」）。「大尉」はキリスト教伝道所の主任のことでいわば船長または親方、大尉を助ける者を「中尉」、その下が「少尉」、「大尉」の上に立つ者を「少佐」または「大佐」と呼んだ（前掲三吉『山室軍平』八五〜八六頁）。

（26）前掲「労働紹介部の発展」。なお、女子の対策としては、年代不明だが本郷区弓町に「女学生寄宿舎」が設置されている（前掲三吉『山室軍平』一八〇頁）。

（27）救世軍日本本営編刊『救世軍と日曜学校』（一九〇八年）五頁。救世軍資料館所蔵。

（28）職業紹介した例として、年の暮れから正月にかけて郵便局に多人数の集配人を送り込んでいる。これについて東京郵便局長野村徳から青木大尉宛に礼状が送られた（前掲『弱者之友』二六頁）。

（29）北浦夕村『東都浮浪日記：附就職難』（崇文館書店、一九一三年）二二〇〜二二一頁。

（30）「労働寄宿舎の三時間」（『ときのこゑ』第三四六号、一九一〇年五月一五日、三面）。おそらく引用された東京朝日の記事は鈴木文治のものと思われる。鈴木は同年東朝記者として「東京浮浪人生活」を連載し、その際に青木に便宜を図ってもらっており、青木大尉と「兼ねて昵近〔懇〕」としている（鈴木文治「東京浮浪人生活（九）」一九一一年一二月九日初出。総同盟五十年史刊行委員会編刊『総同盟五十年史』第一巻、一九六四年、八九七頁）。

（31）「労働寄宿舎（失業者の避難所）」（『ときのこゑ』第三〇二号、一九〇八年七月一五日、四面）。一九一〇年にここを訪れた東京朝日新聞記者（おそらく鈴木文治）は、月曜日の晩に、祈禱、聖書の朗読、大尉の講話などが行われているとしている（前掲「労働寄宿舎の三時間」）。なお、別の時期の探訪では金曜日の夜に行われている〔ふむばる〕（鈴木文治）「東京浮浪人生活（四）救世軍の帳簿」一九一〇年一二月一三日初出。前掲『総同盟五十年史』九〇〇～九〇一頁）。

(32) 第一労働寄宿舎からは本営留守役を勤めた中島猶吉や、後述する日木大尉など改宗者も出た（前掲『弱者之友』二六頁）。救世軍労働寄宿舎が改宗を目的にしていたわけではないが、そうした布教活動の効果も併せ持っていたことは事実であった。

(33) 『人道』によれば、毎日約三～四〇人に職を与えていたという（「労働紹介所」『人道』第二四号、一九〇七年四月一五日一二頁）。

(34) 前掲「労働寄宿舎（失業者の避難所）」。

(35) 『ときのこゑ』は、就業者を「最上の結果」、移動、引き渡しを「第二の結果」とし、不結果を「無効の者即ち不結果に終りし者」としている（「労働寄宿舎近況」『ときのこゑ』一九〇八年一一月一日、六面）。

(36) 例えば、鈴木文治「東京浮浪人生活（五）成功熱の犠牲」（一九一〇年一二月一四日初出。前掲『総同盟五十年史』九〇一～九〇二頁）など。

(37) 後述するように同所を探訪した時事新報記者北浦夕村は、仕事から帰った青年が部屋でゴロゴロして稼ぐことしか考えず、日々堕落している状況から、「労働者としての肉の糧は与へられたが、霊の光を失つて可惜前途を誤つたものは蓋し少くはないで洗〔あら〕う。記者は之を思ふて実に戦慄せざるを得なかった」（前掲北浦『東都浮浪日記』二二一～二二二頁）と批判している。よそへ移った人も細かく見れば救世軍の職業紹介事業の失敗とも見ることができるが、詳細は不明である。

(38) 前掲『弱者之友』二五頁。

(39) その後、この罰則規定は、一〇年に労働寄宿舎（第一か第二か不明）で、仮病対策として病気の人には他の寄宿者が五厘の見舞金を皆で出す「共同制裁」の形で行われた（内務省編刊『第三回奨励及助成感化救済事業一斑』一九一一年初出。社会福祉調査研究会編『戦前期社会事業史料集成』第一巻、日本図書センター、一九八五年所収、一一頁）。

(40) 東京朝日新聞記者だった鈴木文治が一九一〇年一二月に調査した際は、放蕩の末来所した一八歳の青年、苦学目的で職人の弟子となった同じく一八歳の青年、アブれた日雇労働者など「成功熱に煽られた地方の青年」が多かったという（前掲鈴木「東京浮浪人生活（五）」九〇一～九〇二頁）。

(41) 施設・年号は、三吉明『キリスト者社会福祉事業家の足跡』（金子書房、一九八四年）一五二～一五三頁参照。

(42) 例えば、内務省地方局編纂『地方資料　特殊救済事業及職工掖濟事業第十一編』（一九〇七年）によれば、救世軍は「其事績の挙くへきもの一二にして止まらす」、「貧者の保護に努むる所多し」と評価され、感化救済事業以前より注目されていた。以後、内務省編纂の類似の刊行物には同様の記述が見られる（内務省地方局編纂『地方資料　特殊救済事業及職工掖濟事業第十一編』一九〇七年初出。前掲『戦前期社会事業史料集成』第一巻所収、三四頁）。

(43) 例えば、『ときのこゑ』は、内務省の下付金について、「第一流の事業として特に金千円を与へられた位故充分信用して助くるに足るのである」と報じている（「克己週間と選奨金」『ときのこゑ』第三六五号、一九一一年三月一日、三面）。

(44) 前掲三吉『山室軍平』一九三頁。

(45) 同右、一九三、二一五頁。前掲「克己習慣と選奨金」。「感化救済事業経営者に対する奨励金または助成金交付」（東京都公文書館、六三〇・B四・〇三、府明Ⅱ明四五－一一）六四四コマより。

(46) 同右「感化救済事業経営者に対する奨励金または助成金交付」七〇七コマ。

(47) 同右、六四一コマ。

(48) 前掲『日本の救世軍とは何乎』八五～八六頁。

(49) この点は、後に神田労働寄宿舎が施設老朽化のため移転を計画する際に、奨励補助の調査書にも「収支ハ毎年不足勝チニテ常ニ本営ヨリ補助ヲ仰グノ有様」と記されていることから裏付けられる（前掲「感化救済事業経営者に対する奨励金または助成金交付」六六四コマ）。

(50) 前掲山室「箱船屋の新発展（承前）」。
(51) 大久保秀子『「浅草寺社会事業」の歴史的展開―地域社会との関連で―』（ドメス出版、二〇〇八年）六六～六七頁。
(52) 前掲『日本の救世軍とは何乎』三五頁。
(53) 前掲「木賃『箱船屋』の移転」。
(54) 同右。
(55) 前掲『日本の救世軍とは何乎』四三頁。
(56) 前掲「木賃『箱船屋』の移転」。「救世軍第二労働寄宿舎の開設」（『慈善』第二編第二号、一九一一年一〇月三〇日）六三頁。
(57) 前掲『弱者之友』三四頁。時期は不明だが、後に森清鹿夫大尉が担当する（前掲『日本の救世軍とは何乎』四三頁）。
(58) 「救世軍めぐり／尾崎市長其他の視察」（『読売』一九一一年一〇月二〇日付朝刊三面）。開所直後のためか、同記事では「労働寄宿舎箱船屋」と表記されている。
(59) 豊原又男編著『職業紹介事業の変遷』（職業協会、一九四三年）一一五～一一六頁。
(60) 「第二労働寄宿舎箱船屋（移転開館式）」（『ときのこゑ』第三八五号、一九一〇年一一月一五日、四面）。
(61) 前掲『日本の救世軍とは何乎』四三～四四頁。
(62) 前掲「救世軍めぐり」朝刊三面。
(63) 前掲『日本の救世軍とは何乎』八五～八六頁。
(64) 前掲『東京府管内感化救済事業一斑』三九頁。
(65) 風聞生「救世軍の労働寄宿舎独立奨励制度」（『人道』第九四号、一九一三年二月一五日）六頁。
(66) 前掲『弱者之友』五八～五九頁。
(67) 東京都中央区編刊『中央区史　中巻』（一九五八年）二二五頁。

(68)「月島労働寄宿舎／盛大なる開所式」（『ときのこゑ』第三八四号、一九一一年一二月一五日、五面）。
(69) 前掲「月島労働寄宿舎　盛大なる開所式」。
(70) 前掲「労働者の福音」。
(71) 前掲「感化救済事業経営者に対する奨励金または助成金交付」六五九コマ。
(72)「労働者の福音」（『読売』一九一一年一一月二六日付朝刊三面）。
(73) 前掲「社会改良事業部めぐり」。
(74) 前掲「救世軍の労働寄宿舎独立奨励制度」六頁。
(75) 前掲「社会改良事業部めぐり」。
(76)「月島労働寄宿舎／昨年一一月開館以来の事業」（『ときのこゑ』第四一五号、一九一三年四月一日、三面）。
(77) 前掲『東京府管内感化救済事業一斑』三九頁。
(78) 同右、四〇頁。
(79) 前掲「感化救済事業経営者に対する奨励金または助成金交付」六六〇コマ。
(80) 前掲『日本の救世軍とは何乎』八五〜八六頁。
(81) 同右、四六頁。
(82) 前掲「救世軍の労働寄宿舎独立奨励制度」七頁。この事業の良好な成績については、前掲「感化救済事業経営者に対する奨励金または助成金交付」六六一コマでも言及されているが、その際に準備資金の不足も指摘されている。
(83) 同右、一九〇頁。
(84) 前掲『東都浮浪日記』一八一〜一八二頁。
(85) 同右、一八四頁。
(86) 同右、一八五〜一八六頁。
(87) 同右、一九二頁。

(88) 同右、一八八～一八九頁。
(89) 同右、一九二頁。
(90) 同右、二一八頁。
(91) 知久泰盛『人生探訪変装記―戦慄す可き人生暗黒面の暴露―』（崇文館書店、一九一二年）三五二～三五三頁。
(92) 前掲『東都浮浪日記』二二一頁。知久泰盛によると、賃金三三銭のうち救世軍が宿代・食費を二〇銭差し引き、八銭を積立金としたため、本人には日々五銭だけが手渡されていたという（前掲『人生探訪変装記』三六一頁）。
(93) 同右、二二〇頁。
(94) 前者は同右、一〇八頁参照。後者は山室軍平編『救世軍の活動』（救世軍日本本営、一九一八年）四四～四五頁。なお、この点については非公開史料である同志社大学所蔵の山室軍平日記にも記載がある。
(95)「神田の分は、昨年十月、余り家が古く且つ狭くて便利が好くないので、一先づ之を閉鎖することゝなつた」（救世軍本営編刊『来たりて観よ』一九一六年、六四頁）。
(96) 前掲「社会改良事業部めぐり」。
(97) 本章で見た救世軍と特定の業者との癒着は、政治活動にも利用されていた。一九一四年のシーメンス事件の暴動に人員を調達するため、土木建築請負業者の前田大太郎が子分である救世軍の青木堅次郎に数名依頼したという（藤野裕子『都市と暴動の民衆史―東京・一九〇五‐一九二三年―』有志舎、二〇一五年、一二九～一三〇頁）。慈善・救済事業施設の政治的関係の解明は今後の大きな課題である。

東京模範紹介所紹介　廣告

▼社會政策は來一月より月二回（一日十五日）發行となり數萬部を印刷す
▼職業紹介は從來の職業世界に數百倍あらゆる階級に愛讀さる其効果多大

職あり人を求む

本欄は前十日間に於て傭主側より申込を受けたるも、內既に適當の人物を得て其需用を滿たしたる殘餘の分のみを掲載したるに過ぎざれば傭主側よりの需用は此外多數あるものと御承知ありたし

●店員●　年十五六身體强健住込小使壹圓五十錢上以當方金物小賣商店（一八一）

●集金員●　壹名入用年齡不問見習中七二圓本俸十五圓保證金を要す當方株式會社（一八七）

●男女●　勸誘員數名入用見習中は歩合後有給保證人要業務餘暇有當方株式會社（一八八）

●給仕●　壹名入用年齡十七歲位給料其他面談當方信託合資會社（一八九）

●書生●　一名入用年齡二十歲位住込給料三圓上勉學する事を許す當方某家畜醫院（一九三）

●建築●　製圖熟練の者年齡不問入用大至急給料本人腕次第當方建築製圖設計業（一九五）

●仲働●　女一名入用年齡十八九歲給料其他は委細面談溫順なるもの當方下宿業（一九六）

●女中●　一名入用年齡二十歲上三十歲迄住込給料三圓五十錢當方子供一人夫婦店員問屋（一九八）

●代書●　代理入用年齡二十上三十下初十二圓後三十圓能書家中學卒業者當方代書業（二〇〇）

●店員●　年齡十四五確實なる者住込給料委細面談保證人要出金出可當方卸商（二〇三）

●小使●　年齡二十歲前後篤實なるもの給料十圓住込に限る當方印刷業にして特種便宜有（二〇四）

●勞働●　者入用年齡不問住込通勤可日給一圓五十錢田舍出好委細面談當方土木請負世話役（二〇五）

●里子●　預度地方市內何れも可先方確實中流者希望子供本年四月生の者當方務人（二〇六）

●女中●　年齡二十四五田舍出確實者針の出來る者住込給料三圓以上當方十八金錺銀商（二〇九）

●寫眞●　製版技師手廿歲大阪技術熟達者月給貳十圓上五十圓外歩合付當方製版業（二一一）

●女中●　子供付年齡十七八住込給料三圓働次第增給當方本郷區內の務人（二一二）

東京模範紹介所の紹介広告（『社会政策』第 1 年第 9 輯，1911年12月）

感化救済事業が実施された明治末期には、宗教団体の施設として基督教青年会人事相談部、浄土宗労働共済会が、そして非宗教団体の施設として東京模範紹介所が新たに開所した。前二者は宗教団体の経営により、いずれも対象を限定した紹介事業として活動した。東京模範紹介所は民間有志が開業、その後板垣退助の社会改良団体である社会政策社が経営し、日本近代史上初めて階級別の職業紹介を手がけた施設であった。本章では、この三つの事業の試みと限界を明らかにしていく。

1　基督教青年会の人事相談部

青年会員と職業紹介

基督教青年会（Young Men's Christian Association を訳出したもので、ＹＭＣＡと略される）は、一八四四年にジョージ・ウィリアムズら教派を異にする一二名の基督教徒の青年たちによって青年層の啓蒙および生活改善事業のための奉仕機関としてロンドンに設立された。一八八〇（明治一三）年五月日本にはじめて東京ＹＭＣＡができ、同年一〇月に機関紙『六合雑誌』が創刊された。一八八九年、丹羽清次郎が第一代総主事に就任し、活動拠点を神田区猿楽町に移して英語夜間学校を開校し、神田美土代町には青年会館を建てた。『東京キリスト教青年会百年史』によれば、一八九二年に人事相談部の活動が始まったとされる。

もっとも、東京市が行った感化救済事業奨励金の調査によれば、一八九三年に「創立当初ヨリ会員ノ為業務紹介ノ労ヲ執リ[1]」とあるが、一九〇〇年の基督教青年会の機関誌『東京毎週新誌』第八七四・八七五号掲載の原胤昭「基督教徒慈善事業」によれば、基督教団体に職業紹介を行う事業はなかったとある。[2]正確な開始時期は不明だが、日清戦争前からの会員向け「人事相談部」がその始まりと推測される。一九二一（大正一〇）年に「東京基督教青年会職業紹介所」と改称、一九三五（昭和一〇）年頃まで社会的事業の一つの柱であった。[3]

青年会は、一九〇三年に財団法人化し（歴代理事長は三好退蔵〈大審院長〉、世良太亮〈海軍大将〉、片岡健吉〈衆議院議長〉、江原素之など）、「東京市及近傍ニ居住スル青年ノ間ニ福音主義ノ基督教ヲ宣布シ且心霊知識社交及ヒ身体ノ状態ヲ改良スル[4]」ことを目的に、一五歳以上の男子を本会員とする組織にした。

会員は、「青年会特別規則」に定められた信仰心を持ち、被選挙権を持つ正会員とそれ以外の準会員の二種類だった。会費が金六円で通常（正・准）会員、一年二〇円以上で維持（正・准）会員、一時に一〇〇円以上の寄付をした者を終身（正・准）会員と定めた。設立時点で「会員たるへき者」は六五〇人であった。

委員は、常置委員と特別委員の二つあり、その「執務」として、青年をして道徳上宗教上の感化を授け、「善良ナル下宿屋ヲ選ヒ或ハ職業ヲ得ルノ助ヲナシ」、理事の職務を補助する委員を選定、項目の一つに「職業ヲ求ムル青年ノ為メ其希望ニ従ヒ適当ナル職業ヲ見出シ且世人ヲシテ青年扶助ノ必要ヲ知ラシムルコト」が役割とされた。[5]人事相談部は、基督教に基づく青年の精神肉体の改善、改良を目的にした職業紹介を一つの「執務」として行うこととなったのである。

開かれた事業

人事相談部が一般の人も事業の対象としたのは、一九〇九年四月からである。一九〇二年には各宗派の教会堂が全国であわせて一一〇〇を超えるなど、キリスト教が都市文化にも影響を持ち始めており、廃娼運動や社会事業活動などの社会運動、改宗した知識人や、国家主体の価値観に対し個人主義的価値観を提起する青年層、既存の儒教的価値観、家父長制的家制度への批判を内在させた当時の自然主義文学や社会主義・無政府主義者などの思想界にもその影響が見られた。

とりわけ、日露戦争前後はクリスチャンであった内村鑑三の反戦論や、足尾銅山鉱毒事件を巡る青年会館の大演説会など、キリスト教による社会問題に対する批判は、同時代の知識青年層にも大きな影響を与えていた(6)。日露戦後の新世代の知識青年たちにとってキリスト教はそれほど異端ではなかった。人事相談部の一般解放も、青年層の獲得を目的に行われたと見てよいであろう。

人事相談部創設時の責任者は、青年会幹事の丹羽清次郎である。ただし、一九〇九年七月からは長沢禎蔵に代わっている。これは、丹羽が青年会の世界大会などに出席するために長期間洋行したためである(7)。以後、同事業は長沢が事実上取り仕切った。

毎日午前一〇時より正午まで、「各人の身上に関する一切の相談、精神上の問題或は職業の紹介等に就て」、神田区美土代町の青年会館で受け付けるとされ(8)、紹介者・紹介業種は限定されていない。

事業運営費は基督教青年会一般会計から補助金、寄附金として運営された。ただし、附帯事業のため収支報告書は作成されていない。後述するように、しばらくして収支決算の概要が補助金の下付に伴う市の実態調査で判明する。

当時の評判を見ると、「職業を求むるのが最多数で、中には身の振方に窮して相談に来るのもある」という状況で、毎月一二〇～一三〇名もの来所者がいたという。ただし、「其の中決定するのが先づ二割、随分教育ある者もあるが、唯だ何うも気位が高くて職業を選り好みするので困る」(9)と問題点が指摘されている。高学歴者が多く、ミスマッチが課題であったようだ。ただし求人先は不明であり、後述する幾つかの事例から会員のネットワークが中心であったと思われる。

人事相談部の実績を表**6-1**にまとめた。これによると開所三年の間に実数は倍増し、大正中期にかけて微増傾向になり、戦後恐慌を迎えて再度増加する。就職率は開所時に約二割前後であるが、戦後恐慌後は上昇している。大正後期は男性より女性の就職率が高く、これは高等教育を受けた女性が増加したためと思われるがそれ以外の要因は不明である。

また、表**6-2**は、対応した人数の月ごとの推移である。開所当初は一日平均三～六名の応対をしている。初対面者よりも二回以上の利用者が多いのが特徴である。これは求人の不一致か、短期就労により再度紹介を依頼するケースが多かったためと思われる。この特徴は以後も変わらない。

このように、人事相談部ははじめから知識青年層の受け皿として機能し、主に中商工業者へ紹介を行ったが、戦後恐慌まで就職率はわずかに二割前後であり、雇用のミスマッチが課題であった。

表 6-1　東京基督教青年会の人事相談部による職業紹介

	求職者数		使用人需要者数		紹介状交付者数		決定者数		決定者の割合（%）	
	男	女	男	女	男	女	男	女	男	女
1909	650		?		373		126		19.4	
1910	1,349		?		713		273		20.2	
1911	2,429		?		1,902		469		19.3	
1912	3,010		?		2,621		648		21.5	
1913	3,163		1,234		3,484		700		22.2	
1914	3,402	120	1,469	156	4,084	62	764	12	22.5	10.0
1915	4,181	162	1,810	210	4,100	81	789	20	18.9	12.4
1916	3,619	190	2,064	516	4,736	195	603	22	16.7	11.6
1917	2,740	140	2,259	565	4,508	125	627	18	22.9	12.9
1918	4,077	215	1,951	216	3,277	120	500	100	12.3	46.6
1919	—	—	—	—	—	—	—	—	—	—
1920	2,976	176	1,855	379	3,289	169	1,585	108	53.3	61.4
1921	16,599	—	17,907	—	16,599	—	16,599	—	100.0	0.0
1922	4,198	188	3,227	460	2,804	134	1,484	85	35.4	45.3
1923	6,164	311	5,289	1,345	3,343	203	1,669	113	27.1	36.4
1924	4,749	142	2,928	442	2,279	93	1,353	69	28.5	48.6

注：決定者の割合は，（決定者／求職者×100）の値を小数点第二位で四捨五入した数値。

出典：「感化救済事業経営者に対する助成金交付の件」（東京都公文書館，630.B4.03，948コマ）および東京市編刊『東京市統計年表』，東京府編刊『東京府統計書』各年度をもとに筆者作成。

表 6-2　東京基督教青年会人事相談部月別紹介者の詳細

		初対面者	2回以上	紹介数	決定数
1909年	1	—	—	—	—
	2	—	—	—	—
	3	—	—	—	—
	4	24	40	15	3
	5	26	40	10	3
	6	25	40	10	6
	7	62	80	30	13
	8	100	140	75	25
	9	104	140	70	20
	10	125	160	80	20
	11	102	185	43	16
	12	82	160	40	20
	合計	650	985	373	126
1910年	1	63	132	55	81
	2	77	131	56	10
	3	77	131	50	20
	4	94	185	78	20
	5	144	240	73	34
	6	141	214	64	37
	7	121	171	47	23
	8	80	146	82	15
	9	126	163	77	36
	10	240	130	50	35
	11	111	176	47	20
	12	75	125	33	15
	合計	1,349	1,944	712	346
1911年	1	103	125	59	15
	2	216	310	181	48
	3	115	209	85	33
	4	187	299	125	35
	5	179	303	132	36
	6	240	394	36	55
	7	131	207	107	30
	8	207	289	145	34
	9	243	360	173	38
	10	217	503	275	55
	11	269	434	206	49
	12	223	334	200	41
	合計	2,330	3,767	1,724	469

出典：「職業紹介事業助成の件及東京市立職業紹介所経費補助の件」（東京都公文書館，630.B 4.01，1102コマ）をもとに筆者作成。

水害と臨時の東京無料職業紹介所の開設

一九一〇年八月に関東地方など一五府県は未曾有の大水害にみまわれた。開設間もない基督教青年会はこれを受けて、被災者の救難部を設置、水害の惨状を活動写真に仕立てて各地方を巡業して寄付金を募り、附帯事業として一切手数料をとらない職業紹介部を、東京市本所区相生町三の七に設けた。[10] ＹＭＣＡ初の地域社会活動といえる。これは、翌年一月に「東京無料職業紹介所」として独立し、[11] 一時的に施設は二ヶ所になった。

無料職業紹介所の主任は、「筑後の人で、北海道で開墾事業を行つて居つたが、其後青年会に這入つて、慈善事業に身を投じ、水害当時陸軍の鉄船に便乗して慰問救済に尽力した瀬谷岩雄」と「西堀常太郎同常子と云ふ夫妻が補助を為て居るが、何れも基督信者[12]」であった。

決まりでは、受付時間は午前八時〜午後四時までだが、「仕事を為て居ながら、他に転職の途を求める手合が犇犇〔ひしひし〕と押寄せて来るので此頃では時間は無制限[13]」になっていた。

表に、「お求めになりたき方は一切唯で口入し升＝官省人夫数名募集。希望の向は至急申込まるべし、会社の職工募集、年齢十四歳以上十七歳迄五十名、身体健康なる男子＝職業紹介は一切無料です[14]」という看板を掲げたほか、求人を開拓するために「「仕事なく迷ひ来る者に、自活の途を与ふるを目的と致すものに有之候間、何卒事務員、雇人、職工、人夫等御入用も有之候はゞ、御雇入相成度云々」と云ふ引札を拵らへて、自身で市中へ配つて廻つた事が幾度もある[15]」となんでも行った。

求人は、近所に住んでいた徳富蘇峰が下女の周旋を申込んできたり、「別に二三人の世話を頼まれた[16]」こともあるほか、都内だけでなく「神戸、金沢、山形、秋田抔からも申込がある。地方から出京して今着いたばかりだと云つて飛込んで来るものは別として、手紙で照会して来るものには〔中略〕大抵は止めて居る[17]」状態だったという。

「申込人を雇主に紹介する場合には雇入られたら御一方を願ふと記した紹介状を持たせて遣る」やり方で仲介したが、警察からは「成るべく雇人口入営業の規則に準じて紹介をしろ、紹介したらば住込んだか否かは取調べて帳簿に記載しろと干渉され」た。紹介後も「当人は勿論雇主からも何の通知もないのさへ沢山あるから、一々取調べて明細に記帳して行く事は今の少人数では、差当り不可能な話」[18]という課題もあったという。非営利目的の職業紹介事業を対象とした規則は存在しなかったため、暫定的に営利事業の規則の準用を求められたのである。

四月の開所以来年末までに総計一〇四五名が来所し、紹介数は総計で九二四名に上ったという[19]。来所者は、水害で家族を失った群馬県の農家の一〇歳の少女が子守を志願しに来たり、「労働でなければ何でも可い」という者や、「砲兵工科学校へ入学の志望で勉学して居た」が家産が流され「苦学の目的で遥遥と上京した」という者[20]、結婚したがまだ歯科医学生で妻は看護婦の人や、新聞配達を希望する者、奉公先の主人に金棒で殴られて飛び出して来たと別の口を望む不良少年など多様な事例が見られた[21]。

開所後一年間の成績を新聞記事[22]で見ると、年齢は、二六〜三五歳までの「働き盛りの壮年最も多く」全体の二割を占め、二一〜二五歳までも一割九分と多い。出身地は東京、千葉、茨城、長野で、「市内に住する者は直接来所して依頼し地方の者は書状を以て依頼し来るを常とす」る傾向、女性はきわめて少なかった。

教育程度は、調査対象二八五名中、尋常小学程度二四名、高等小学程度一名、同卒業程度三九名、

中学卒業程度二八名、中学卒業一五名、専門学校卒業者一五名、外国語学校卒業一名、日本大学卒業生二名、工手学校生徒三名と知識青年層が半数を占めている。

ただし、全員が初めて就職するわけではない。「あらゆる商人の失敗者が多く職業の希望は学生上りが新聞配達、職工の内で鍛冶の覚えのあるのは電気機械工抔、聊か向上の意気込のある頼母しい」との報道がある。[23] 結果的に、「最も多く周旋させて居るのは果して職工人夫抔の労働者[24]」だったようである。東京無料職業紹介所は、水害後だったため、開所当初から知識青年層とともに無学歴者も扱い、紹介先は工場や商工業者が多かったのである。

吉川英治の事例

だが、東京無料職業紹介所は、紹介対象も業種も幅広かったものの、人事相談部と同様の実務的な矛盾も抱えていた。

この点は、若い頃東京無料職業紹介所を訪ね、後に大衆文学作家となった吉川英治の事例に顕著である。吉川は、当時流行の苦学生を志願する一人で、上京熱にかられ横浜から出てきたが、縁故やつてをもたない「裸一貫型」の苦学生だったためすぐに食い詰め、知人の紹介で相生町の相談部を訪れた。明治末期になっても東京に苦学生は多く、成功事例が新聞で報じられたり、堅実な自活方法を説く書籍は数多く出版されていた。彼らは苦学しながら高い学歴を得て好待遇や社会的上昇を望んだが、現実の厳しい生活の前に挫折することが多く、吉川もその一人だった。[25]

ふと町角の貼紙に「職業を求める方はお出で下さい」とあるのを見つけ、探して行くと、相生町三丁目の裏通りに、その家があった。見た所ただのしもたやでガラス障子が閉まっている。表の小さい板看板に、日本基督教会青年部職業紹介所とあった。多分間違いはあるまいと、おずおず訪れてみたのである。そして、はからずも出京の第一夜は、いや、それがもう年暮の三十日だったので、正月の四日過ぎ迄、ぼくは、ここの若いクリスチャンのインテリ夫妻が家庭的に営んでいた紹介所の二階に置いてもらったのであった(26)

吉川は、一九一〇年一二月三〇日〜一九一一年一月四日までここに滞在させてもらい、「食事は外のめし屋へ食べに出かけ、一回五銭か六銭で足りた。横浜では、小さい時から、教会にも折々は行ったことがあるので、若いクリスチャン夫妻とも、多少宗教的な話もできた」という。このほか雑用もし、前述の西堀常太郎と思しき「鼻下に優しい髭のある知識層らしいその主人」は、「『君ネ、勉強しながら働く口となると、実際はなかなか少ないんだよ。けれど、君なら保証して世話して上げられそうだから、きっと探して上げますよ』と、毎日、ぼくの職探しの為だけのように、どこかへ出かけて行った。そしてたしか正月五日だったかと思う、丸ノ内の或るパン屋へぼくを連れて行ってくれた(27)」。このように親切な個別的対応を受けていたことがうかがえる。

パン屋へ行ってみたが店主が不在で頓挫したため、「もう一軒べつな口があるが、そこへ行ってみるかとの話が出た。そこで急に気を変えて、こんどは紹介状だけを貰って、一人で行った。本所菊川町の小さい螺旋釘工場であった。五十がらみの素朴な工場主であった〔中略〕食事付き日給二十八銭、宿舎費はべつ。日曜は休む。仕事は午後五時半迄との事。何か自分の条件に合う気がしたので、すぐ使って貰うと決め、その晩から工場の二階に八、九人の職工たちと一しょに寝た」[28]。紹介部が苦学生志望の青年に対して、商工業の働き口を紹介していたことがよくわかる。

だが、この紹介の仕方と結果につき、吉川は次のようにも回想している。「ここの工場主もクリスチャンであった。つまり紹介先はみな日本基督教会のメンバーだったものだろう。工場での仕事は、至極単純なものだった。〔中略〕けれどこれが、毎日の夕方になってみると、全身労働にも劣らない疲労になる。晩の宿舎では、誰も彼もくたくたになっていて、およそ書物を手にする者などは一人もない。自堕落と不潔と無希望な沼に見えた」[29]。紹介先が必ずしも苦学生の希望に適うとは限らなかったようだ。

また、吉川に対する仕事の紹介の仕方を見ると、雇用先がどれも青年会員でそれぞれが個別に対応するため、求人の開拓がむずかしかった状況も窺える。事実、同年の各紙は「二人の事務員が足を棒にして奔走するも容易に適当の就職口を見出し難し」[30]と実態を描き、かつ同施設の欠点として、「求職者の頗る多き割合には需要先き至つて少なき」[31]点を批判している。東京無料職業紹介所は、青年会会員が自ら求人を探し、商工業を紹介していたが、なかなか見つからない非効率性と、単純労働が中心で雇用のミスマッチも避けられないという問題点があったのである。

知識青年層に限定した新規則

その後、東京無料職業紹介所は、時期は不明だが水害支援を終えたとして閉所し、本来の美土代町の人事相談部に統合された。このため、人事相談部の事業は、一九一一年頃より多忙になっている。表**6-1**で求職者の数を見ると、開所時の四倍ほどに激増している。表**6-2**の月別の変化を見てもそれがわかる。

この時期の人事相談部は、日曜日以外の、毎日午前一〇時から正午まで求職者の来訪を受け付け、希望者は備付の依頼申込書に姓名、年齢、現住所、本籍地、宗教、酒と煙草、履歴の概要、希望の職業、紹介者、面会の年月等を記したうえ、主任の長沢と面談をする。

そして、「成るべく適材を適所に置くと云ふ方針から求職者に適当すべき職業を詮索し其が見付つた時には其由を早速希望者の許に通知する、元より宗教的見地から行つ居る事業であるから報酬は一厘も受取らない、但し紹介のために費用を要する時には特に実費だけを請求」していた(32)。開所当時とほぼ同じ紹介方法である。

ただし、人事相談部はこの頃、次の規則を作成し、宗教事業としての方針を明確にしていた。

一、求職申込者は東京市内若しくは市附近の現住者たるべし
二、求職申込者は自筆の履歴書を持参すべし但本人の現住所、本籍地、氏名学歴、年齢、職歴等を記入するを要す

三、求職者は必ず保証書を持参すべし　保証人は東京市内或は附近の現住者にして相当の資格ある者たるべし
四、本部主任者の求職者に面談するは午前九時より正午迄にして出席順番による
五、求職申込者は先づ本部控室に入り番号札（定数あり）を取り求職申込書（控室に用紙備へ付あり）に夫々項目に従ひ記載し順番に相談室に入り主任者に面談の事
六、求職者にして本部に初めて申込む場合は申込備考欄の片隅に第一回と記入し二回三回を重ぬるに従ひ回数を記入し前回の経過を記入すべし
七、本部に於ては適材を適所に配置する心掛を以て求職者に適すべき職業を紹介するは最も希望する所なるも至急を擁するものは現在求人申込者より要求しある職業に就くを可とす此場合には控室掲示欄に広告しあるものを熟覧の上決定せらるべし
八、雑誌東京青年は毎週一回発行するものにて本部の機関雑誌なり之に広告する時は市内及全国最要所に知らしむる利益あり匿名と記名とは依頼者の随意なり但し求人申込者及職業紹介外の相談者にも適用するを得
九、求職者は紹介を受けたる場合是れが成否を口頭若しくは紙面にて速かに本部に通知すべし又求職者にして転居するか他方面に於て就職決定の場合に於て迅速に本部に通知するを要す
十、本部は求職者に雇主を紹介するのみなれば就職者雇主に対しては別に保証人を立つる事及其他必要なる手続を直接なすを要す

十一、就職決定の場合は自己の修養発展を感謝の精神とを以て青年会々員となり直接間接に青年事業に鞠躬尽力せらるべし〔後略〕[33]

規則の制定時期がこの頃と推定されるのは、東京市が行った一九一二年の調査報告に「本部規定ノ手続ニヨリテ申込ヲナシタル者アレバ主任ニ於テ一人毎ニ引見面談シ実地ニ就キ本人ノ希望来歴ヲ聴取シ以テ人物ノ如何ヲ試験シ其ノ適当ナルヲ認メタル者ニ対シテハ求人者ノ申込ニ照シ相当ナル職業ヲ紹介ス[34]」とあることによる。

表**6-1**でわかるように、規則が制定されても求職者の数はほとんど変わらないが、質的な面での変化が見られた。東京市が行った調査では、申込者の年齢は「多ク二十乃至三十才」であり、「比較的教育アルモノ其大部」で、「中学ヲ卒ヘタルモノ最モ多ク高等専門ノ学ヲ修メタルモノ亦少シトセス契約成立ノ職業亦従ツテ官公吏、会社員、店員等主要ナルモノニシテ所謂下級労働者ノ類ハ皆無ナリト謂フヘシ女子亦此内ニ包合セラル、ト雖モ其数極メテ稀ニ苦学生ハ夥多ナルモ條件付ノ希望多クシテ契約成立甚タ良好ナラスト云フ[35]」。すなわち、高等教育を受けた青年には官公吏や会社員、店員など近代的職種を紹介し、肉体労働などは一切紹介していないというのである。さらに苦学生や女性への紹介はほとんどなく、「高等遊民」や前職を持つ高学歴者が紹介の対象となっていた。

実際、紹介業種の内訳を見ると、一九一一年七月の段階では、「電気工業に四人、労働四人実業家店員四人、造花二人、薬局二人、新聞牛乳其他の配達七人、給仕二人、官省事務二人と云ふ成績を示して居る、月々に依つて紹介する職業に定まりはないが紹介された人々は概して忠実に其職務に尽して居るさう」だった。しかし規則の制定後は「此外中等学校教員等ノ所謂高等職業ノ紹介ヲナシタルモノ他ニ数件アリ」[36]、さらに「本部ニ於テ取扱フモノハ中学卒業若クハ同程度以上ノ学課ヲ修得シタル者多数ヲ占メ一般労働者ノ如キハ救世軍其他ノ団体ニ行カシムル方針ナリト云フ而シテ目下ノ状況ハ平均毎日申込者二十名内外ニ及ブ」[37]ようになった。一般労働者を救世軍などへ振り向けていることから、規則を制定して以降、人事相談部は、ゆくゆくは青年会事業を支える会員になりそうな知識青年を対象にしていったといえる。

東京市の調査報告をみると、青年会人事相談部の特徴がよくわかる。例えば、「簡易ナル修養書ヲ備付ケ自由ニ」読むことができ、就職が決まっていない人でも「何等カ精神上ノ慰安」を得るため無料理髪所を利用できた[38]。そして同会商工部と連絡して、雇主、商工徒弟就業者、申込者を「包括シタル慰安会ヲ開キ名士ヲ招請シテ一場ノ講演ヲ聴カシメ兼ネテ相互ノ親睦及就職上ノ機会ヲ得シムル等用意周到」[39]だったというのである。

ここから市の調査員は「職業紹介其他ニ対シ感謝ノ意ヲ表セントスルモノニ対シテハ青年会員タランコトヲ勧奨シ或ハ有形無形直接間接各自欲スル所ニ従ヒ相当ノ尽力ヲ求メ畢竟青年会ノ目的ヲ遂行スルノ一手段トモ見ラレサルニ非ス」[40]との感想を記している。人事相談部は、青年会事業の発展を目的にした宗教事業と見なされていたのである。

ただし、貧困からくる社会不安を融和する役割は政府に高く評価され、一九一二年より感化救済事

表 6–3　東京基督教青年会職業紹介部の事業経営

	職員数	収入	支出	所用地坪数	収容者坪数
1912	7	1,350	1,350	—	—
1913	5	—	—	—	—
1914	4	1,603	1,603	—	—
1915	4	1,548	1,548	—	—
1916	4	1,548	1,548	—	—
1917	4	1,674	1,674	7	—
1918	4	1,680	1,680	7	—
1920	9	1,954	1,954	30	15
1921	7	2,347	2,347	18	12
1922	7	1,568	1,568	18	12
1923	3	1,780	1,780	—	5
1924	3	2,505	2,505	—	5

注：統計中数値未掲載な箇所は「—」とした。
1912年度以前及び1919年度は管見の限り史料がない。
出典：前掲「職業紹介事業助成の件及東京市立職業紹介所経費補助の件」1104コマ，東京市編刊『東京市統計年表』，東京府編刊『東京府統計書』各年度をもとに筆者作成。

業の補助金を交付されるようになった。施設の諸経費は、青年会の会計から出していたが、この年三月二九日に内務大臣より下付された三〇〇円は一般経費として消費してしまったという[41]。同年の支出額は、一三五〇円（事務所費三〇〇円、主任者給料三六〇円、補助者及給仕手当三〇〇円、印刷費通信費其他雑費二四〇円、週刊東京青年会週報ニ対スル本部負担高一五〇円）で、事務所費など固定費が半分を占めていた[42]。一九一三年の経費予定額は五四〇円[43]だが、翌年以降の経費を見るとそれで収まったとは思われない。

職員数は大正中期にかけて漸減し概ね三~四名で推移している。収入支出は常に同額のため、収支決算書とは思われないが、事業規模は一九二〇年にかけて増えていった。

人事相談部は、水害後の一時期は地域活動を行ったものの、明治末期にかけては吉川英治のような苦学生の増加と一般経費の増加に苦慮し、内務省の奨励補助金を得た時点で規則を定め、青年会員だけに職業を紹介するなど、限定した形で社会貢献するよう方針転換した。この意味において都市下層社会とは直接接点を持たない、初めての公益事業であったといえる。

2　浄土宗の労働共済会

浄土宗と渡辺海旭

政府の感化救済事業のもと新設された公益事業には、青年会のように従来のものとは差別化をはかりつつ西欧の公益事業を参考にした独自の施設もあった。

労働共済会はそうした施設の一つである。一九一〇年、ドイツより帰朝した新仏教徒同志会の中心メンバー渡辺海旭は、わが国の労働者がほとんど保護されていない現状に愕然とする。そこで一九一一年の宗祖・法然上人七〇〇年遠忌（または御忌）を契機に、天皇から宗祖が「明照大師」の称号を賜る返礼として、回向院の本多浄厳と協力してこの事業を始めたのである。

労働共済会は、仏教団体では浄土真宗の無料宿泊所に続く職業紹介所で、主に日雇労働者を対象とした。創設者の一人である渡辺海旭がドイツをはじめ西欧の慈善施設の研究を重ね、それを意識した取り組みをした点で革新的だった。

そもそも浄土宗では、明治以後、多数の寺院や仏者が救済募金活動や監獄教誨事業、養老、貧児教

渡辺海旭（1872–1933）。留学時代の写真（前田和男『紫雲の人，渡辺海旭』ポット出版，2011年）。

育などを実践し、浄土宗開祖を記念する年に宗門を挙げて全国で伝道活動を行ってきたものの、社会問題と関わる慈善・救済事業はしていなかった。今回このように浄土宗は感化救済事業と手を携えて慈善活動を展開し、労働共済会も設立したのだった。

　共済会を設立するまでの経緯について、先行研究を参照しよう[44]。ドイツで一一年間の研究を終えた渡辺海旭は、一九一〇年九月頃、市養育院の安達憲忠や、同年八月の水害で率先して救護活動を行った深川、浅草、下谷の浄土宗寺院の住職たちとともに施設の設立を検討し始めた。市養育院の安達憲忠と小石川伝通院の末寺真珠院は「労働保護組合」をつくって「仲介者が頭を刎ねるやうな悪弊を一掃」しようと提案した。これを受けて[45]、「浄土宗労働保護会協議会」が結成され、深川に土地を求め、安達の指導のもと養育院の村瀬が監督に当たることが決まった。そもそも浄土宗労働共済会は無料宿泊所同様、市養育院の安達が関与し、労働者の保護を図るための事業だったのである。

　深川区西平野町に家屋を購入することになり、一九一一年二月下旬には労働共済会という名称も決まった。施設が「六割」完成した三月一六日に発起人協議会が開催され[46]、「八割」完成した同月下旬には雄谷俊良理事が「各寺院檀徒の重なるもの丶職業調査をなして労働紹介其他の準備」をした。そして村瀬戒興理事が市養育院に勤務しながら、改築中の施設に起居した。[47]「趣意書」と「規則」も作成し、本部を芝公園の大本山増上寺に置き、支部を深川区西平野町一番地とした。施設のある西平野町は都市下層社会に典型的な寺院が密集する地区で、なおかつ深川警察署と隣接する土地であった。

労働宿舎の事業体制

では、実際の運営はいかなるものであったか。まず、「規則」(一九一一年四月)[48]を見る。設立趣意書によると、文明国においては労働者の支援と生活保護事業が必要とされており、「健全なる国家文運の根基を培養し、社会福祉の増進を計る」ことが重要であるが、貧富の格差、「下層就職の困難、生計の苦痛、次第に悲惨を極め、道義の壊敗罪悪の横行」が起こり「危険凶暴の思想を激成」している。そこで「資力甚乏しく、経験実に浅しと雖も、此愁眉の危急」に際し、宗祖七〇〇年の遠忌にあたって浄土宗労働共済会を設置するとある。

第一条では名称と設立の理由が述べられ、第二条には本部を芝公園大本山増上寺、支部を深川区西平野町の家屋に置くと明記された。第三条では「目的及事業」として、「労働者ノ生活状態ヲ改善シ向上ノ気風ヲ振興スル」ために、①労働宿舎、②飲食物実費給与、③幼児昼間預かり、④職業紹介、⑤慰安及び教訓、⑥廃疾者救護手続、⑦住宅改良、⑧その他必要な諸事項を行うと謳っている。

これらの事業は、「事業ヨリ生ズル収入及会員ノ喜捨金其他ノ収入ヲ以テ支弁」するとし、第四～

表 6–4　浄土宗労働共済会の事業経営

	1913	1914	1915	1916	1917	1918	1920	1921
職員・雇員数	7	7	9	9	9	10	6	6
収入	6,475	5,153	6,210	6,121	5,605	7,452	3,624	6,744
支出	7,502	6,437	6,210	6,121	5,605	7,405	3,624	6,744
敷地坪数	125	120	125	125	272	283	272	276
建物総坪数	39	39	39	39	249	202	249	248

注：1919年度は統計が存在しない。
　なお，収入支出は表6–5の『労働共済』数値と一致しないがそのままにしてある。
出典：『東京府統計書』各年度版をもとに筆者作成。

九条で会員制度を定め、名誉会員、創立会員（創立費を喜捨する人）、正会員（提起に維持費を喜捨する人）、賛助会員（臨時に金品を喜捨して援助する人）からなり、会長・副会長一人、評議員三〇人、会計二人、理事・顧問を置く組織となった。無料宿泊所が明治末期に組織化したように、当初より財政基盤を確立するため会員制で運営しようとしたのである。

　事業は五月一日より正式に開始され、七月一日の開所式には、第二無料宿泊所の沼波政憲、田代義徳三井慈善病院長、渋沢栄一、留岡幸助など内務省や同業者一三五人が列席し、会長堀尾大僧正の読経と各位の演説があったという(49)。

　開所時の建物は五棟、正面一階に事務室、食堂、印刷部が置かれ、印刷機三台と、職工六名がいる。二階は郵便配達夫の宿舎である。木賃宿とは異なり通風・採光に留意した平屋二棟には一五〇人まで収容できる労働寄宿舎のほか、食堂・浴室も併設された。聖像を置いた壇場のある一五〇人が入る講堂、衛生・治療設備の整った病室・診療室もあった(50)。経営の概略は表**6–4**のとおりである。

　職員数は一九一四年まで七人で、収入よりも多少支出が多い。浄土宗労働共済会は従来の救世軍や無料宿泊所と比べると会員制度だったため、表**6-4**と**6-5**が著しく数値が異なることを差し引いても、経営は安定していたと考えられる。表にはないが、深川区から一九一二年洲崎大火の罹災者事業に二〇〇円の下付があり[51]、本宗からの一〇〇〇円の寄附金[52]、御大礼記念恩賜金八〇円[53]のほか、増上寺からの補助もあった[54]。表**6-5**で支出の内訳を見ると、一時的な災害復旧費や負債の償還、浮浪人救与費などを除くと、需要品費と手当及雑給が多く、施設の維持と管理の占める割合が高い。

このように、細民の集住する地域では宿泊施設が緊要であり、浄土宗労働共済会は「労働者保護の観点を濃厚に」持っており[55]、会員費がそれほど高額でないのは宿料や宗派の支援がある程度見込めたためといえよう。先行研究によれば、他の施設と異なって、浄土宗労働共済会は無料宿泊所や救世軍のような「慈善」や「救済」を嫌い、「共済」を思想的根拠としていた。これまでの慈善・救済事業の限界を「早い段階で見抜いていた」のであり、無料宿泊所のような「施与主義」ではなく安価でサービスを提供する「社会事業の考え」であったと解釈される[56]。ただしこれは自助努力で生活を律し、健全性を求める点で、心身の健康でない貧困層にとっては利用しづらい施設であったといえよう。

宗派や近隣地区からの紹介

では、その事業実績はいかなるものだったか。浄土宗の機関紙である『浄土教報』を見ると、開所後の成績は良好で、一ヶ月で宿泊者五二人、飲食実費給与一八八一食分、職業紹介は雑業一〇人、勧

表 6–5　浄土宗労働共済会の収入・支出詳細

1915	1916	1917	1918	1919
1193円380銭	—	3768円88銭	1226円33銭	1528円54銭
180円7銭	—	174円93銭	163円38銭	65円17銭
230円45銭	—	691円20銭	671円50銭	624円50銭
752円47銭	—	116円	117円63銭	263円7銭
—	—	150円	130円	70円
—	—	50円	80円	50円
—	—	—	315円75銭	147円63銭
—	—	665円9銭5厘	4677円90銭	263円7銭（雑収入）
—	—	—	—	
2356円37銭		5615円42銭5厘	7382円49銭	2746円91銭
247円80銭		719円50銭	838円6厘	1041円90銭
716円4銭5厘		4323円20銭	1612円44銭	（通信費67円73銭,
785円50銭5厘		85円18銭5厘	33円86銭	印刷費266円99銭,
90円79銭		67円58銭	27円10銭	備品費96円33銭,
18円8銭		21円72銭	28円22銭	賃貸費620円85銭,
61円34銭5厘		266円92銭	63円51銭	燃料費122円5銭,
239円48戦5厘				点灯料217円58銭,
3円19戦5厘		1円15銭5厘	36円7銭	消耗品など他313円
9円24銭5厘		50円94銭5厘	34円57銭	48銭）
750円		—	424円66銭	
—	—	—	4284円	
2923円49銭		5615円42銭5厘	7382円49銭	2746円91銭
567円20銭	不明	0円	0円	0円

風水害復旧費
により食堂部と分離している
京市社会局編刊『東京社会事業名鑑』（1920年）をもとに筆者作成。

	1914
収入	
宿料	263円61銭5厘
会費*1	100円81銭
寄附金	253円10銭
雑収入	37円63銭5厘
内務省助成金	—
東京府下付金	—
補助金	—
借入金	200円
繰越金	32円30銭
総収入	909円74銭
支出	
手当及雑給	49円30銭
需要品費	184円20銭5厘
雑費	17円31銭
修繕費	24円77銭
慰安救済費	
施療救護費	17円53銭5厘
浮浪人救与費	
利子	20円15銭
臨時費*2	34円96銭5厘
負債償還	120円
その他*3	408円38銭
総支出	876円7銭5厘
損失	なし

注1：1914年度は発起人負担
注2：1914年は税費
注3：1914年は食料費，1918年は
注4：1915年は宿舎部会計。年度
出典：『労働共済』各年度及び東京

誘員一人、集配人一人で荷揚運搬、掃除夫、土木手伝、職工もいたという。[57] 以後、恒常的に一〇〇人弱の宿泊者を抱え、[58] 一〇月末には二一〇人の労働者が食料の実費を与えられ、[59] 一一月初旬には一一七～八人の入舎者が「身心健全に労働し居れり」[60] とある。さらに、貯蓄を奨励した結果、商業に就く人や帰郷者など一〇数人が出たという記事もある。[61]

宿泊所は一泊五銭で、寝具二枚、蚊帳なども貸与した。一九一二年の東京市の調査では食費一五銭、初心者は「通常室」に宿泊するが、常連になると順次上の階の「特別室」に移動し、その後改良「長屋」へ移住するという。[62] 翌年の詳細な東京市の調査によれば、宿泊料一日六銭、食料一六銭、入浴料一銭の合計二三銭、さらに入舎時に金銭が無い者には仕事着その他を貸与するがその後は金は貸与し

表 6-6　浄土宗労働共済会の宿泊者・職業紹介者数

	宿泊者（延べ人数）		求職者数		求人数		就職者数	
	男	女	男	女	男	女	男	女
1911	18,918	—	671	—	571	—	565	—
1912	31,935	—		—		—	—	—
1913	—	—	—	—	—	—	—	—
1914	32,649	—	—	—	—	—	—	—
1915	29,579	7	974	4	363	4	665	4
1916	35,059	—	851	1	515	6	413	1
1917	31,129	—	916	1	569	3	476	0
1918	18,119	—	815	0	779	2	728	0

出典：『東京市統計書』各年度版をもとに筆者作成。
1911年は浄土宗労働共済会編刊「自明治四十四年五月六日至明治四十四年一二月三一日報告第一」東京都公文書館「職業紹介事業助成の件及東京市立職業紹介所経費補助の件」630.B 04.01，1124〜1125コマ，1912年は「感化救済事業経営者に対する助成金交付の件」東京府公文書館，630.B 04.03，714コマをもとに筆者作成。

ないとしている。[63]一九一二年三月の洲崎大火では一時的に三〇〇人超を収容することもあった。[64]表**6-6**を見るとわかるように、延べ宿泊者は二万人程度から三万人程度へ増え、利用者は多い。年度末にはたいてい一〇〇人前後が宿泊しており、単純労働者が仕事にアブれる冬季を中心に多くの人が宿泊していたようである。

食事は三食で一五銭（弁当箱貸与）で、後に二二銭まで値上げしたが、救世軍や市紹介所より廉価であることから「労働者間に信用を博する」[65]と自賛している。また、教化については、報恩講話会を開催したり、一九一一年六月には宿泊者に貯蓄を奨励した。実業家や工場経営者との懇談会や宗教法話の会を開いて勤労意欲や宗教的教化を促すことが多かったようである。[66]

職業紹介事業は、東京市の調査によれば、開所当時は「予メ契約セル諸官署、会社、工場、個人等ヨリ申込来ル日々ノ需用数ニ応シテ人夫ヲ供給スルニアリ」、定職に就かせる場合は「先ツ浄土宗檀信徒間ニ斡旋シ延テ一般社会ニ紹介スルコトトシ特ニ貯金ノ契約ヲ為サシムルノ外職業紹介料ヲ徴セス」(67)とある。明治末期における無料宿泊所と同様、原則としては日雇労働が多いが定職に就く可能性もあった。しかし定職の求人は宗派の支援を受けて探すのにとどまっていたようである。

仕事が見つからない人には、軽印刷機での授産事業（東京市内の寺院などから注文を受けて職工六人で印刷）、一九一二年四月からは蒟蒻の製造販売を世話し、一九一三年六月にはガーゼ・脱脂綿などの製造販売も行った。市養育院や宗教大学、区内実業家が購入してくれて(68)、事業は免囚保護事業としても活用され(69)、銀座資生堂の薬剤師が指導者として招聘され本格的な事業となった(70)。

浄土宗労働共済会の役割

このように浄土宗労働共済会は、特定の官公庁や営利事業と提携して職業を紹介し、労働者にも互いに紹介しあうよう自助努力を強く訴えた。その意味では、西欧の影響を受けているとはいえ、浄土真宗の無料宿泊所や救世軍と大きな差はなく、利用条件だけが厳しい施設であったといえよう。ただし、営利事業と競合を避けた結果、求人は慈善・救済事業に理解のある官庁や会社、工場、宗派関係者のみに限られていた。宗教色の強い限定的な公益事業であったといえる。

実際、一九一四年には、「失職者三々五々隊をなして哀願」にき、救世軍宿舎より工場失職者一〇数人が移り住んでくるなど「恐慌の態」となり、製鋼会社や東京紡績会社などと交渉しようやく一時的にしのいだ。[71] だがその後も求職者の需要に対して求人の供給はかんばしくなく、増上寺建築局で一〇人近く使ってもらえる程度しか開拓できず、「職業の紹介等も甚だ少数」「供給の余力があっても需要が皆無なので如何ともする事が出来なかった[72]」。

一九一五年には宿舎内の一失業者が共済会の機関誌『労働共済』に次のような記事を投稿している。一ヶ月のうち一五日以上稼ぐ人は「余程の好成績」であり全体の二割程度、一〇日内外が全体の半数程度、一〇日内外が三割で、一日に三度食事をとることができず「煎餅布団の中から金火箸の様に痩細つた腕をさしあげて、頻りに唸つてゐる」人もいる。そしてこの人は「これで活動が出来るか、向上の道が辿れるか」と会の運営を批判しているのである[73]。こうした現場の声を機関誌に反映させることで支援を得ようとしたのだろうが、この前ページには、申込者が多数来所したにもかかわらず「就職口少ナク不得止相当ノ金銭ヲ与ヘテ謝絶[74]」したという記事もあり、苦境に立っていたといえる。

このように共済会は第一次世界大戦が勃発すると、不況に見舞われ多数の求職者が来所したものの、求人が限られたこともあり、大規模な運営はできず[75]、都市部の工業労働を主に引き受けて、勤勉な労働者の生活支援を行っていったのである。

3　非宗教・非営利の東京模範紹介所

既存の事業を否定した新施設

浄土宗労働共済会と同時期に、公益事業として前例のない職業紹介事業を始めたのが、東京模範紹介所であった。

模範紹介所は、一九一一年八月一日に京橋区畳町二番地で開所し、創立者は、南極探検後援会の幹事であり移民事業の経験もある堀内静宇、関西水力電気会社社長・京都電鉄の重役を歴任した資産家の佐野正道、および国民新聞の山口国太郎の三人であった。

堀内は後に、「此の考を起した時に、佐野正道君、山口国太郎君の二氏が賛成せられ、是れ等の人々と共に八月一日から遂に開始した[76]」と語っている。当時のメディアから、「今まで此処に掲げて来た職業紹介所は凡て基督教とか、救世軍とか、仏教とか、孰れかの宗教に属する宗教家或は宗教に依りて経営せられて居る者であるが茲に一つ全く宗教家の手に依らぬ職業紹介所が〔中略〕創設せらるゝに至つた[77]」と評されている。京橋区は貧民窟があるものの、近世以来商業地だったため、事務職などの需要があると見越してここに設立されたと推測される。

堀内は設立にいたった理由として、次の三点をあげている。第一は、旧来の口入屋の弊害を正したいと考えた。職業を斡旋する機関は現在「極めて不完全」で、口入屋しかない。しかし、「口入屋は何れも品性のない奴ばかりであるから、その間には種々の弊害を生ずるに至つた。徒らにコミッションのみを多く貪ると云ふ風であり、又被傭者たる婦人などに対しては、往々是れを瞞着して堕落せしむると云ふ風があつて、一般に仲介機関なるものが極めて不完全であつた」。しかし、各種の事業、企業が勃興してきたから、多くの人が必要になる。これでは「不都合」である。

そこで、「従来の桂庵的弊害を打破すると同時に、雇主と雇人との間に便宜を計りたいと云ふのが、此の模範紹介所を設置した一つの理由」というのである。第二に、高等教育を受けた人々で職のない「高等遊民」のために「職業を得せしむる方法を講じやうと云ふ」ため、第三に西欧諸国で社会政策の一環として設立されているのに倣うためであるという(78)。

第一の口入屋については、第一～三章で見たような問題があり、第二の点については青年会人事相談部が実施していたがまだ不満足であった。さらに、一九一一年は学制改革と大逆事件を背景に危険思想化すると懸念されていた「高等遊民」が無料宿泊所などにも来ていたことから(79)、対策の必要性を感じていたものと思われる。都市下層と接点を持たず、従来の職業紹介所とは目的も対象も異なる施設であった。

開所に際しては一部のメディアが注目した。例えば、『萬朝報』は開所前日にこれを取り上げ、「無知を嘆じ失業を悲める子女に相当の職業を得せしめんが為に欧米に行はるゝエンプロイメントエキスチエンジの制に倣ひ」、「社会各階級に通ぜり」との期待を寄せた(80)。また、後述するように『二六新報』では鴨村生（東京市養育院事務員の市場鴨村）が東京の慈善事業施設を扱った記事で紹介している。

事業の要綱

ここで、東京模範紹介所の要綱を見てみよう。

△本所は上は自由職業より下一般労働に至る迄総て之を取扱ひ更に業務の発展に依り鉄道鉱山及び各種の農工業に要すべき大労働並に人口政策実行の方法として内外移民事業にも着手する事あるべし。

△本所は又附属事業として地方人士の為めに学校の選択紹介入学手続の代弁並に一般結婚の媒介等人事に関する有ゆる紹介にも従事すべし。

△本所は調査部を置きて常に各方面に於ける人物需給の関係を明かにし又労働状態を精査して之が改善発達を図るに注意すべし。

△本所は地方部を置き常に人物供給の余裕ある地方と連絡して地方人士の出でゝ中央に職を求めんとする者並に中央に於て特に地方人士を需要する向の便益を図るべし。

△本所は業務の発展を俟ちて労働者其他孤独頼るなき者の為め別に宿泊所を設立し実費宿泊を許して以て就職を待つ者に供与すべし。

△本所には別に業務案内なる小冊子ありて一読婦人小児にも其業務の詳細を了解スルを得べし申込次第何人にも無料にて交付すべく郵送を要する向は郵税二銭を添へて申込め。

△東京模範紹介所は東京市京橋区畳町二番地にあり。(81)

職業紹介の対象は、以下の三種に大別されていたようである。

甲種（自由職業）官公吏、会社員、銀行員、教員、医師、事務員、商店員、書記、海員、学僕等
乙種（普通労働）看護婦、従者、馬丁、車夫、医丁、集配夫、諸職人、三助、下男、小間使、乳母、仲働、下碑、子守、小僧等
丙種（大労働）鉄道、鉱山、土工其他一般の工夫人夫[82]

あくまでも創立の趣旨に従って、知識階級の職業が上位の「甲種」として位置づけられ、それ以外の職業は「乙種」「丙種」と下位に位置づけられている。

要綱に記載されていないが、紹介の手数料は当初有料であった。当時の新聞は、「専ら社会の利益、公衆の都合を本位として居るから料金なども桂庵と違ひ単に依頼者の中より職業紹介の決定したものから実費だけを請求する」と伝えている。だが、これは、「桂庵が事の成ると成らざるとに拘らず依頼と共に料金を徴集するのとは大いに趣きを異にして居る[83]」という。

事務は、「雇主の方の申込は葉書か電話で一寸申込めばよし事に依つては一報次第当所の事務員が出張することになつて居る」一方で、「被雇人の方は是非とも本人直接当所に足を運ばなければならぬ、但し取扱事項は秘密を守つて決して外間に漏らす様のことはなく且つ本人の希望によりては一々別室に於て応対する」ことになっていた。受付時間は日曜祭日を除いて毎日午前八時から午後五時までであり、「雇人と被雇人との便利を計るため」に九月三日から週刊新聞を発行すると書いてある[84]。
残念ながらこの新聞が現存するのか不明であるが、一部の求人求職情報は機関誌『社会政策』に掲載

されている。模範紹介所は、手数料は有料ではあるが、平日にあらゆる職業を紹介する施設として運営を始めた。

開所してしばらくした状況は次のとおりである。まず、申込者は「自由業希望者が実に其六割」であった。求職者は大抵「中等教育程度の素養のある人で中には往々大学卒業者とか立派な経歴を持つて居る人」だったという。その他の四割の人々は、小僧、書生希望、労働、雑業が各々一割であった。女性は少なかった。一七五〇人のうち女性は五〜六〇人であったが、教育程度は女学校に三年ほど通った人が最も多く、希望も女事務員が多数であった。

しかし求人は少なかった。一七五〇人の申込者のうち就職が決まったのは「僅かに五十人」であった。内訳は、帳簿簿記が一〇名、労働者が一四〜五名、外交勧誘が一四〜五名、書記が六名、小間使・仲働が四名であった。給料が一番高いのは帳簿簿記で、月一八円という人もいたという[85]。

新聞が問題として指摘したのは、第一に「責任を以て被傭人と傭人の身元を調査し信用するに足るものでなければ紹介せぬ主義のため自然紹介決定の数を減する」こと、第二に「紹介する職業が甲種即ち自由職業が多いために紹介が困難[86]」なことだった。その後、八月から三ヶ月で求職者が三〇〇〇人を超えたことが話題になったが[87]、やはり青年会人事相談部と同じく、求人求職のミスマッチが多かった。

板垣退助の社会政策社の経営

東京模範紹介所の事業は、翌年大きな変化を迎えた。時事新報記者の北浦夕村によれば、一九一二（明治四五）年一月に、板垣退助率いる社会政策社との「合同」が実現したという。模範紹介所は「最初は極く僅少の、郵税位な実費を徴収して業務を執つて居たが」、板垣の社会政策社と合同すると「紹介料は全部無料とし雑誌の監修と共に全部之を伯の監督に委ね伯も亦た之を老後の一事業として、比較的熱心に監督奨励して居た」。無料になったのは、東京模範印刷所を設立して収入にあてることとしたため、経費の削減が見込まれたのも一因であろうと北浦は指摘する。[88]

そもそも板垣は以前から維新の改革、立憲政体の確立、社会改良を近代の三大改革とする運動を唱え、高知や東京に孤児院や労働者のための乳幼児預かり所などを有志や賛同者とともに設置していた。それらの活動は政府の感化救済事業に組み込まれたが[89]、板垣は、政府の政策と異なるやり方で行う社会改良活動に意義を認めていたため、模範紹介所との合同を決めたのであろう。[90]

北浦によると、板垣は「事務員に対して是等高等遊民の紹介には、全力を尽せと訓示した」という。[91]理由は不明だが、板垣が最も注目したのは、無職の知識青年層であった。模範紹介所は、一九一二年初頭より板垣退助の後援を受け、もともと重視していた「高等遊民」などの高学歴者に対する職業紹介を無料で再び行うこととなったのである。

一九一二年初頭、「一日平均求職者十二三人、需要者申込五六件、而して都合よく就職して行く者は三四人」だった。[92]事態はあまり変化しなかったばかりか、むしろ就職率は下がったといえる。

『社会政策』掲載の広告

こうした求人求職の実態を知る唯一の手掛かりは、雑誌『社会政策』に載る「東京模範紹介所紹介広告」[93]である。

この広告は、求人求職ともに「前十日間に於て雇主側より申込を受けたるものゝ内既に適当の人物を得て其需用を満たしたる残余の分のみを掲載した」ものである。職業、会社名、採用予定人数は記載されているが、採用条件（年齢、給料や待遇）は多様である。表**6-7**、表**6-8**で総計八四件の求人の詳細を分析する。

まず「職種」は、求人の際の職業名が不明確なものが多い。そこで筆者は、同業種と見なせる外交員には注文取りや集金員も算入し、女中には仲働きも含め、事務員には書記と帳場を合算した。表からわかるように、求人では外交員と女中が最も多く、次いで配達、労働、店員など、商業系の職種が多いのが特徴である。知識を生かせる事務員・帳場・記者は少なく、製本製図や医師・看護婦などもめったに求人されない。加えて、求職者の年齢、学歴なども大きな壁であったことが想定される。

地域別の分類は見当たらない。年齢を不問としたのは九件のみであり、三〇歳以上の求人はない。また、経験者優遇・経験者限定の求人が多く、詳細な条件が付いた例を挙げると、代書業の「能書家中学卒業者」、帳場の「普通教育あり運筆筆記の達者なる者」、店員の「呉服商に経験有」、「甲種商業校卒業者」、行商の「経験のある者」、販売員の「熟練ある者」、車夫の「経験あり」などである。保証人については「小僧」で一件あるがそれ以外はない。

次に求職広告を見ると、内勤、店員、社員が圧倒的に多く、他は書生や書記、教員といった事務職が多い。「職種」と合致するものもあるが、それほど多くないのが特徴である。さらに求職広告には細かい条件も挙げてあり、そのせいで就職が決まらないのではないかとさえ思われる。例えば、内勤希望者が「給料通勤十円」としていたり、漠然と「銀行員会社員官省事務員書店員書生等希望」とし

表 6–7　東京模範紹介所の求人職種

職種	人数
外交員	15
女中・下碑	11
配達	7
労働	6
店員	6
事務員・帳場	6
商業見習	5
給仕	4
職工	4
小僧	4
製本製図	4
書生	2
行商	2
記者	2
医師・看護婦	2
乳母・里子	2
小使	2
合計	84

注：「東京模範紹介所紹介広告」（『社会政策』第1年第9輯，1911年12月）をもとに筆者作成。

表 6–8　東京模範紹介所の希望職種

職種	人数
店員	23
内勤	21
社員	16
書生	8
労働	6
書記	5
教員	5
製図・画工	5
帳場・番頭	5
外交	4
小僧・見習	4
職工	4
女中・裁縫	4
写字	3
小使	3
著述など	3
記者	2
会計	2
給仕	2
商館勤務	2
簿記	2
代診	1
その他	6
合計	136

注：表6–7と同じ

ていたり、待遇や勤務形態に関する細かい条件が多すぎるのが問題である。なかには「良家の家庭にて通学の余暇を与ふる向希望」などという一九歳の書生希望者がいたり、「上流家庭の書生希望」などと最初から好条件を要求するものが多い。実際求人と求職側の条件が合致することなどほとんどなかった。模範紹介所の就職率の低下は、このように待遇面の詳細な希望を受け付け、ミスマッチが表面化したせいと考えられる。

模範紹介所は、就職難に苦しむ知識青年層を対象に、営利事業や宗教系の公益事業を否定して、はじめて都心に事務所を構え雑誌を利用して求人を開拓しようとしたものの、雇用のミスマッチに悩んだ。そしておそらくこうした紹介事業の効果がきわめて希薄だったこともあって、事業経営に行き詰まったのである。

三施設の役割と課題

本章で検討した三つの事業は経営者が宗教団体や民間団体であり、一部では西洋式の理念や理想を掲げ、対象を限定していた。直接都市下層部と接点を持たず、ある程度対象を限定したと思われる。成功事例としては、人事相談部で青年会関連の業者に就職先を見つけたこと、労働共済会では工場に就職したり独立自営したこと、東京模範紹介所では事務職へ就職したことが挙げられる。

しかし、求人先は事業施設と話のついた官公庁や会社、個人などに限定されたため、有力な就職先とはいいがたく、地域においても他の営利事業との関係は見られなかった。求職者は、それぞれの施設の事業方針に沿った求人と合致するときに限り展望が開けた。しかし宗派活動への貢献を前提とする二施設や広告に依拠した模範紹介所では、利用者が限定されてしまい、結果的に事業は成功せず、影響力を持つには至らなかった。また労働共済会は、不況のせいもあって、無料宿泊所や救世軍と同じく都市下層社会への「回路」と化し、試行錯誤し続けることとなったのである。

注

(1)「職業紹介事業助成の件及東京市立職業紹介所経費補助の件」(東京都公文書館、六三〇・B四・〇一、府明II明四五－一〇)一〇七六コマ。
(2) 原胤昭「基督教徒慈善事業」「基督教徒慈善事業(承前)」(『東京毎週新誌』(第八七四号、一九〇〇年五月)一四～一五頁、同(第八七五号、一九〇〇年六月)七～八頁。
(3) 同右、一〇四、一五七～一五八頁。
(4) 斉藤実『東京キリスト教青年会百年史』(財団法人キリスト教青年会、一九八〇年)五〇四～五一一頁。
(5) 同右、五〇五頁。なお、青年会は以後、教育をはじめ各種事業を展開して今日に至っている。
(6) 松沢弘陽「キリスト教と知識人」(『岩波講座日本歴史16　近代3』岩波書店、一九七六年所収)参照。
(7) 鴨村生「失業者の福音(二)」(『二六新報』一九一一年八月一九日付朝刊三面)、「丹羽清次郎氏洋行」(『東京朝日新聞』一九〇九年五月二三日付朝刊四面)。
(8)「人事相談部」(『人道』第五〇号、一九〇九年六月五日)一三頁。
(9)「東京に於ける社会改良事業現況／東京キリスト教青年会／娯楽も与へ相談にも乗る／社会の矯風奨善が目的」(『東朝』一九一〇年六月一四日付朝刊五面)。
(10)「基督青年会の職業紹介」(『人道』第六六号、一九一〇年一〇月五日)一三頁。

(11) ただし、事業担当者は紹介部時代から同じ人、経費も青年会から拠出（「無料紹介所の繁忙」『人道』第七二号、一九一一年四月五日、一四頁）。同記事は「無料職業紹介所」（『東朝』一九一一年一月一六日付朝刊四面）にもある。

(12) 迎月子「無料の職業紹介所／どんな者でも世話をする／相応に就職する／気儘も或点までは徹す」（『実業倶楽部』第一巻第四号、一九一一年四月）一三一頁。

(13) 同右、一三三頁。

(14) 同右、一三一頁。

(15) 同右、一三五頁。

(16) 同右、一三五頁。

(17) 同右、一三三〜一三四頁。

(18) 同右、一三五頁。

(19) 「基教人事相談部」（『人道』第八一号、一九一二年一月五日）一四頁。

(20) 前掲『実業倶楽部』一三二頁。

(21) 同右、一三四頁。

(22) 「東京無料職業紹介所／悲惨なる教育ある求職者」（『東朝』一九一一年三月一六日付朝刊五面）。

(23) 前掲『実業倶楽部』一三三頁。

(24) 同右、一三二頁。

(25) 広田照幸「立身出世の夢と現実　変わりゆく青少年の進路」（小風秀雅編『日本の時代史23　アジアの帝国国家』吉川弘文館、二〇〇四年所収）、拙稿「近代東京と苦学生問題―明治中後期の『萬朝報』記事から―」（『メディア史研究』第三一号、二〇一二年二月）、同「日本の新聞はいかに「苦学生」を語ったか―一九一〇年代の『萬朝報』を中心に―」（『史叢』第八七号、二〇一二年九月）参照。

(26) 吉川英治『忘れ残りの記　吉川英治四半自叙伝』（一九五七年初出。六興出版新装版、一九七八年）二四九頁。
(27) 同右、二四九～二五〇頁。
(28) 同右、二五〇頁。
(29) 同右、二五〇～二五一頁。
(30) 「東京無料職業紹介所／悲惨なる教育ある求職者」(『東朝』一九一一年三月一六日付朝刊五面)。
(31) 「無料紹介所の繁忙」(『人道』第七二号、一九一一年四月五日)一四頁。
(32) 鴨村生「失業者の福音 (二) 公共的職業紹介所の現状」(『二六新報』一九一一年八月一九日付朝刊三面)。
(33) 藤井衛編『東京に於ける就職と其成功：一名・全儲の秘訣』(丸善好文館、一九一七年)一三～一六頁。規則原史料は不明。
(34) 「感化救済事業経営者に対する助成金交付の件」(東京都公文書館、六三〇・B四・〇三、府明Ⅱ四五－一一、九四四コマ)。
(35) 前掲「職業紹介事業助成の件及東京市立職業紹介所経費補助の件」一一〇三コマ。
(36) 前掲「救済事業経営者に対する助成金交付の件」九四五コマ。
(37) 同右。
(38) 前掲「職業紹介事業助成の件及東京市立職業紹介所経費補助の件」一〇八二コマ。
(39) 同右、一〇八二コマ。
(40) 同右、一〇八三コマ。
(41) 前掲「救済事業経営者に対する助成金交付の件」九四五コマ。
(42) 同右、九四六コマ。
(43) 同右、九四八コマ。
(44) 三好一成「浄土宗労働共済会の設立と事業の展開」(『長谷川仏教文化研究所年報』第二四号、二〇〇〇年)第二章参照。

(45)「労働保護組合／浄土宗の慈善事業」（『萬朝』一九一〇年九月二三日付朝刊三面）。
(46)「労働共済会」（『浄土教報』第九四七号、一九一一年三月三〇日）三頁。
(47)「労働共済会理事の励精」（『浄土教報』第九四八号、一九一一年三月二七日）五頁。
(48) 以下、「規則」は安藤和彦「渡辺海旭と浄土宗労働共済会―社会的実践活動の形態―」（『京都文教短期大学研究紀要』第三九集、二〇〇〇年）復刻部分より（『浄土教報』第九四九号、一九一一年四月三日初出）。
(49)「深川の五銭寄宿舎」（一九一一年七月初出。渋沢青淵記念財団竜門社編『渋沢栄一伝記資料』第三〇巻、渋沢栄一伝記資料刊行会、一九六〇年、七九六頁所収）。「労働共済会寄宿舎開所式」（『浄土教報』第九六三号、一九一一年七月一〇日、五～六頁）。
(50)「浄土宗労働共済会近況」（『浄土教報』第九五三号、一九一一年五月一日）八頁。
(51)「労働共済会と深川区」（『浄土教報』第一〇〇四号、一九一二年四月二二日）八頁。
(52)「労働共済会へ下付金」（『浄土教報』第一〇二〇号、一九一二年八月一二日）八頁。
(53)「労働共済会近況」（『浄土教報』第一二〇六号、一九一六年三月一〇日）五頁。
(54) 前掲「感化救済事業経営者に対する助成金交付の件」七一五コマ。
(55) 吉田久一『日本近代仏教社会史研究』（川島書房、一九九一年）一八八頁。
(56) 前掲、三好論文二三頁。
(57)「労働共済会近況」（『浄土教報』第九五九号、一九一一年六月一二日）七～八頁。
(58)「労働共済会近況」（『浄土教報』第九七〇号、一九一一年八月二八日）七頁など。
(59)「労働共済会近況」（『浄土教報』第九七九号、一九一一年一〇月三〇日）八頁。
(60)「労働共済会近況」（『浄土教報』第九八〇号、一九一一年一一月六日）五面。
(61)「労働共済会の新年」（『浄土教報』第九八八号、一九一二年一月一日）一一頁。
(62) 前掲「職業紹介事業助成の件及東京市立職業紹介所経費補助の件」一一一二コマ。
(63) 前掲「感化救済事業経営者に対する助成金交付の件」七一四～七一五コマ。

(64)「労働共済会臨時救護部実況」(『浄土教報』第一〇〇一号、一九一二年四月一日)七~八頁。
(65)「労働共済会近況」(『浄土教報』第一〇二二号、一九一二年八月二六日)三頁。
(66)「労働共済会近況」(『浄土教報』第一〇六五号、一九一三年六月二三日)六頁など。
(67)前掲「職業紹介事業助成の件及東京市立職業紹介所経費補助の件」一一一三コマ。
(68)「労働共済会近況」(『浄土教報』第一〇一〇号、一九一二年六月三日)六頁。
(69)「労働共済会授産部の好評」(『浄土教報』第一〇八九号、一九一三年一二月八日)六頁。
(70)「労働共済会便り」(『浄土教報』第一〇九七号、一九一四年二月二日)一二頁。
(71)「時局と労働共済会」(『浄土教報』第一一二八号、一九一四年九月一一日)七頁。
(72)「労働共済会近況」(『浄土教報』第一一四三号、一九一四年一二月二五日)一一頁。
(73)一失業者「労働者中心の叫」(『労働共済』第一巻第二号、一九一五年二月)二三頁。
(74)「浄土宗労働共済会の施餅と報知新聞者の厚意」(『労働共済』第一巻第二号、一九一五年一二月)二〇頁(備考)。
(75)「労働共済会便り」(『労働共済』第一巻第五号、一九一五年五月)一七頁。
(76)堀内静宇「人材要求の声と就職志望者」(『成功』第二一巻第六号、一九一一年一一月)六〇頁。
(77)鴨村生「失業者の福音(六)」(『二六新報』一九一一年八月二四日付朝刊三面)。
(78)前掲堀内「人材要求の声と就職志望者」五九~六〇頁。
(79)拙著『近代日本と「高等遊民」―社会問題化する知識青年層―』(吉川弘文館、二〇一〇年)第一章参照。
(80)「東京模範紹介所」(『萬朝』一九一一年七月三一日付朝刊三面)。
(81)前掲堀内「人材要求の声と就職志望者」六二頁。
(82)前掲鴨村生「失業者の福音(六)」。
(83)同右。
(84)鴨村生「失業者の福音(七)」(『二六新報』一九一一年八月二九日付朝刊三面)。

(85) 同右。
(86) 前掲鴨村生「失業者の福音（六）」。
(87) 前掲堀内「人材要求の声と就職志望者」六〇頁。
(88) 北浦夕村『東都浮浪日記　附就職難』（崇文館書店、一九一三年）二七一頁。
(89) 田村安興「日露戦後経営と初期社会政策―第二次桂内閣による地方改良運動と板垣派社会改良運動の役割―」（『高知論叢』第三四号、一九八九年三月）参照。
(90) 例えば「板伯と社会改良」（『萬朝』一九一一年四月三〇日付朝刊一面）。
(91) 前掲北浦、二七二頁。
(92) 同右。
(93) 「東京模範紹介所紹介広告」（『社会政策』第一年第九輯、一九一一年一二月）九七～一〇五頁。

第七章　公設東京市職業紹介所の誕生

東京市浅草職業紹介所の外観。大正中期頃か（東京市社会局編刊『東京市社会局年報Ｉ』1920年）

明治末期に新設された職業紹介所のなかで最も注目されたのが、東京市がつくった紹介所であった。市紹介所は、これまで貧困層の救済をほぼ一手に引き受けていた市養育院が監督する体制で、西欧の施設にも影響を受けて設立された。その設立の過程において、従前の営利・公益事業をいかに認識し、いかなる運営を行ったかを検討することで、日本の公立事業のあり方も見えてくる。本章では市紹介所の実態を考察していく。

1　公設東京市職業紹介所の設立

東京市養育院による西欧の視察

市紹介所は、内務省の奨励・助成を受けて一九一一（明治四四）年一一月一五日に浅草と芝に、翌年三月二〇日に小石川に、あわせて三ヶ所設立された。授産事業や孤児教育などを行っていた代表的な慈善事業団体の市養育院が実務を監督し、職業紹介のほか児童保護や授産などの附帯事業を兼ねた施設であった。一九一四（大正三）年九月には神田区連雀町に神田紹介所を増設し（一八年三月予算削減のため閉所）、一九一八年に大阪市職業紹介所ができるまで、職業紹介所としては日本で唯一の公立機関であった。[1] 所在地はいずれも都市の下層地域であった。

とはいえ、そもそも公的負担を原則排除し、民間の負担を前提とした感化救済事業が進められているため、公共団体による運営は当初企図されていなかった。しかし、公益事業を支援し、西欧の職業

紹介事項（項目）
「防貧事業トシテ至極有効ナルモノナルベシ」，「独逸ニ於テハ自治団体ニ於テ労働省開業ヲ行ヘリ」。
「無職業者益増加の傾向を来たせしにより内務省地方局に於てハ之れが救済策を講ぜんとて泰西各国の無職業者救済制度を参酌し調査中なるが今回独仏両国に於ける該制度を翻訳し以て各地方庁に参考の為め配布せり」。
第十七章に「一，営利事業タル労働紹介」「二，同業組合ノ労働紹介」「三，職工組合ノ労働紹介」「四，自治体ノ労働紹介」を紹介。
「第四章　授産事業と職業紹介」で「生業扶助の一端」として，日本の事例で山形県・山梨県の事例を紹介。中欧諸国の無手数料を指摘。
公立職業紹介所の制度，ドイツの労働紹介所，イギリス慈善事業家サッターの報告書，アメリカの職業紹介制度の弊害と州立紹介所の創設。
第三篇第二章「防貧行政及法制」の「第二節労務分配制度」で「仏国の公共労働紹介制度」「瑞西の公立労働紹介制度」「独国の公立労働紹介制度」。
現行救貧法の改正に際する調査資料の紹介。「社会上，工業上の永久的予防方法。第一，労働紹介」が紹介され，10項目の運営方法に関する提案を紹介。
「防貧事業」の一つとして，帰朝講演。
ドイツミュンヘンの労働者保護制度。
「労働紹介の事業」でプロシアのエルベルラエルド市（1894年），公立紹介場（10万件），ベルリン，フランスの経営と紹介数。日本への導入「真似の出来る」と称す。
第十篇「欧米に於ける職業紹介事業」の「（二）独逸に於ける職業紹介所」「（三）仏蘭西に於ける職業紹介所」「（四）丁抹に於ける職業紹介所」「（五）英吉利に於ける職業紹介所」「（六）紐育に於ける職業紹介所」。その他雑誌に同記事を分割連載など多数。
ベバリッチの *Unemplyoment* 紹介，イギリス，フランス，ドイツ，アメリカの公共的職業紹介事業の沿革と概略，成績。日本での実効性について。
「仏国の業務紹介事業」「独国の業務紹介事業」「英国の業務紹介事業」で沿革，営利紹介所の対応，公立事業の状況など。
イタリアの救貧労役場，強制労役場，ベルリンの救貧労役場。
「〔十〕業務紹介事業」でフランス（パリ），ドイツ（シュツットガルト・ベルリン）の事例紹介。
フランス，ドイツ，イギリスの業務紹介事業の起源と経営と成績，イギリスの私立雇人口入業。
ドイツ，イギリス，イタリアは法，市町村などの運営主体と営利事業との関連についての概要。他は部分的紹介のみ。

表 7-1　日露戦後から明治末期にかけて刊行された

年月日	紹介者	掲載媒体	紹介対象国
1899年7月	窪田静太郎（内務省衛生局保健課長）	「社会的制度一斑」『国家学会雑誌』13-149	ドイツ
1904年5月26日	(※内務省地方局)	『読売新聞』朝刊2面	ドイツ，フランス
1907年3月	桑田熊蔵（貴族院議員・経済学者）	『工業経済論』(有斐閣)	イギリス，フランス，ドイツ
1908年4月	内務省地方局	『我国に於ける慈恵救済事業』	中欧諸国
1908年6月	内務省地方局	『泰西に於ける救貧と防貧の事業』	フランス，イタリア，ドイツ，アメリカ
1909年4月	井上友一（内務省神社局長兼地方局府県課長）	『救済制度要義』(博文館)	フランス，スイス，ドイツ
1909年7月	中川望（中央慈善協会幹事）	『慈善』第1編第1号	イギリス
1909年4月	田中太郎（市養育院嘱託）	「泰西社会事業視察一斑」『慈善』第1篇第4号	イギリス，ドイツ，デンマーク
1910年	内務省地方局（井上友一編）	『欧米自治救済小鑑』(報徳社)	ドイツ
1910年6月	脇田環編	井上友一「積極的救済事業」『全国感化救済事業大会紀要』(1910年)	ドイツ，フランス
1910年7月	田中太郎（元内閣属・帰国後東京市事務嘱託）	『泰西社会事業視察記』	ドイツ，フランス，デンマーク，イギリス，ニューヨーク（アメリカ）
1910年7月，8月	関　一（東京高等商業学校講師）	「労働紹介制度（其一)～(其二)」『国民経済雑誌』第9巻第1号，2号	イギリス，フランス，ドイツ，アメリカ
1910年11月	生江孝之（内務省地方局嘱託）	『業務紹介事業の変遷』（小冊子)	フランス，ドイツ，イギリス
1911年	エディス・セルラース著・井上丑二郎訳	『欧州救貧事業の大勢』（警醒社)	イタリア，ドイツ
1911年7月	救済事業調査委員会	『救済事業調査要項』	フランス，ドイツ，イギリス
1912年3月	生江孝之（内務省地方局嘱託）	『欧米視察細民と救済』（博文館)	フランス，ドイツ，イギリス
1914年7月	八濱徳三郎（大阪職業紹介所主任）	「職業紹介制度」『救済研究』第2巻第7号	ドイツ，イギリス，イタリア，スイス，デンマーク，アメリカ

出典：表中の記載文献をもとに筆者作成。執筆者役職名は当時のもの。

紹介事業の研究が進むにつれ、行政の意識にも大きな変化が見られたのである。表7-1は日露戦後に刊行された西欧の職業紹介事業に関する文献とその概要である。執筆者には、市養育院の関係者や「一等国」にふさわしく制度を整備しようとする内務省関係者が多数確認できる。

このうち、日本に応用できそうな西欧の事業を詳しく紹介し、設立を促す機運を作ったのが、市養育院の田中太郎が著した『泰西社会事業視察記』（一九一〇年）であった。[2] 田中は、東京市養育院の機関誌『月報』を担当していた院長渋沢栄一の側近で、中央慈善協会評議員・内閣統計局属を務めていた。

第一国立銀行の設立などに関わり政財界に影響力を持つ大実業家である一方、四〇以上の慈善・救済事業の代表や中央慈善協会の会長も務めた渋沢栄一[3]は、感化救済事業が始まる前から都市貧困層の増加を憂慮していた。「機会を得て朝野同憂の士と相会して意見の交換を試み、以て将来に於ける窮民の激増及び貧富の懸隔等より生ずる忌むべき社会的患者を予防するの方法を講究せんものと考へて[4]」いたのである。

市養育院は、これまでも渋沢の意向をくんで無料宿泊所の支援などを行ってきたが[5]、感化救済事業が始まった一九〇八年に、欧米の事例を視察させるため田中を洋行させることとした。

市養育院は田中へ以下の調査を命じた。「一般社会事業即ち窮民なるを防止する手段として、各種事業、例へば貧民教育、転地保養、並に失業者に対する授産機関（職業紹介所）の組織及び経理」「各種事業の費用」や「宗教団体との関係」、「政府と救済団体との関係」などである。感化教育・感化事業を中心に様々な慈善・救済事業の組織、経理を学ぼうとしていたことがわかる。[6] 入院者が増加したため対応に苦慮し、少しでも負担を緩和するために多様な「防貧」事業を導入したいと考えたのである。

田中が視察した事業は多数に上ったが、とくに注目した職業紹介事業を挙げておこう。まず、イギリスでは一九〇二年の「労働局法」、一九〇五年の「失業労働者法」に基づき、中央事務局が各地区に紹介所を設置した。一九〇九年に「職業紹介法」に改定され、市内に二五ヶ所ある。手数料は無料で、氏名、年齢、住所、希望職業を申告・登記し、一週間で再度更新する。申込人数を現職業別に分類して精細な統計報告を作り、中央事務局が調整機能を果たした。[7]

田中が最も分量を割いて記したドイツは、一八六五年シュッツトガルトに職業改良協会を設立し、一八九五年に市立紹介所になる。以後ケルン市、ハノーバー市などにも設置され約一五〇ヶ所へ増加した。ベルリンは会員制の民営事業で市の補助を受けている。一九〇六年は一〇万人の契約が成立している。[8] また、デンマークにはコペンハーゲンに一九〇一年設立の市立職業紹介所が、フランスには六〇の市設紹介所がある。[9]

アメリカでは、ニューヨークの職業紹介所を視察している。ここは州法により法人と定めた国民職業紹介所であり、労働者を対象とするものと事務員を対象とするものの二種類があり、手数料を取る「ビジネス」[10]だと田中は報告している。このように欧米ではアメリカを除き、組合の協力や法整備を受けて概ね営利事業から公益事業へ移行が進んでおり、田中もその点に注目してとりわけドイツとイギリスを高く評価したのであった。

慈善問題講話会と設立の機運

田中の帰国後、貧困層対策に苦心していた渋沢栄一の希望によって、政府要人と官僚を招いて慈善問題講話会が一九一〇年四月六日に開かれた[11]。

講話会は午後四時半に開始され、渋沢が開催の趣旨と田中の紹介をした後、田中が視察の報告を行った。田中は、「防貧・救貧・育児及感化等の事業、並に労働者保護、失業者問題解決策等に関する調査の大要」と題して二時間半説明した。日本の主な職業紹介事業（雇人口入宿）は「営業者であつて公益の為めにやつて居るのではありません」が、欧米の事業主体は公立私立様々とはいえ「仕事の遣り方は大抵同じである」として、イギリスでは「雇主と就業希望者との中間に立つて無手数料で紹介をする、手数料を徴収しないのが原則」だと述べた。「一寸面白く感じた」ものとして、コペンハーゲンとミュンヘンの紹介所が求職者の貧困状態に配慮していることを説明している[12]。田中は、閣僚らの前で、日本の職業紹介事業が手数料を取る営利事業が主であることを批判し、無料で求職者に配慮もする欧米の公益事業を高く評価したのである。

この後、渋沢が再度登壇し、「日本の制度が所謂家族制度であつて隣保相扶くると云ふことは美風」と述べつつも、「若し窮民を救ふと云ふ方法を講ずると云ふことであつたならば或は職業の紹介をするとか〔中略〕国家としてもう少し進んだ所の方法を設くる必要があ[13]」ると感化救済事業および政府

渋沢栄一（1840-1931）。大実業家だが，慈善事業の発展も促した。

の政策に不満を述べ、各種事業のさらなる進展の必要性を強調した。このように二人は現在の感化救済事業を批判し、いっそうの進展を強く訴えたのである。

これを受けて、平田東助内相をはじめ数名の参会者が演説や談話を行ったほか、岡部長職法相の発議で各種事業を調査する委員会の設置とあるべき施設の検討を始めることを決定した。(14) 同委員会は後に「救済事業調査要項」（一九一一年）を答申する。このように、渋沢・田中の講演会は、日本の職業紹介事業のあり方に関し、政府関係者にきわめて重要な影響を与えたのである。

内務省の奨励

では、市紹介所はいかに政策化され、設立にいたったのであろうか。その過程については、従来、『内務省史』の次の記述が引用されてきた。

> 日露戦争後の失業貧困者を救済する目的をもって、ようやく慈善団体の事業としての職業紹介事

業がはじめられている。明治四十二年内務省が六大都市に補助金を交付して職業紹介所の設置奨励を行い、この結果、同四十四年以降、東京市が芝、浅草、小石川に職業紹介所を設置したのが、公共団体によるこの種事業の先駆をなすものである(15)。

関係者たちもこの内務省による奨励策は、一九〇九年に内務省地方局長の床次竹二郎が提示したものと証言している(16)。

しかし、ここに書かれたように、一九〇九年に内務省が補助金を出して奨励した事実は、管見の限り見当らない。唯一、内務省次官一木喜徳郎が一九〇九年に各地方官へ宛てて、実績のある慈恵救済事業へ国庫より補助金を交付するとした通牒が存在するのみである(17)。

当時、第四章で見たように、内務官僚の井上友一は西欧の各種事業に関心を持っていたとはいえ、井上のみの判断で政策にできるとは思えない。また、一九〇九年の時点で内務省地方局長は床次竹二郎(一九〇五年一月一七日〜一九一一年九月四日在職)であったが、省内の山県閥から嫌われたため、一九〇九年六月から年末まで外遊に出ていた(18)。この外遊中にイギリスで市養育院の田中太郎に会い、各施設を見学して感銘を受けた(19)。それ以前に慈善・救済事業への言及は見られないことからも一九〇九年に補助金を交付したとは考えにくい。

内務省の史料に市紹介所の設立構想が登場するのは、講話会の後日、開催された全国感化救済事業大会で内務官僚の井上友一と同省嘱託の生江孝之が言及したのが最初である。

一九一〇年五月二一日に名古屋市で全国感化救済事業大会が開催された。井上友一は講演原稿〔当日は代読〕において、イギリス、ドイツが営利事業を禁止していることを挙げ、「我邦とても此の文明の大勢に遅れることは所謂一等国としての一大恥辱でありますからどうか官民協同して此方面に力を尽くしたいものであります」とし、「巴里市は、二十区に分れて居りまして東京と同じく区役所が各区にありますが此の区役所には職業紹介所がありまして一人の掛りが居り之が傭ふ方と傭はれる方と両方の申込を受けて市内の四辻に張り出します〔中略〕是れは我邦の市役所で直ぐに真似の出来ることゝ信じます[20]」と述べている。

内務省に着任して間もない嘱託の生江孝之も、「聞く処によれば内務省に於きましても近き将来に公設或は市設の業務紹介所を補助して、今日職業を失つて妻子飢えに泣くと云ふやうな者に業務を与へ、是に依つて彼等が一家団欒を保つやうな途を与へてやる方針との事で聊か人意を強ふするに足るのであります[21]」と、近いうちに市営の公立職業紹介所が設立される予定だと明らかにした。この発言から、渋沢らの慈善問題講話会の後、急速に具体的な計画が策定されたと推測されるのである。

同年九月には、内務省が翌年の予算に「全国の救済事業奨励の為め」、総計三〇万円を補助すると公表、そこで初めて職業紹介事業の設置計画が明らかとなった[22]。記事を見ると、職業紹介事業は二万二五〇〇円、救済〔療〕事業は一一万七五〇〇円、児童保育奨励費は五万円、矯風事業奨励費は七万円、救済事業監督調査費は四万円の予定とある。

このうち職業紹介事業は筆頭に挙げられ、①「市営職業紹介所〔東京市に二ヶ所、大阪市に一ヶ所）に対し事務所建設費および経常費として一箇所に付き二千六百円を補助」、②「現東京大阪両市内に在る私設職業紹介所中確実なる五ヶ所を選び四千七百円を補助」、③「百人以上を収容する宿舎を設置し浮浪者を収容して職業紹介所及び改善を図るものに対し一万円を補助[23]」することとされた。

これは、通常の概算要求時[24]の計画であり、職業紹介事業に対する奨励費は他の事業と比べてそれほど多額でない。また設立予定地も、三ヶ所と小規模である。だが、ここにおいて初めて公立事業の支援が予定され、メディアでも注目すべき新事業と見なされることとなったのである[25]。

東京市への依頼

その後内務省は、東京市と大阪市に市営の紹介所を設立できないか打診した。大阪市は営利業者の反対などで頓挫したが[26]、東京市は助役の田川大吉郎が引き受けた。田川は貧困層の子弟を対象とした特殊尋常小学校の後援会副会長を務めた慈善家であり、熱心な「防貧」論者でもあった。田川は渋沢の講話会にも出席しており、職業紹介事業にも理解を示して賛同したと考えてよい[27]。

『日本』新聞に掲載された田川の談によれば、内務省が「経費の三分の二迄は内務省から補助してやる」と保証したという。そこで東京市では「先づ始めは浅草下谷二ヶ処に試験的に設ける[28]」と予定を立てた。経費の三分の二とした理由は不明だが、必要経費が変わることを見込んで、柔軟に対応する姿勢を示したのだろう。また、予定地も三ヶ所と少なかったことから、国がそのくらい負担してもかまわないと考えたと思われる。設立予定地は既に救世軍労働寄宿舎のある地域で、当時有数の貧民窟であった。市紹介所の設立に重要な役割を果たした市養育院幹事の安達憲忠は、後に「本所の主眼として第一着に手を下すのは下層労働者の周囲を改善し彼等の生活をより容易ならしめんとする」[29]こととしており、貧困層の救済が最大の目的だったことがわかる。

一九一一年一月に内務省は「職業紹介事業ノ奨励補助ニ特殊部落改善其他救済上ニ於ケル調査事務増進ノ為」として、六万四七〇〇円の「救済事業奨励費」を帝国議会に提出して通過させた[30]（「感化救済事業奨励費」予算総額は八万六七〇〇円）。ここで注目すべきは、床次が議会で次のように答弁していることであろう。

現在は今申上げます如く余計数はございませぬが、端緒を開いてやつて置く方が宜からうと云ふので、本年は東京市に於きまして二三箇所は市が経営を致す筈になつて居ります、さう致しますれば、それに対して此方から補助をする、其他にもさう云ふものが大阪なり神戸あたりで出来ればやる積りであります、是はまだ実は日本では御承知の如くさう甚だ差迫って是非共さうしなければならぬと云ふまで迫っては居らぬやうでありますけれども、殊に又近時都会に人が集って来る状況から見まするど、斯う云ふことは今日から其端緒を開く方が宜かろうと思ひます、外国の如く大袈裟なことをする考へでありませぬが、先づちよとしたものをやる積りであります[31]

このように、内務省は外国を引きあいに出して、差し迫ってはないものの、「端緒」を開くために実施することにしたのである[32]。

帝国議会の予算通過を受け、東京市会でも市紹介所予算として五〇一九円の経常費が「第十款　救助費」八万五六一四円中から[33]、臨時費七三〇〇円の合計一万二三一九円が計上され、三月に同会で承認された[34]。そして最終的に内務省は経費総額一万七九二二円とその年度の事業では最高額を補助することとし[35]、決算は東京市の会計より、臨時費一万九七四二円七四銭、経常費三七五五円五七銭[36]を支出した。決算前に内務省は、経常費の三分の二を負担するために東京市に精算額を提示させて支払い[37]、助役の田川との約束を守った。

こうして市紹介所は、内務省の奨励策におけるモデルケースとして計画され、同省が総経費の約三分の二を負担して設立を進めたのである。

2　都市貧困層のための施設

吉原大火後の設立計画

最初に内務当局（留岡幸助）の談話として、市紹介所には「①精神的職業紹介部②労働紹介部③強制紹介④無料宿泊所[38]」が付属すると何度か報道された。ただしこれは当初の構想の一つであり、後述するプランとは異なる。

具体的な計画については、東京市が市養育院へ委託して検討を行った[39]。報道には、「今春東京市にては年額四千余円を以て公立職業紹介所設立の計画中なりしが市は之が経費を挙げて養育院に委任したれば安達幹事は事務員大橋勇氏を以て主任とし爾来地所の選定家屋の建設修繕中なり[40]」とある。設立が急がれたのは、同年四月九日の吉原大火により大勢の罹災者の収容が必要だったからである。

東京市の公文書には、「本市職業紹介所（三ヶ所）ニ付テハ去ル三月市会ノ議予算議定ヲ経ルト共ニ市内浅草、小石川、四谷及芝ノ各区中ニ就キ之ニ適当スヘキ家屋又ハ相当地所選択中ノ処恰モ去ル四月ノ浅草大火〔吉原大火〕ニ因リ別ニ罹災細民ヲ収容スヘキ長屋ノ建設計画相熟シ之カ敷地（浅草区玉姫町百三十番地外三筆千五百二十九坪）モ既ニ買収ヲ了シ目下建築準備中ニ有之就テハ職業紹介所ノ一個ヲ此長屋ト隣接セシメ長屋ノ管理ト共ニ処弁セシムルハ相互ノ利便ニシテ最モ機宜ノ措置ト相考ヘ居候而シテ他二ヶ所ノ紹介所ノ内一ヶ所ハ小石川区ニ於テ地所（大塚坂下町二番地二百坪）ノ選定ヲ了シ残余一ヶ所ハ専ラ芝区内ニ付キ選択中ニ有之〔後略〕[41]」とある。

大火の直後の四月一二日、東京市長尾崎行雄と市養育院長渋沢栄一は「労働紹介所ノ事ヲ談」し、その翌日には渋沢と養育院幹事が「職業紹介所ノ事ヲ談[42]」している。ここである程度の方向性が定まったものと思われる。大火後、浅草などへの長屋建設計画が持ち上がり[43]、四月二六日、府訓令二八三号で長屋に職業紹介所を併置することが決定されると、市養育院はまず浅草に建てると決め、それから他の二ヶ所を検討することとなった。

六月に阿部浩東京府知事は内務省の床次地方局長へ宛てて、宿泊所を増設するため、国の補助金を増やしてほしいと訴える文書を送っている。「単ニ職業紹介所ヲ為スノミニテハ其効果モ極メテ少カルヘキヲ以テ総テ無料宿泊所ヲ付設スルコトニ更メ且浅草方面ニ至リテハ殊ニ無料宿泊所ノ収容力ヲ倍加スルノ必要」[44]があるからだと説明する。無料の宿泊所が付設されていれば失業貧困者も職業紹介所を利用しやすくなり、紹介実績が向上するだろうというのである。七月一三日に床次から阿部知事へ返答が届き、国庫からの補助を了解した、ついては実費を請求するようにとの内容であった。七月一四日には補助金の手続を終えた旨通知が到着している。

地所の選定は市養育院幹事の安達憲忠と同院事務員の大橋勇が担当した。七月二〇日までに浅草、芝、四谷を有力候補とし、他の貧民窟についても今後検討する旨、尾崎行雄東京市長が提案した[45]。市養育院ではこのうち浅草と小石川に一ヶ所とし、四谷と芝で検討した結果芝が選ばれた[46]。こうして八月中に浅草、芝で施設の工事が、小石川で設計が始まった[47]。小石川も貧民窟があるほか、市養育院本院や施療院などの関連施設もあった土地であり、そうした利便性も考慮されたと推測される[48]。このように東京市紹介所はとくに下層の地区につくられ、貧困層を対象としたのである。

市紹介所の設備

建設された市紹介所の施設は次のとおりである。まず、浅草紹介所は、浅草区玉姫町一二六番地の一三四〇坪二合の紹介所は、入居者の監督及び就職の斡旋を担い、橋場町通りに面した南方の敷地一八九坪に建てられた。事務室、小使室、湯沸所、男女便所、食堂、炊事場、談話室、療養室、洗面洗足所、宿泊者用浴場、脱衣場を備えた。

『浅草区誌』(一九一四年)によれば、宿泊所は二階が寝室、一階が休憩所で、「男子室七、女子室一、合計八室、孰れも十二畳を一室とし電燈一燈を備え、百人を以て定員」[49]だったという。

芝紹介所は、芝区新堀町三〇番地[50]の五四坪の敷地にある個人所有の古い下宿を改築し、建坪三六坪七合五勺、二階建てで六畳(二室)、八畳と四畳半(各一室)があり、事務室、小使室、応接室のほか、洗面所、湯沸室、台所、便所を備えた。宿泊所は定員二五名だった。

小石川紹介所は、小石川区大塚坂下町二〇二番地の二〇〇坪の借地に、建坪六三坪八合七勺五才で新築された。二階建てで一二畳半(二室)、一三畳(一室)、一〇畳(二室)があり、事務室、小使室、炊事場、浴室、便所を備えた。宿泊所は定員七五名である。

浅草、小石川の収容者数は、先駆的な公益事業である浄土真宗無料宿泊所や救世軍と同程度で、それほど多くはない[51]。ただし、上下水道は大正中期に普及するので、当時としては新式であった[52]。一九一一年一一月一五日に浅草・芝が開所したが、浅草は新築工事が遅れたため、同じ敷地内の長屋で事務を開始し(翌年二月一〇日に紹介所で業務開始)、翌年三月二〇日に小石川が開所して三ヶ所で事業が行われるようになった[53]。

西欧と既存施設をふまえた諸規定

続いて、市紹介所の諸規定が策定された。市紹介所主幹の大橋勇は、「執務の方法及設備は本所、深川の無料宿泊所、救世軍の各労働寄宿舎を参酌し之に内務省の田中太郎氏が欧米各国を視察して齎したる意見を加へ規則等を設けたるものなる[54]」と述べていて、先駆的な公益事業のほか西欧の事例を参考にしたことが窺える。

規定は全部で五つあり、「職業紹介所処務規定」（全六条。以下「処務規定」）、「職業紹介規定」（全一六条。以下「紹介規定」）、「職業紹介事務取扱手続」（全一一条。以下「取扱手続」）が事務全般を定め、「求職者心得」（全一一条）と「宿泊者心得」（全一一条）が来所者の遵守事項を定めている。

「処務規定」には、市紹介所の運営体制が示された。市紹介所は市養育院長の管理に属し、市長の指導監督を受ける（第一条）、事務体制は主幹一名、事務員数名を配置する（第二条）、主幹は市養育院長の指揮のもと処務を掌理して所員を指揮監督する（第四条）、市養育院長は事務執行の必要規定を設ける（第六条）とされた。つまり市紹介所は、市養育院長が実質的な事務と管理を担い、東京市が指導監督する公立施設であった。さらに「処務規定」で、業務は「市内居住の失業者及無業者に業務を紹介し兼ねて宿泊の事を経営」（第一条）するものとされた[55]。対象者を市内に限定した理由は不明だが、この施設を目指して上京する人を防ぐ意味合いがあったと推測される。

また、「紹介規定」には、業務上の決まりが示された。主な内容は、①需要者求職者ともに無手数料で対応する（第一条）、②需要者は市外も可能（第一一条）、③求職者は登録制度で（第三・四条）、④事情切迫者は優先（第一四条）、⑤宿泊は有料（第一五条。一泊四銭、入浴なしで三銭。一三年に五銭、四銭。一七年に六銭と五銭に値上）の五点である。①④は田中太郎の視察を反映したものである[56]。無手数料に加え身元保証が必要ない点は営利業者とまったく異なっており、これも西欧風といえる。②は市内営利業者との競合を避ける代わりに市外の需要も受け入れようとしたためである。[57] この点につき渋沢栄一は、「余り従来の当業者を直ちに困難せしむるやうになるも如何なれども、さればといつて旧弊が其儘に存続しては改良は出来ないといふ事になる」[58] と述べ、営利事業の将来的な改良の必要性は認めつつも現状を認めている。

③は「取扱手続」に求職者、使用人需要者、宿泊者の身元調査（第三、八、九条）、求職票は就職、取消、未了の三種で男女別職業別に分類し（第四条）、使用人需要者は雇入、済、取消の三種に区別分類すること（第八条）が定められている。この手順は田中太郎が視察したドイツやイギリスの施設のほか日本の救世軍[59] と同様である。どの施設を直接参考にしたかは不明であるが、後に見る求職者情報の分類方法は前述のイギリスの施設と似ている。後年、関係者は「実務の指導は〔中略〕専ら田中太郎氏が当つた」[60] と回想しており、実務的な側面については西欧の施設の手法を取り入れたものと見てよい。

⑤はドイツの「オツプタツハ」に倣ったものである。これについて田中は、「貧しき労働者若くは失業者にして普通の旅宿若くは木賃宿にさへも宿泊する能はざる程度の人間に、極めて低廉なる宿料を徴して宿泊を許す」施設である「伯林市（ベルリン市）あたりで経営して居る「オツプタツハ」と同じもの」と述べている。[61] 第二章で見たように、当時日雇労働者が宿泊していた木賃宿は一泊七〜八銭であったからほぼ半額で廉価といえる。[62]

そして、二つの「心得」では、宿泊者が守るべき規則と、受付時間（職業紹介は午後八時から午後三時、宿泊所は午後五時から午後八時）、宿泊費用、宿泊態度（飲酒不可、掛員の指示に従うことなど）が定められた。これらは宿泊者に決まりを厳守させ、節度ある生活を送らせる教化の意図があった。[63]
以上の手続きをふまえ、事務員には無料宿泊所で職業紹介に従事した経験もある前述の大橋勇[64]ほか「施療所〔市養育院〕の事務を扱つた連中[65]」がなり、「実務の指導は〔中略〕専ら田中太郎氏が当つた[66]」という。
ただし、具体的な仕事について大橋勇は、「先づ此の三ヶ所を以て茲一両年間は試験的に執務する積なり」「暫く実地に就て得たる経験により便不便を講究改正する筈」としていた。実績をみて、その後の方向性を判断することとなった。[67]

3　貧困層への対応と地盤作り

「高等遊民」や苦学生の来所

では、開所してからはどのような状況だったのであろうか。既に開所前から多くのメディアに取り上げられたが[68]、ジャーナリストの横山源之助のように、「組織はほぼ宗教団体の紹介部と似ているが、その取り扱い労働者はやや普通の口入業者と等しいのは異様である[69]」と評する者もいた。公益事業の中身が営利事業と似ていた事実を見抜いていたと言える。

初日の新聞は、「当日詰め掛けたる人々は労働志望の人は一人もなく悉く相当の教育あり職業も重

表 7–2　市紹介所の宿泊者数

	1911	1912	1913	1914	1915	1916	1917	1918	1919
浅草									
男	484	24,163	23,431	18,438	18,138	18,229	25,083	24,373	25,971
女	5	996	472	126	132	124	314	383	335
小石川									
男	16	7,315	8,851	6,809	8,470	6,161	1,616	163	31
女	1	864	83	91	3	3,652	29	4	0
芝									
男	1,228	5,865	4,952	3,740	3,831	4,932	5,086	4,727	4,206
女	14	5	0	0	0	0	0	0	0
合計									
男	1,728	37,343	37,334	28,987	30,439	29,322	31,787	29,263	30,208
女	20	1,865	555	217	135	3,776	343	387	335

出典：東京市職業紹介所編刊『東京市職業紹介所年報』各年度版をもとに筆者作成。

表 7–3　市紹介所開所後の求職者

	1911年11月	1911年12月	1912年1月	1912年2月	1912年3月	合計
求職者						
男	499	370	306	270	497	1,942
女	10	17	4	8	25	64
合計	509	387	310	278	522	2,006
求人者数						
男	850	769	287	140	626	2,672
女	99	50	12	14	80	255
合計	949	819	299	154	706	2,927
就職者数						
男	29	67	51	66	81	294
女	0	3	0	4	8	15
合計	29	70	51	70	89	309

出典：「明治四十四年度東京市職業紹介所報告」（東京市養育院編刊『東京市養育院年報第四十回（明治四十四年度）』1912年）をもとに筆者作成。

に事務員やら会社員志願の者のみ[70]」で、「東京市の職業紹介所に勤むるものは今更ながら高等遊民の多きに驚きたり[71]」などと報じている。この傾向は翌年三月末まで続いた。宿泊者数は表**7-2**、職業紹介成績は表**7-3**のようである。

「明治四十四年度東京市職業紹介報告[72]」をみると、紹介を受けた人は男性が大半で、女性は少ない。女性は口入業者を主に利用しているからであるが、なかには口入屋に騙されて妾奉公にされるところを逃れてきたという事例もあった[73]。「来住後日子浅きもの頗る多し」「高等遊民と云ふべきものゝ、多き」との傾向がみられる。さらに表**7-4**にみるとおり学歴は男女合わせて「高等小学校卒業程度」一一六二人（五八％）、次いで「中学卒業及其以上」三九二人（一九・五％）であった。当時の男子の中学校進学率が一割程度であるから、来所者はなかなかの高学歴であった。これは新聞などのメディアによって開所を知り、やってきた人が多かったためと考えられる[74]。

一方、市紹介所へ求人を依頼してきた需要者は、求職者の一四六％にあたる二九二七件で、「需用業務」は「職工、労働、外交及勧誘員を最多とし、徒弟、行商、店員、之に次ぎ、事務員、書生、給仕等、尤も少し」であった。このように工場や土建現場の日雇労働と外交員が多かった。徒弟、行商などは口入業者が得意としており、事務員

中学卒業及其以上		合計	
男	女	男	女
58	0	387	4
0	0	22	0
39	1	253	2
7	0	38	0
3	0	50	0
17	0	62	0
158	9	365	24
29	0	86	0
13	0	224	2
14	2	30	3
0	1	0	5
0	0	0	24
41	0	425	0
379	13	1942	64

表 7–4　市紹介所求職者の就職希望業務および学力

	読書をなさず		読書をなす		尋常小学卒業		高等小学卒業	
	男	女	男	女	男	女	男	女
職工・技術手	0	0	12	1	71	3	246	0
徒弟・小僧	0	0	1	0	7	0	14	0
店員	0	0	7	0	38	1	169	0
配達	0	0	1	0	12	0	18	0
行商	0	0	10	0	14	0	23	0
集金人・勧誘人	0	0	1	0	9	0	35	0
事務員	0	0	5	0	5	0	197	14
写字・書生・校正・記者	0	0	0	0	5	0	53	0
給仕・小使・番人	5	0	48	0	45	1	113	1
教員・薬局生	0	0	0	0	1	0	15	1
保母・看護	0	0	0	0	0	1	0	3
女中	0	0	0	8	0	6	0	7
労働	25	0	33	0	73	0	253	0
合計	30	0	87	9	280	12	1136	26

出典：前掲「報告」をもとに筆者作成。

などはそもそも求人が少なかったためこの結果になったと考えられる。

この結果、初年度就職者は男性が二九四人（二五・一%）、女性が一五人（三三・四%）の計三〇九人（二五・四%）と低調であった。この点につき、初年度の報告書は「求職者の希望業務、並に条件と、需要者の需用業務、並に条件と、合致せざる為」（明治四四年度）としている。

一方、宿泊事業であるが、芝紹介所は開所日より宿泊可能となり、浅草は一九一二年二月から、小石川は三月二〇日からの開始だったため、初年度はほとんど芝紹介所の統計である。芝紹介所は一晩平均一七～一八人、三ヶ所では同一〇人前後と少数である。来所者の多数は「地

1915		1916		1917		1918	
府県	人数	府県	人数	府県	人数	府県	人数
東京府	10,806	東京府	11,627	東京府	10,743	東京府	9,505
埼玉県	2,815	埼玉県	2,531	静岡県	1,578	新潟県	2,338
茨城県	1,289	新潟県	1,683	茨城県	1,577	静岡県	1,733
新潟県	1,145	茨城県	1,513	神奈川県	1,560	茨城県	1,643
栃木県	1,145	千葉県	1,309	千葉県	1,527	栃木県	1,370
千葉県	1,129	神奈川県	1,283	埼玉県	1,545	神奈川県	1,114
神奈川県	1,120	栃木県	1,131	新潟県	1,444	大阪府	963
福岡県	863	福岡県	1,088	栃木県	1,192	埼玉県	961
長野県	779	長野県	886	石川県	967	石川県	840
富山県	749	群馬県	876	福岡県	926	福島県	645

1915		1916		1917		1918		1919	
府県	人数	府県	人数	府県	人数	府県	人数	府県	人数
東京府	1,724	東京府	1,191	東京府	1,075	東京府	998	東京府	1,172
新潟県	593	新潟県	417	千葉県	350	新潟県	303	新潟県	320
長野県	454	長野県	340	新潟県	333	千葉県	214	千葉県	306
埼玉県	425	埼玉県	310	茨城県	272	長野県	197	茨城県	248
千葉県	389	千葉県	300	埼玉県	238	埼玉県	158	長野県	225
福島県	362	茨城県	285	栃木県	215	福島県	152	栃木県	214
茨城県	346	福島県	229	長野県	254	栃木県	144	埼玉県	207
群馬県	230	栃木県	215	静岡県	152	茨城県	131	北海道	205
山梨県	230	群馬県	182	群馬県	150	静岡県	130	大阪府	179
静岡県	211	山梨県	179	神奈川県	149	宮城県	130	福島県	176

表 7-5　市紹介所宿泊者の出生府県地

	1912		1913		1914	
	府県	人数	府県	人数	府県	人数
1位	東京府	13,038	東京府	14,075	東京府	9,304
2位	埼玉県	2,662	新潟県	2,444	埼玉県	2,770
3位	新潟県	2,445	埼玉県	1,793	千葉県	1,386
4位	長野県	2,311	千葉県	1,698	栃木県	891
5位	茨城県	1,912	長野県	1,630	長野県	888
6位	千葉県	1,627	茨城県	1,510	大阪府	873
7位	神奈川県	1,387	神奈川県	1,149	茨城県	843
8位	石川県	1,058	群馬県	1,137	神奈川県	830
9位	群馬県	1,040	栃木県	968	群馬県	824
10位	福井県	1,029	静岡県	814	北海道	741

出典：市紹介所の各年度『年報』をもとに筆者作成。

表 7-6　市紹介所求職者の出生府県地

府県	1911		1912		1913		1914	
	府県	人数	府県	人数	府県	人数	府県	人数
1位	東京府	412	東京府	1,605	東京府	1,160	東京府	1,696
2位	千葉県	116	新潟県	363	新潟県	335	新潟県	481
3位	新潟県	107	長野県	325	千葉県	327	長野県	396
4位	長野県	106	茨城県	291	長野県	321	福島県	371
5位	茨城県	104	千葉県	290	埼玉県	251	茨城県	351
6位	福島県	83	埼玉県	278	茨城県	241	埼玉県	344
7位	埼玉県	67	福島県	246	福島県	232	群馬県	263
8位	栃木県	65	栃木県	201	栃木県	183	静岡県	243
9位	群馬県	63	群馬県	174	静岡県	161	栃木県	241
10位	静岡県	53	静岡県	168	愛知県	130	愛知県	214

注：1915年度より「東京府」は市部・郡部と分離するが合算した。
出典：同上。

東京市浅草職業紹介所の宿泊者。大正中期頃か（東京市社会局編刊『職業紹介要覧』1921年）

方出の無職者又は失業者、然らざれば苦学生の類にして、都市生活熱に憧憬して、漫然上京したる青年」であった。

宿泊者・求職者の出身地を表**7-5**、表**7-6**で見ると、東京府、千葉県、新潟県の順であり、次いで長野・茨城・福島・埼玉・栃木となっている。関東地方や新潟は当時の上京者に多かったが、長野や福島などやや遠方の出身者が多数を占めていた点は興味深い。また、宿泊者には青物商や土木工事手伝い、区の散水夫などの労働者も多かった[75]。

以上が初年度の特徴であるが、課題は次の二点に集約された。

第一は来所者の偏向である。先に見た「高等遊民」が多数を占めていたが、「事務員か書記でなければ就職せぬ[76]」という人を雇いたいところなどあるはずもなく対応が困難であった。第二は全体的な需要と供給のミスマッチである。「求職者中誠意を欠くの申込みをなしたるもの」がとくに苦学生に散見され、彼らは「断然紹介を断絶」(明治四四年度)することもあり、「自今此等学生の為に紹介の労をとる事を謝絶し純粋の労働者または番頭小僧等の如き紹介に力べしとなり」[77]と言われるほどであった。

この結果、市紹介所は、「高等遊民」や事務員志望ではなく、生活困窮者に対象を切りかえることとなった。そしてその対策として、「宿泊者の身上を聴取し」「帰国又は、在京姻戚者に引渡し」など「可及的範囲に於て、援助をなした」。さらに、「求職者中、直に適当なる紹介先なき場合に於て、其の日の生計費を有せざる者、並に、如何なる需要先にも、到底就職不可能と認むるものの処遇」につき、「簡易なる授産場を併置」「実費飲食物、給与をなすの外途なき」(明治四四年度)とした。以上から初年度は、市紹介所を開所したとたん関東や遠方から出稼ぎや苦学を目的に上京する者が押し寄せてこの数字となったと思われる。これを教訓に、市紹介所は需要に応じて就労可能者へ仕事を紹介し、就労不可能者の便宜を図りながら授産場などの附帯事業を行うこととなったのである。

貧困層への食料提供と授産事業の開始

では、附帯事業の実績はどうだったのであろうか。

まず、食費の給与は翌一九一二年四月に始まった。これは、芝紹介所主事の栃尾頼吉の発案による。栃尾は市役所から小石川区大塚の報徳会(市養育院内の有志団体で、二宮尊徳の遺法に則り、小住宅の貸

表 7-7　市紹介所の授産場の成績

	就業者数		就業延人数		1日平均就業人数		1人1日平均所得	
	男	女	男	女	男	女	男	女
1913	222	133	2,026	1,789	—	—	—	—
1914	208	172	1,407	2,736	4.2	8	,148	,99
1915	483	154	35,575	1,967	10	6	,295	,114
1916	414	167	36,725	2,541	10	7	,353	,96
1917	561	149	74,645	2,299	21	6	,522	,100
1918	707	167	80,705	22,434	22	6	,638	,168
1919	805	267	113,288	2,809	31	8	,823	,305

注：人員は単位（人），平均所得は1,0が 1 円。平均値は筆者計算で小数点第二位を四捨五入。
出典：各年度『年報』をもとに筆者作成。

表 7-8　市紹介所の事務員の構成

	主幹	事務員・雇人（臨時雇人）	嘱託医員	看護人	小使	炊夫
1913年	1	11(1)	—	1	5	1
1914年	1	11	—	1	5	1
1915年	1	11	2	1	5	1
1916年	1	11	2	1	6	1
1917年	1	11	2	1	6	1
1918年	0	9	1	0	4	1
1919年	0	9	2	0	4	2
1920年	1	9	2	0	4	2

注：人数は，1913年 6 月 1 日現在及び以降毎年 3 月末日のもの。
出典：各年度『年報』をもとに筆者作成。

付や低利資金の貸付を行っていた）に相談し、五〇円を借入れて始め、総額九三七円九四銭で食料品一〇種目を仕入れ、合計一五四六四食分を支給したが、運営のむずかしさや予算不足などから九ヶ月で終了してしまっている。[78]

また、授産事業は、来所者のうち「就職先若クハ行先ナキモノ等種々ノ事情ノ為メ糊口ニ窮スル者ノ応急的救済トシテ」（大正三年度）、簡単な仕事をさせるものである。一九一二年四月より「某工場主ト特約シテ本所ニ利害関係ナク簡易ナル玩具製造ニ従事」させた後、同年九月から準備を整え、一二月に袋張りと紙切れの分別を浅草紹介所で実施、翌年同所で正式に事業化された（大正二年度）。[79]

表**7-7**を見ると、就業者数は男女とも順調に増え、特に男性は一九一三年と一九一九年では延べ人数で約五六倍となっている。これは、市紹介所職員の努力により臨時の業務や役所・工場の仕事が増加したためである。[80] 賃金は男性で一四銭〜八二銭、女性で九銭〜三〇銭であるが、この上昇は物価上昇に比例したに過ぎない。授産事業を経て自立した人の数は不明であり、利用者は虚弱者や老齢者が多く、後者は養老院に送られることもあった。[81]

ただし、これらの附帯事業が成果を上げる一方、理由は不明だが市紹介所予算に一九一六年度以降、毎年「授産費」が繰り入れられ、圧迫していくこととなった。職員数と予算は表**7-8**および表**7-9**に挙げた。第一次大戦期までだけを見ると、人件費では慰労及特別手当が増加している。ただし、これは事務員が減少し、小使が増えた分の変化であり、主な財政負担は一九一六年から市養育院の会計に編入された授産費であることは明白であった。

表 7–9　市紹介所の事業経営予算

	1912年	1913年	1914年	1915年	1916年	1917年	1918年	1919年
事務員雇人給	3696	3696	3888	3888	3888	3976	2592	2736
看護人給	128	128	128	129	128	1170	0	0
小使給	639	639	639	769	767	991	869	1153
炊夫給	128	128	128	129	128			
嘱託医手当	—	—	120	120	120	120	120	120
慰労及特別手当	541	541	556	564	564	565	1213	1039
旅費及車馬賃	450	450	390	390	390	330	320	350
備品	650	650	650	650	650	580	700	850
消耗品	1750	1750	1500	1200	1200	1380	1580	2100
通信費	348	348	411	414	414	415	233	300
印刷費	300	300	300	300	300	350	370	370
賄費	686	686	686	688	686	1300	2210	2592
被服費	25	25	25	30	30	215	17	28
授産費	—	—	—	—	7616	7616	9624	11654
瓦斯及電燈料	230	230	310	310	310	300	257	288

注：『年報』には「本年度経費予算」と「発行年度予算」の両方が記載されているが，前者を記載した。
1915年度の『年報』（第 5 回）より予算と決算，および発行年度（翌年）の予算が記されているため，1915年度以降の決算の値は別表とした。
出典：各年度『年報』をもとに筆者作成。

大正初期にかけての成績

このように市紹介所は、身元保証を不要とし、一般から募集した日雇労働や工場、家内労働など多様な求人を集め、東京市内に居住する求職者に限定して無料で職業を紹介し、あわせて宿泊、少年保護、授産の施設も備えて、貧困層対策の総合的な機関としての役割を果たしていた。他の施設のように宗派や特定の対象者に限定せず、徹底した非営利主義のもとで効率性を重視したはじめての公立の機関の意味は大きい。口入業者をはじめ営利事業との競合を避け、行政との連絡を密にして仕事を紹介してもらうなど、附帯事業も始めてその地域で一定の価値を築いた点が、従来の公益事業と異なっていた。本書冒頭で見たように、時事新報の記者の北浦夕村は、一九一二年一二月一日に東京市紹介所を訪ね、職業紹介に熱心な職員の様子を記している。

大正初期にかけての統計を見ると、表**7–10**でわかるように、一九一〇年代前半は毎年一定数を紹介しており、需要者は一九一二～一五年にかけてほとんど増加はしていない。来所者は一九一四年まで増加し最大で八〇〇〇名を超え、その後大戦景気から漸減している。男性が圧倒的に多く女性は微増という程度であった[82]。

来所者の特徴であるが、求職者は依然として、「都市生活ニ憧憬シテ漫然上京シ事希望ニ違ヒ其方向ニ迷フ」者や「高等遊民ト云フヘキ求職者ノ多数ナリ」（大正元年度）という状況で、宿泊者もまた「希望ニ違ヒ遂ニ漂浪ノ身トナリ遂ニ本所ニ求職シ次テ宿泊ヲ請フノ径路」（大正元年度）、「求職者ニ比シ在京年月長キ」（大正二年度）に変わり、「労働者」「職工」（大正四年度）となった。宿泊者に対し

東京市神田職業紹介所の外観。経費削減のため短期間で閉鎖された（東京市編刊『東京市職業紹介所第五回年報』1915年）。

ては、篤志家、名士、僧侶の講演や講話で勤労の価値を説くなどの教化も行ったが（大正元年）、効果は確認できない。

一方、職業紹介業種の特徴を表**7-10**で詳細に見ると、男性は労働や職工、店員、配達人が主な紹介先で、女性は女中が多い。男子の職工、労働は、一九一三年までは日雇のみであったが、翌年より常雇も加わり、住込みか通勤の月給か日払いの四種類となっており、店員・配達人は住込みで月額か、通勤で日額支給の二種類、女中は住込みのみであった。なかなか紹介できない、求人のこない職業は、男子では集金人、写字、校正、記者、技術手、薬局生、教員、女子では保母、看護人などである。需要が少なく、資格が必要な職種も多い。需要自体が過少だった。こうした状況に対し、市紹介所では、「比較的就職希望者多キ事務員、教員、小使、書生等ノ需要先少ナキハ是亦遺憾トスル処ニシテ斯種需要者ノ開拓ニ努メザルベカラザル」（大正元年度）とし、求人の開拓を徐々に課題とするようになった。とりわけ、一九一三年一月、渋沢栄一が東京市長阪谷芳郎を訪れ、職業紹介所へ「市の使用人夫」を紹介することを協議したことはその後の関係にも繫がったと思われる[83]。

重要なのは、こうした事業を展開する市紹介所が地域に根づき、周辺の営利事業にも影響を与えた点である。市紹介所の初代主幹・大橋勇は大正後期に開所当初を回想して、「市内に三百余軒あった口入屋が打撃を受けて不平を持ち込むといふ次第で一二年で漸く地盤が出来たら口入屋が職業紹介と看板をかへ出した[84]」としている。この三〇〇軒という数字は、第一章の警視庁統計によれば市内ではなく、浅草、芝、小石川の三区の合計に近い。それでも「不平」が出るほどだったのは事実であり、都市下層社会で一定の地位を築いたことを意味していた。

市紹介所の成果と課題

一方で、開所する前からいた「高等遊民」など知識階層の失業者には、希望どおりの事務員や教員といった近代的な職業を紹介するのは難しく、労働者の自立を促す教化の成果も見られなかった[85]。

北浦が目撃した施設の問題点を追究するならば、設備の不衛生に加え、「市の方では、毎晩々々別個の人間と見做して、宿泊させて居るのであるが、乞食や立派な定職のある者[86]」が多く、明らかに規則違反だった。しかし、彼らを追い出せば、市紹介所よりも高額の宿泊料を取られる木賃宿に宿泊せざるをえず、さらに貧困に陥らせることになる。これでは貧困層を対象にした事業の意味も薄れてしまう。

（1位〜5位）

1915		1916		1917		1918		1919	
高	低	高	低	高	低	高	低	高	低
労働 1736 (1129)	集金人 1(3)	職工 1061 (1000)	教員 2(5)	職工 1171 (1046)	校正 1(1)	職工 1037 (1016)	校正 1(1)	職工 1536 (1617)	技術手 2(8)
女中 68(68)	薬局生 1(0)	女中 96(97)	看護人 1(0)	女中 155 (155)	店員 1(0)	女中 121 (115)	子守 1(1)	女中 126 (124)	使丁 1(1)
職工 568 (691)	教員 2(1)	労働 683 (671)	技術手 3(5)	労働 580 (515)	技術手 3(5)	労働 523 (558)	番人 2(5)	労働 1026 (986)	記者 2(0)
徒弟 2(2)	番人 1(0)	職工 5(6)	– –	職工 11(12)	外勤員 1(0)	職工 12(14)	– –	職工 18(17)	番人 1(1)
配達人 291 (269)	写字 2(6)	配達人 462 (382)	記者 4(3)	配達人 568 (420)	集金 5(14)	配達人 285 (184)	技術手 4(5)	配達人 496 (330)	集金 5(7)
事務員 2(4)	職工 1(1)	事務員 4(4)	– –	事務員 5(7)	番人 1(1)	事務員 8(8)	– –	事務員 4(6)	保母 1(1)
店員 224 (69)	番人 2(13)	店員 287 (386)	集金 5(3)	店員 368 (486)	写字 7(8)	店員 145 (183)	行商 4(3)	使丁 163 (137)	行商 6(6)
保母 2(1)	徒弟 2(2)	子守 2(1)	– –	保母 4(3)	子守 1(1)	保母 4(4)	– –	子守 4(6)	看護人 1(0)
行商 104 (67)	薬局生 3(1)	外勤員 73(51)	写字 6(7)	使丁 143 (130)	薬局生 8(9)	使丁 134 (138)	薬局生 6(9)	店員 141 (230)	薬局生 8(8)
職工 1(1)	事務員 2(4)	保母 1(0)	– –	看護人 2(1)	– –	看護人 3(3)	– –	店員 1(1)	労働 1(1)
3121/8487	(36,77)	1879/6259	(30,02)	3136/5322	(58,93)	2422/4219	(57,41)	3753/5707	(65,76)
78/206	(37,86)	109/221	(49,32)	181/358	(50,56)	150/265	(56,6)	163/271	(60,15)
3199/8693	(36,8)	2988/6480	(46,11)	3317/5680	(58,4)	2572/4484	(57,43)	3916/5978	(65,51)

（　）内は就職希望者数。

表 7-10　市紹介所の職業紹介成績一覧

		1911		1912		1913		1914	
		高	低	高	低	高	低	高	低
1位	男	労働 82(98)	集金人 1(1)	労働 971 (909)	集金人 1(3)	労働 1135 (918)	校正 1(0)	労働 1450 (1046)	記者 1(0)
	女	女中 9(10)	– –	女中 33(31)	行商 1(0)	女中 43(44)	技術手 1(0)	女中 45(51)	職工 1(1)
2位	男	職工 78(75)	給仕 1(3)	職工 677 (538)	写字 1(8)	職工 681 (632)	教員 1(1)	職工 462 (522)	薬局生 1(2)
	女	保母 4(2)	– –	職工 9(9)	教員 1(1)	事務員 8(9)	教員 1(0)	看護人 4(5)	徒弟 1(1)
3位	男	店員 28(32)	書生 2(1)	店員 160 (285)	校正 1(2)	配達人 311 (274)	写字 2(11)	配達人 343 (312)	写字 2(4)
	女	職工 3(2)	– –	事務員 5(6)	子守 1(2)	保母 4(5)	看護人 1(3)	子守 4(2)	給仕 1(1)
4位	男	行商 22(13)	小僧 8(5)	配達人 160 (120)	教員 1(2)	店員 187 (351)	番人 4(13)	店員 189 (436)	教員 2(3)
	女	看護人 1(1)	– –	看護人 3(2)	薬局生 2(0)	職工 3(1)	労働 1(1)	労働 3(0)	番人 1(1)
5位	男	徒弟 11(6)	事務員 10(25)	行商 59(40)	番人 7(7)	外交及 勧誘 54(20)	技術手 7(16)	行商 154 (92)	集金人 3(2)
	女	– –	– –	薬局生 2(0)	看護人 3(2)	番人 3(0)	子守 2(1)	行商 2(0)	集金人 2(1)
紹介者数／総来所者	男	294/ 1942	(15,14)	2287/ 6280	(36,42)	2603/ 5833	(44,63)	2813/ 8779	(32,04)
	女	15/64	(23,44)	55/155	(35,48)	69/179	(13,68)	67/191	(35,08)
	合計	309/ 2006	(15,4)	2342/ 6435	(36,39)	2672/ 6012	(44,44)	2880/ 8970	(32,11)

注：業種における日雇・常雇の紹介者数は不明。順位は倍率ではなく実数に基づく。
出典：前掲各年度の『年報』をもとに筆者作成。

なかには各宿泊所を転々とする者も少なくなかった。一九一六年の新聞記事では、「二日位宿泊所に来ると又二日は同分所に泊り職人宿や、職業紹介所の二階、木賃宿とぐる〳〵と廻つて生活を続けて居る〔中略〕廻つて居る中に死亡する者も帰国する者もあるが、長い者は四五年継続して同所の世話になつて居る[87]」と指摘されている。

このように市紹介所は、貧困層を支援する有力な機関になりつつあったものの、紹介業種は限定的であり、宿泊事業等の附帯事業は職業紹介の補助的なものにとどまっていた[88]。市紹介所もまた無料宿泊所や救世軍と同様、都市下層社会への「回路」となる矛盾を抱えつつ、附帯事業を充実させて現状の解決策を提示し、少しでも常雇の求人を増やそうとそのあり方を模索していったといえる。

注

(1) なお、明治七年に神奈川県では大区議会に「傭人口入所設置ノ儀」が提出されており、山梨県中巨摩郡豊村や山形県西田川郡鶴岡町では町村当局が職業紹介事業を実施したとの内務省の記録もある(「史料紹介 珍らしい明治初年の職業紹介関係記録」『清流』第三号、一九六九年七月)。ただし管見の限り、前者は実現されず後者は農作業の斡旋のみであったようである(内務省編刊『我国に於ける慈恵救済事業』一九〇八年初出。社会福祉調査研究会編『戦前期社会事業史料集成』〔以下『史料集成』〕第一巻、日本図書センター、一九八五年所収、二一頁)。日本社会学院調査部『現代社会問題研究第八巻 本邦社会事業』(冬夏社、一九二一年初出。『戦前期社会事業基本文献集』〔以下『基本文献』〕第二七巻、日本図書センター、一九九六年所収)一二五頁。

(2) 大谷まことは市紹介所を設立した原動力として渋沢・田中に初めて注目したが、推論にとどまり、具体的な検証はしていない(大谷まこと『渋沢栄一の福祉思想』ミネルヴァ書房、二〇一一年、第二章)。田中太郎については、加登田恵子「田中太郎著『泰西社会事業視察記』解説」(『基本文献』第二一巻、日本図書センター、一九九五年所収)参照。

(3) 見城悌治『評伝日本の経済思想　渋沢栄一』(日本経済評論社、二〇〇八年)一一四~一一八頁。渋沢は、大正期に後述する床次竹二郎と、労資協調を目的とする財団法人協調会を設立することでも知られる。

(4)「銀行倶楽部に於ける済貧事業談話会」(『竜門雑誌』第二六三号、一九一〇年四月、八一~八三頁初出。渋沢青淵記念財団竜門社編『渋沢栄一伝記資料』[以下『伝記資料』]第三〇巻、渋沢栄一伝記資料刊行会、一九六〇年所収)四二〇頁。

(5) 例えば、一九〇九年には、無料宿泊所の所長大草恵実が「宿泊者中の失業者の為めにする職業紹介の方法を拡張せんことを期し、本院に対し適当の事務員を派遣せんことを申請」し、市養育院では「事務員大橋勇氏を派遣」した(「無料宿泊所の成績と本院」『東京市養育院月報』(以下、『月報』)第一一二号、一九一〇年六月二五日)一九~二〇頁。

(6)「田中太郎氏の送別会」(『月報』第八七号、一九〇八年五月二五日)一二三頁。

(7) 田中太郎『泰西社会事業視察記』(一九一〇年初出。前掲『基本文献』第二一巻)二七一~二七四頁所収。営利業者は五七〇軒あった(生江孝之『欧米視察細民と救済』博文館、一九一二年、一八〇頁)。

(8) 前掲生江『欧米視察細民と救済』一七二~一七四頁。なお、ミュンヘン職業紹介所(一八九五年設立。手数料無料、市の経費年一万五〇〇〇円前後とバイエルン国内務省の補助で運営)、ベルリン職業紹介所(私立協会の中央労働紹介組合設立。「ゴルマン・ストラッセ」「リュケン・ストラッセ」、その他三ヶ所に事務所所有)。田中太郎によれば、公益事業は一五〇ヶ所で六万七〇〇〇人である(前掲田中、二六三~二六九頁)。

(9) もっとも、田中のフランス認識は偏っており、内務省嘱託の生江孝之によれば、フランスの職業紹介事業は一八四六年に始まり、営利業者は延べ一〇〇万人を紹介していた。一八八六年にパリ市会が公益事業を設立して公営主義に移行し、二〇世紀初頭に五二ヶ所があった。うち三三ヶ所で約六万人が就業した。営利事業は一〇〇〇の職業組合があったというが、一九〇四年営利事業を停止(五年以内に閉鎖。市町村が相当の賠償金を出す)、市町村および職業組合、雇主組合、共済組合などが営業でき、人口一万人以上の市町村に必ず設置することとなった。すべての管理はパリの区役所が行った(前掲生江、一六八～一六九頁)。

(10) 前掲田中、二七五～二八八頁。

(11) 「防貧・救貧・育児及感化等の事業、並に労働者保護、失業者問題解決策等に関する調査の大要」と題した二時間半の報告。職業紹介事業については、日本の営利業者を「公益の為めにやつて居るのではありません」と否定的に捉え、イギリスを事例に「雇主と就業希望者との中間に立つて無手数料で紹介をする、手数料を徴収しないのが原則」である点、デンマークのコペンハーゲンとドイツのミュンヘン紹介所が求職者への配慮をした点を肯定的に紹介している(前掲「銀行倶楽部に於ける済貧事業談話会」八一～八三頁初出。『伝記資料』第三〇巻、四二〇頁)。

(12) 田中太郎「泰西社会事業視察一斑」(『慈善』第一巻第四号、一九一〇年四月三〇日)五七～五九頁。

(13) 渋沢栄一「慈善救済事業に就て」同右、三二～三三頁。

(14) 救済事業調査委員会は、内務官僚や田中太郎ら講話会の出席者が委員となり、翌年一一月に報告書を中央慈善協会へ提出した。職業紹介事業は、「東京、京都、大阪、名古屋、横浜又は神戸の如き大都会に於ては、先づ市営紹介所を設けて、彼らを救済し、更に公益を主として経営するものに対しては、国家又は公共団体が相当の補助を与へて、事業を拡張又は完成せしむるを以て最も適当の処置」(中央慈善協会『救済事業調査要項』一九一一年七月初出。『史料集成』第一七巻所収、六三頁)とされ、この構想の一部は市紹介所によって実現している。

(15) 大霞会内務省史編纂委員会編『内務省史』(第三巻、大霞会、一九七〇年)三八二頁。

(16) 例えば、後に東京地方職業紹介所所長を務めた遊佐敏彦は、「内務省が公営主義の職業紹介に具体的に手を触れたのは明治四十二年床次地方局長時代である。欧米視察を終へて海外に於ける職業紹介施設に大いに共鳴した結果、東京大阪大都市に補助金を交付して市営職業紹介所の設立を促した」(遊佐敏彦「職業紹介事業の過去と現在」『社会事業研究』第二三巻第一〇号、一九三五年一〇月、二五四頁)と述べている。

（17）「慈恵救済事業の保護」（『月報』第九六号、一九〇九年二月）二二頁。これに対する六大都市および東京市の反応は管見の限り見当らない。

（18）現在のところ、唯一の評伝である『床次竹二郎伝』によれば、「床次氏は、前にも述べたる如く、官僚の桁外れであつた（中略）事務や法律論は、床次氏の好まざる所であり、また元来、不得手でもあつた」（前田蓮山編『床次竹二郎伝』床次竹二郎伝記刊行会、一九三九年、二〇七頁）、「省内の枢機は、一木、有松、亀井の三人の手中に掌握され、床次氏と水野は、全然継子扱ひにされた」（同、二二〇頁）、「職務上に於ては、床次氏は、一寸の弛みなく、瞬間の油断なく、働いたが、省内の空気は、依然として、床次氏に、不愉快であつた。そこで、平田内相が、市町村制の意あるを幸ひ、内相に請うて、鬱憤晴らし旁々、地方制度視察のため、明治四二年六月、欧米巡遊の途に上つた。シベリア経由で、一路ベルリンに行き、ヨーロッパを視た後に、アメリカへ廻はつて、議会前に帰朝する予定であつた（中略。半年間外遊）翌四十三年四月出版の『欧米小感』は、其のみやげの一部である」（同、二二二〜二二三頁）とある。

（19）田中によれば、「私が倫敦に居る間に内務省地方局長床次竹二郎君が御出でになりまして、私が案内をして各種の社会事業を視察せられ、其序に救世軍の仕事をも特に御目に掛けたら、非常に感服して居られました」という（田中太郎「第十四篇　慈善事業と宗教団体」一九一〇年五月全国感化救済事業大会講演初出。前掲『基本文献』第二巻所収、四四六頁）。

（20）井上友一「積極的救済事業」（『慈善』第二巻第一号、一九一〇年七月三〇日）一三五頁。井上がいかに世界の中の「一等国」たる日本の立場を考えていたかについては、小栗勝也「明治末期福祉論に見る欧米列強への対抗意識—中央慈善協会『慈善』を中心に—」（『法学研究』第七四巻第一〇号、二〇〇一年一〇月）に詳しい。

（21）生江孝之「慈善問題に対する時代の趨勢」『慈善』第二編第一号、一九一〇年七月三〇日、五五頁。なお、この後全国感化救済事業大会においても、「質屋職業紹介並に貧民貸付を目的とする貸家を公設せられんことを建議する事と修正し、之を議場に報告せしに満場の同意を得たり、而して政府に対し之が手続方を中央慈善会に依頼することに決定」した（「大会記事梗概」同、一三一頁）。一連の流れは連動していると見てよいであろう。

（22）後の内務省社会局事務官で「職業行政」を考案した安積得也は、一九一一年に補助奨励が出たと一九二九年の職業紹介事業講習会で演説している（「第六節我国の職業紹介制度と事業概況」安積得也関係文書八〇―一三―二所収）。

（23）「救済事業奨励」（『月報』第一一五号、一九一〇年九月二五日）一七頁。

（24）前掲『内務省史』第一巻、八二二頁。

（25）「職業紹介事業」（『日本』一九一〇年九月二三日付朝刊二面）。なお、大逆事件を受けて平田東助内相が桂太郎首相に提言した「危険思想」の「事後防御」策の一つとして、職業紹介所の設立を挙げている。この時、既に市紹介所の建設計画が進行しており、直接の影響は認められないが職業紹介所を重要視する条件は整っていた。「明治四三年七月二七日　桂太郎宛平田東助書簡」（千葉功編『桂太郎関係文書』東京大学出版会、二〇一〇年、三一四頁）。

（26）山野光雄「続・灯をかかげた人びと（第一六回）＝職業紹介事業の開拓者＝八濱徳三郎」（『健康保険』第三一巻第六号、一九七七年五月）一三七頁。

（27）遠藤興一『田川大吉郎とその時代』（新教出版社、二〇〇四年）一一〇頁。

（28）「公設桂庵」（『日本』一九一〇年一〇月一二日付朝刊一面）。

（29）鴨村生「失業者の福音（八）」（『二六新報』一九一一年八月三一日付朝刊三面）。

（30）「内務省所管経費予算書」衆議院事務局編『二七　帝国議会予算案　明治四四年度』（国立国会図書館所蔵）四頁。なお、決算は内務省本省で八万六四四七円九三銭である（「内務省所管経費決算報告書」衆議院事務局編『三一　帝国議会決算　明治四四年度』国立国会図書館所蔵、四九～五〇頁）。

（31）「第一類第三号　予算委員第二分科会議録　明治四十四年二月一日」（『帝国議会衆議院委員会議録六七』東京大学出版会、一九八九年）二八八～二八九頁。

（32）その後、内務省通達「救済事業の奨励並注意に関する件」では、欧米の紹介事業を解説し、日本でも「就職勤労の途を与ふること益々切なるものあり」とし、東京市を引き合いに「本年度に於ては、聊か予算を増加したる故に、此種事業の経営にして、国庫補助の必要ありと認めらるゝものあるに於ては、十分精査の上、夫々内申せられたし」と奨励の通達が出された（「地方改良に関する内務省の通達」『斯民』第六編第三号、一九一一年六月七日、四三頁）。
（33）東京市会編刊『東京市会議事速記録　明治四十四年』（市政専門図書館所蔵）二二五頁。
（34）「第一種議事市会冊ノ一一―一二」（東京都公文書館、六〇三・B三・〇七、市明Ⅰ明四四―〇〇六）四二八～四二九、五九〇コマ。
（35）「感化救済事業経営者に対する奨励金又は助成金／東京市職業紹介所」（東京都公文書館、六三〇・B四・〇三、府明Ⅱ四五―一二）七四〇コマ。「感化救済事業奨励費」の決算は八万六四四七円九三銭であり、市紹介所が主な奨励事業の一つだった（「内務省所管経費決算報告書」衆議院事務局編『三一　帝国議会決算　明治四四年度』国立国会図書館所蔵、四九～五〇頁）。
（36）東京市編刊『東京市統計書（明治四十四年）』（一九一二年）八一五、八一七頁。
（37）内務省は経常費の三分の二に加え、総額でも三分の二にあたる一万七九二二円を補助した（前掲「感化救済事業経営者に対する奨励金又は助成金」六三〇・B四・〇三、七四〇コマ）。
（38）「公設職業紹介所」（『横浜貿易新報』一九一一年三月三一日付朝刊二面）、同（『二六新報』同年六月一九日付朝刊二面）、「東京市営の職業紹介所に就いて」（『東洋経済新報』第五六四号、六月二五日）四〇～四一頁。
（39）市養育院事務員の市場学而郎（市場鴨村）は、「東京市が一切の経営をあげて大塚の東京市養育院に委託した」としている（「失業者の福音（八）」『二六新報』一九一一年八月三一日付朝刊三面）。
（40）「市立職業紹介所：社会パノラマ」（『人道』第七八号、一九一一年一〇月五日）一三頁。
（41）「職業紹介事業助成の件及東京市立職業紹介所経費補助の件」（東京都公文書館、六三〇・B四・〇一、府明Ⅱ明四五―一〇）一一三七コマ。
（42）「渋沢栄一日記」明治四四年四月一二日、同月一三日条（前掲『伝記資料』）三七一頁所収。

(43)「罹災細民ヲ収容スヘキ長屋ノ建設計画」であり、二〇〇戸の長屋に「罹災中ノ貧民」中「住宅ニ困窮スル者」を収容するとともに、上下水道、水道便所、談話所・娯楽所を設置し、「長屋内ニ市費ヲ以テ職業紹介所ヲ設ケ家賃ノ取立職業ノ紹介其他一般ノ監督ヲ為サシムルコト」を定めた(辛亥救災会編刊『辛亥救災会事業一覧』一九一三年、一～二頁。成田山仏教図書館所蔵)。

(44) 前掲「職業紹介事業助成の件及東京市立職業紹介所経費補助の件」一一三五～一一三六コマ。

(45)「市設職業紹介所」(『都』一九一一年七月二〇日付朝刊五面)。

(46)「失業者の福音(一)」(『二六新報』一九一一年八月一七日付朝刊一面)。

(47) 前掲「失業者の福音(八)」。

(48) 小石川区史編纂委員会編刊『小石川区史』(一九三五年)六四六～六四七頁。

(49) 浅草区役所編『浅草区誌』(下巻、浅草区、一九一四年)五九五頁。

(50) 前掲「失業者の福音(八)」。

(51) 救世軍労働寄宿舎の三施設の収容者数は、四〇名～一一〇名(拙稿「近代日本における公益職業紹介事業―基督教救世軍労働寄宿舎について―」『研究紀要』第七八号、二〇〇九年、二八、三二、三四頁)、無料宿泊所の収容者数は六〇～一〇〇名である(「第二無料宿泊所／新設後の成績如何」『日本』一九一〇年九月三〇日付朝刊一面)。

(52) 中川清『日本の都市下層』(勁草書房、一九八五年)三四三頁。

(53) 東京市養育院編刊『東京市養育院年報　第四十回(明治四十四年度)』(〔以下『第四〇回年報』〕一九一二年)一八八頁。

(54)「市設紹介所の増設」(『東朝』一九一二年三月一八日付朝刊四面)。時事新報記者の北浦夕村は、「此の紹介所〔小石川職業紹介所〕は、明治四十四年中に、久しい欧米諸国の此種の制度を実地に研究した市嘱託田中太郎氏等が設計したもので、全然紹介所及び宿泊所の設備を備へて建つてゐる〔中略〕兎に角形式だけは万事完備してゐる」としている(北浦夕村『東都浮浪日記：附就職難』崇文館書店、一九一三年、九一～九二頁)。

なお、市養育院長の渋沢栄一は詳細な事情を知らなかったため、「救世軍の御経営に見倣ひませうと考へて居ります」と述べていた（渋沢栄一「本会第四回総会開会の辞」（一九一一年一一月三〇日初出。『伝記資料』第三〇巻所収、四五五頁）。

（55）したがって、市紹介所が市養育院の入退院者を対象としたという一部の先行研究の指摘は誤りである（吉田久一「現代社会事業史研究改訂増補版」『吉田久一著作集三』川島書店、一九九〇年、三六頁）。

（56）これを示すように、「内務省側では徴収を主張した」が、渋沢栄一が紹介手数料の有料化に反対し、宿泊のみ実費を徴収することになったとの報道もある（「東京市の公設長屋」『救済』第一巻第四号、一九一一年一一月一五日、四八頁）。

（57）「仕事先は当分試験的に東京市の仕事中機械を要せざるもの丶一部分を直接請け負ふ事とし凡て他の営業者との競争を避くる方針」（「市立職業紹介所：社会パノラマ」一三頁）との報道がある。

（58）前掲渋沢「本会第四回総会開会の辞」四五六頁。

（59）救世軍は「求職票」を来所者に渡し、原籍、住所、姓名、年齢、経歴、希望などを記入させた後、求人簿と照合していた（前掲拙稿「近代日本における公益職業紹介事業」二八、三二、三四頁）。

（60）遊佐敏彦「職業紹介実務追憶」（『職業紹介』第四巻第一号、一九三六年一月）三四頁（近現代資料刊行会、二〇〇九年復刻版所収）。

（61）田中太郎「東京市の感化救済事業」（『統計集誌』第四〇二号、一九一四年八月）二二頁。

（62）前掲中川、三四三頁。

（63）このほか、浅草紹介所の職員は、隣接する長屋（辛亥救災会公設長屋）の家賃回収や諸手続、臨検も行った（前掲『辛亥救災会事業一覧』二一～二三頁）。

（64）大橋は、一九一〇年六月より無料宿泊所へ出張している（「無料宿泊所の成績と本院」『月報』第一一二号、一九一〇年六月二五日）一九～二〇頁。

（65）「事務員になりたい／市立職業紹介所の繁盛」（『読売』一九一一年一一月一八日付朝刊三面）。

(66) 遊佐敏彦「職業紹介実務追憶」(『職業紹介』第四巻第一一号、一九三六年一一月、三四頁。
(67)「市設紹介所の増設」(『東朝』一九一二年三月一八日付朝刊四面)。
(68)「中等遊民が多く来る紹介所」(『中央新聞』一九一一年一一月一六日付朝刊三面)、K・A「遊民と教育」(『萬朝』同年同月二一日付朝刊一面)など。
(69) 横山源之助「下層労働者界の一大矛盾」(一九一二年五月初出。中川清編『明治東京下層生活誌』岩波文庫、一九九四年所収)二八五〜二八六頁。
(70)「御役所の口入業」(『東朝』一九一一年一一月一六日付朝刊四面)。「高等遊民」とは、中学卒業程度以上の高学歴だが一定の職業に就いていない人を指す(拙著『近代日本と「高等遊民」—社会問題化する知識青年層—』(吉川弘文館、二〇一〇年)第一部第一章参照)。
(71) 愛山生(山路愛山)「ひとり言」(『国民新聞』一九一一年一一月一九日付朝刊一面)。
(72) 以下の記述は、前掲『第四〇回年報』該当箇所より。
(73) 前掲北浦、二八三頁。
(74) 焉庭哉「東京市の口入業」(『社会政策』第九号、一九一一年一二月一日)八六頁。「鎌倉河岸や富岡町に蝟集し来る労働者には此事業は未だそんなに知られて居ないのであらう」とある。
(75)「此頃の宿泊所(半数は捌ける人半数は老衰者)」(『都』一九一二年一月一七日付朝刊五面)。
(76) 市場鴨村「市設職業紹介所に就て」(『月報』第一三〇号、一九一一年一二月二五日)五頁。
(77)「小石川の紹介所」(『都』一九一二年五月九日付朝刊五面)。
(78) 愚佛(市養育院幹事安達憲忠)「食事実費給与の試験」(『九恵』第一四四号、一九一三年二月二五日)三頁。
(79) 紙選びは神田区の五十嵐長太郎なる人物が仲介し、富士・王子製紙へ製紙原料として納めた(「年末の遊民/職業紹介所巡り」『読売新聞』一九一四年一二月二一日付朝刊三面)。
(80) 例えば、御大典に際しての小国旗の製作の引受け(一五年一〇月)、市衛生課所管の消毒所臨時使用人夫(一六年一〇月)、尼ケ崎紡績株式会社との特約(一八年二月)、東京毛織株式会社、栗原紡績合資会社、東洋

麻毛紡織株式会社などとの特約（一八年八月）、大日本紡績株式会社、天野鐵工場陸軍千住製絨所、東京市消毒所、日比谷公園。

(81)「東京市の職業紹介所」（『人道』第一四二号、一九一七年二月一五日）八頁。

(82)「就職難を叫ぶ人」（『読売』一九一四年五月九日付朝刊五面）。女子が利用しないのは、「かやうな処に来るのは恥づしいといふ念と、未だ上野、芝口あたりの開く周旋屋が女中志願で上京して来る田舎の女を喰ひ止めて終つたり、又多くは親類知己を頼つて来ると云ふ事情からである」とある。その後も「婦人は兎角役所めいた所は大層厭がる」「手数料を取らないのも敷居の高い一つの原因」ではないかとされている。この他十分周知されていないことも理由に挙げられている（「市設の職業紹介所連合してビラ札を撒き始めました／昨六日最初の試みとして先づ須田町の停留場に」『読売』一九一八年六月七日付朝刊四面）。

(83)「一九一三年一月三一日　日記」（櫻井良樹・尚友倶楽部編『阪谷芳郎東京市長日記』芙蓉書房出版、二〇〇〇年所収）九五頁。

(84)「職業紹介所十五年のお祝ひ／所長の前垂れ時代から茲にも強い世の移り」（『東京日日新聞』一九二六年一〇月一三日付朝刊三面）。

(85)この点につき、市養育院の事務員市場学而郎は、芝の職業紹介所の控室にいた五人の青年たちの一人で早稲田大学の文科にいた者が、「談論風発意気衝天の勢」で「事務員か書記でなければ就職せぬ」と述べていたという。市場は、職業に貴賤なしと世間一般では言うが、そんな理屈は彼らには通用しないとし、こうした求職者に対応する紹介所員に同情するとともに、「求職者自身も少しは反省するが身の為であらう」としている（『月報』一九一一年一二月二五日）。

(86)前掲『東都浮浪日記』一一六頁。

(87)「宿泊所の昨今（近来の統計と臨時休業）」（『都』一九一六年三月一四日付朝刊五面）。

(88)二つの附帯事業が進むなか、前述した保護帰国、縁者への引き渡しによる「効果良好」であったため、「市内浮浪少年男女ヲ収容」し、「悪化ヲ防ギ境遇ヲ改善」（「大正三年度」）する目的で、少年保護事業が一九一三年四月より小石川紹介所で開始された。市紹介所の「処務規程」に「児童保護所事業要領」（全一〇項）が付加された。収容定員一〇名（第三項。一七年に二五名。一五・一六年のみ浅草紹介所）、収容期間は五日以内で、保護者に引き渡すか奉公口を求めて退所させる（第四項。一三年に一五日以内へ変更）こと、収容中は身元調べと求職活動、簡易なる学科の授業、修身的訓戒を行うものであった。各年度の成績を『年報』で見ると、収容者は毎年微増。逃亡率は男性が五四・三三％（一四年）〜八・九六％、女性が六七・六七％（一五年）〜〇％（一三年）と差が大きい。就職先の詳細は不明だが、関東酸曹株式会社、帝国煉瓦株式会社などに職工見習で住み込んだ事例があった（大正三年度）。大橋勇主幹は三宅島への移住なども調査していた（大正四年度）。成績の全容と教化の内容については、坪井真「大正期における東京市職業紹介所の児童保護」（『作大論集』第五巻、二〇一五年三月）参照。

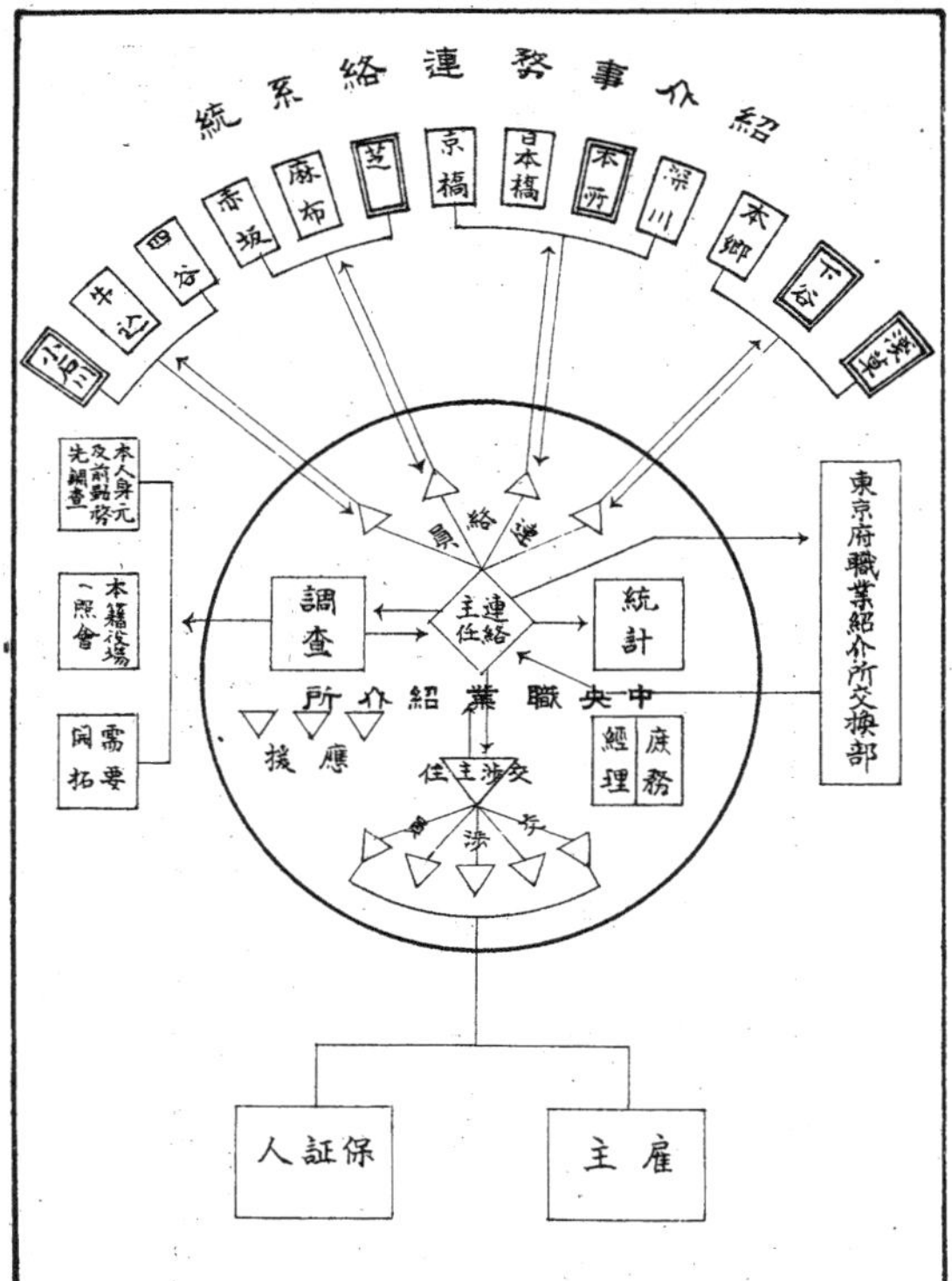
紹介事務連絡系統
小石川
牛込
四谷
赤坂
麻布
芝
京橋
日本橋
本所
深川
本郷
下谷
浅草
連絡員
連絡主任
調査
統計
中央職業紹介所
應援
交渉主任
交渉員
庶務
經理
東京府職業紹介所交換部
本人身元及前勤務先調査
本籍役場へ照會
需要開拓
保証人
雇主

公益事業のネットワーク。大正時代後期（東京市社会局編刊『職業紹介要覧』1921年より）

1　都市下層社会と職業紹介事業

営利事業の役割と課題

以上、近代東京における職業紹介事業の実態と都市下層社会との接点、政治社会への影響を明らかにしてきた。改めて各章の内容から、営利・公益事業の歴史的な役割をまとめ、日本近代史における位置づけを考えてみたい。まずは営利事業である。

口入業者は、近世以来の商業地である日本橋や浅草などに多数店を構え、丁稚・小僧、女中など家内労働を中心に、身元保証を行い、手数料を雇用主と求職者より徴収する形で生業としてきた。しかし日露戦後は求職者の指向が変化したのを受けて新規開業の中小の口入屋では営利主義が強まり、誘き出しや妾奉公、私娼窟へ売りとばすなど問題が発生し、女性の求職者を中心に都市下層社会への「回路」としての意味合いが強まった。警察に摘発されたり、紹介先であった私娼窟の壊滅によりこうした弊害は除去されたが、業界の信頼は著しく損なわれた。

日雇周旋は請負制度のもとで成立し、不熟練労働者を工場や建築現場などに紹介し、賃金を「頭撥ね」することで収入を得ていた。本所や深川、神田などで看板を出し、資本主義の発展に伴い木賃宿や歓楽街と隣接する地区で組織的な事業を行った。日露戦後に工業地帯が拡大し雇用形態が変質すると、大量の不熟練労働が必要とされ、深川や神田には日雇労働者を囲い込む木賃宿や食事や性風俗などを提供する歓楽街が軒を争う企業地区ができ、こうしたなか日雇周旋も都市下層社会へ直結する「回路」となった。一部の日雇周旋は余剰労働力を地方へ送り出す「人夫釣り」も手がけるようになり、関東以北への不熟練労働者の調整も担った。しかし、「人夫釣り」の過酷な労働現場の実態が報じられ、木賃宿周辺の治安の悪化が可視化されると、業界のあり方が問われるようにもなった。

職業案内所は、手数料を徴収して求人情報を閲覧させる情報仲介業者として登場した。浅草、上野、神田などの駅周辺や繁華街を中心に店舗を構えていた。日露戦後の新しい世代の男女が利用し、一部の求人では効果を発揮したが、業者間のたらい回しや虚偽の求人も多く、貧困により都市下層社会へ「転落」する求職者も少なからず見られたため警察が介入し、最終的に取締規則による規制を受けることとなった。

公益事業の役割と限界

次に公益事業である。無料宿泊所は、浄土真宗の僧侶と市養育院の幹事安達憲忠によって本所区に設立され、無料で職業を紹介する施設として開所した。日雇労働者や浮浪者などの利用を得たが、日雇周旋の「頭撥ね」の影響を受けるなどし、事業自体も寄付金を前提の運営となったため、規模を拡げるには至らなかった。日露戦後に内務省の推進する感化救済事業のもとで市養育院の支援、政府支援金を受けて第二施設が深川区に設立され、自立を目指すプログラムも組まれたが自立できる人は少なく、営利事業とは別の都市下層社会への「回路」と化した。

救世軍も無料宿泊所と同様に、下層地区の浅草に設立され、その後神田、月島に政府の支援を得て増設された。苦学生を中心とする男性の求職者を低額で宿泊させて多くの来所者を得たものの、施設利用者の怠惰や事業の赤字などが原因で成果は容易に上がらなかった。明治末期になると高い評判とは異なり、浅草では救世軍担当者が選別した特定業者との癒着と施設の老朽化、救済とほど遠い実態が暴露され、結果的にもう一つの都市下層社会への「回路」となったことから、事業自体を縮小せざるをえなくなった。

このように先行する事業の反省もあって、日露戦後になると、青年会人事相談部、浄土宗労働共済会、東京模範紹介所がそれぞれ都市下層社会と接点を直接持たない職業紹介のあり方を模索した。しかし、宗派内や特定の地区で紹介するのは限界があるため小規模にとどまり、労働共済会は浄土真宗の無料宿泊所や救世軍と同様に、附帯事業の充実や求人開拓の拡充に活路を求めるようになった。

東京市職業紹介所は、欧米の公立事業を見聞した市養育院の田中太郎や、渋沢栄一の発案で設立が検討され、西欧の事情に精通した内務省地方局長の床次竹二郎、神社局長井上友一の同意を得て、無料宿泊所と救世軍を参考にしつつ、手数料無料で宿泊施設を備えたものとなった。市紹介所は原則手数料なしで紹介を行い、来所者には都市下層社会とは無縁の「高等遊民」も少なくなかった。紹介事業の至らぬ点を来所者への個別対応や附帯事業の充実で埋めあわせようとし、さらに求人を開拓して多様な職種を紹介していた点で、無料宿泊所や救世軍労働寄宿舎とは大きく異なっており、都市社会での地盤を作る展開をみせたが、東京市の方針により、事業を拡大することはできなかった。

このように、近代東京の職業紹介事業は、営利目的の性風俗産業への転売や手数料の詐取、日雇周旋の問題を解消しようと様々なタイプの試みが見られたが、本来救済を目的とした公益事業も含め、そのほとんどが直接・間接に都市下層社会への「回路」になってしまった。

求職者のなかには、自助努力により独立自営に成功した者や常雇の工場労働者になった者も若干見られたが、帰郷する者や各紹介所を回避する者もいて、多くの利用者は不満や理不尽さを感じつつも、日雇や季節労働など短期就労を繰り返さざるをえない者がほとんどであったと思われる。

こうして見ると、職業紹介事業とは、近代化による身分制度の解体と就業の流動化を背景に、都市の発展に伴う商工業、サービス業の膨大な不熟練労働力を供給し、都市下層社会を中心に人々を配分してきたといえる。このサイクルから抜け出すには、徹底した自己管理と勤勉さ、学歴が必要であり、決して容易なことではなかった。

その意味で近代の職業紹介事業は、農村から都市へ流入した人々を都市産業に送り込み、男性を日雇労働、女性を性風俗産業へプールして搾取し、都市に定住させながら底辺の労働力として資本の要求に応えさせ続けたといえそうである。もっとも、公益事業は露骨な搾取ではなく、工業労働の需要に食い込んで活路を見出しつつ、貧困層の自立を不十分ながら促し、附帯事業を充実させ、行政の下請けをはじめ新たな求人を開拓して、極貧層に転落する一定の「歯止め」の効果はあったが、それとても決して大きなものではなかったのである。こうした職業紹介事業の特質は、現代に至るまで、都市下層社会に生きる人々の就業を規定してきたのではないかと思われる。

2　歴史のなかの職業紹介事業

職業紹介事業が注目される時代

最後に、本書冒頭で見たように、職業紹介事業が注目される時代とは、どういう時代なのか、改めて考えてみたい。

まず、職業紹介事業に政府が注目した理由として、日露戦後の政権は貧困対策を重視し、とりわけ就業を通じて貧困を解消すると同時に国民を賃金労働者として再編し、警察による治安維持の試みなど国民統合の動きが影響していたことは明らかである。営利事業の取締や、公益事業に対する支援も、こうした近代国家における国民統合と無関係ではない。勤勉をうたい、貯蓄と生活改善を政府が要請するなか、職業紹介所もまた、国家目標に即して、適切な機能を果たすことが求められていく。とりわけ公的救済が限られていた明治末期には、職業紹介事業は、防貧対策として国に期待されるようになったのである。

また、従来、都市下層社会だけの問題として放置されていた現状を、貧困にあえぐ求職者の目線に立ってメディアが次々と報じるようになり、都市における悲惨な労働者の生活が明らかにされた。当時東洋経済新報の記者であった石橋湛山の言葉を借りれば、「問題の社会化」[1]の好例でもあった。

当時の日本は「一等国」を自負するようになったとはいえ、国力はさほど豊かではなく、古典的な自由主義経済のもとにあった。各章で紹介した実態は、まさに近代化によって大都市への集中と貧困が同時進行するなか、多くの人々が模索し始めた「職業紹介事業の近代化」を示すといえる。第七章で見た欧米諸国の多くが営利事業を取り締まり、公立事業へ移行していたが、これは「一等国」が目指すべき姿でもあった。

公益義業の組織化と統制

こうして西欧を参考にした職業紹介事業は、都市下層社会への「回路」となるのを半ば黙認しつつ、露骨な搾取をせずに求職者の便宜を図り、産業界との連繫を強化する方向へ向かうこととなった。

例えば、当時最も労働問題に精通していた一人である、『東京朝日新聞』記者で後に労働運動家となる鈴木文治は、自らも職業紹介所を数々訪ねて労働者や浮浪者の実態を見聞きし、次のように記している。「私立の周旋屋、救済事業たる此種の設備に職業の紹介を頼んで来る者は夥しい数である」が、公立事業については、「若し出来得るなれば市内各所に支部を設け、中央部に於て之を統轄し、各部の報告を総合して労働状態の大勢を監視するの地位に有らしめ度い」。さらに「私立の周旋屋、人夫受負業」は、「厳重に取締て公立紹介所に倣はしむるやうにせねばならぬ」とし、「公私相俟つて大に効果を発揮し得る」という(2)。問題の多い民間の紹介業を取り締まるとともに、公立事業を発展させて労働力の「総合」と「監視」、すなわち需要と供給の調整が必要であるというのが鈴木の主張であった。実際、鈴木はこうした問題意識を持って、警察行政や各種職業紹介事業の連繫を促し、労働問題に取り組んで友愛会（のちの日本労働総同盟）を結成するなど実践活動に携わっていく。

また、労働行政全般を扱っていた内務省社会局嘱託の生江孝之は、営利事業の口入業者や人足の親方、職業案内所には不当な手段で求職者の賃金を撥ねている者が「少なくない」と弊害を指摘している。その一方、近来「慈善的の労働紹介所」として浄土真宗の無料宿泊所、救世軍、キリスト教青年会人事相談部などが登場したことを受けて、「かかる私立のものが拡張せられ増設せられて弊害多い口入所を自然淘汰する様に致したい」、「尚更に進んで市町村に於ても公営事業として労働紹介所を設置したならば」、「自他の便益多大にして且つ敏活に其要求に応ずることが出来る」と述べた。[3] 一九一七（大正六）年に内務省地方局長になると、「公益的のものを増設すると同時に其の地方々々で行ふばかりでは、需要供給の平均を失ふから、英、仏で行つてゐるやうに謂ゆる労働交換をしなければならない[4]」と考えるに至っている。近代国家として、大都市が効率的な労働交換を行えば、国家産業の発展に寄与すると論じたのである。

鈴木文治（1885–1946）。労働問題に取り組むなかで，職業紹介事業にも関心を寄せていた。

生江の主張した方向性は、第一次世界大戦後に工業化が進み、米価高騰に端を発した米騒動が起きると決定的となった。

米騒動後の都市部では貧困対策を次々に打ち出し、公立事業も多数始まった。一九一九年三月頃からは好景気が収束し、日雇労働者や不熟練労働者を中心に大量解雇される[5]。労働運動が高まり、日本初のメーデーが行われるなか、友愛会など都下主要九労働団体による労働組合同盟会が公立事業を政策化するよう要請を出した[6]。そしてロシア革命を受けて開かれた国際労働機構（ＩＬＯ）の第一回総会でも、勧告「失業ニ関スル条約」が採択され、公立職業紹介所の設立と機能の充実、営利事業の統制が定められ、この方向に沿った政策が求められていた[7]。このなかで公益事業ネットワークが内務省と東京市によって本章扉図のように作り上げられていった。市紹介所を基点とした市内の連絡体制が構築されていったのである。

その後、関東大震災、そして世界恐慌へ至る不景気のなか、公立事業は失業対策事業としての存在感を高め、工場労働への紹介を拡大、営利事業を上回っていく。市場の信頼を失っていった営利事業は規制されながら再び違法な紹介を手広く行い、内務省や警察に厳しく取り締まられる[8]。

結局、この後の職業紹介所の役割を見ると、第一次大戦後に成立する大企業と中小企業の「二重構造」のうち、下部構造を支えるものになっていったと言える。工業化の恩恵を受けた一部の工場労働者を除いて、膨大な数の都市貧困層を配分し、再生産するのに寄与したといえなくないのである。

さらに、公立機関による労働力の需給調節は、陸軍が期待する国家総動員体制の一翼を担うこととなった[9]。実際に公立事業が総力戦体制の歯車と化すのは、昭和初期にかけて失業の救済窓口となり、日中全面戦争中に国家総動員法が施行され、改正職業紹介法によって国営化された後である。営利事業を制限し公立事業が労働市場の中心となって、労働者の格差は固定され、あらゆる労働力は軍需産業に最大限利用されたのである[10]。

都市へ労働力を円滑に集め、なおかつ貧困問題を解消するためには職業紹介事業の近代化は不可欠であった。しかしその中核になった公立事業の機能が暴動と不況によって形成され、最大限に活用されたのが対外戦争だったという事実は、近代日本社会の特質をとらえるうえで重要である。

この意味において我々は、失業者を救済する場としてだけでなく、新自由主義の現在、都市下層社会への「回路」となっている営利目的の派遣会社や職業紹介事業者の姿に、改めて注目していく必要があるといえるのである。

注

（1）石橋湛山「問題の社会化」（『東洋時論』一九一二年四月号初出。石橋湛山著・松尾尊兊編『石橋湛山評論集』岩波文庫、一九八四年所収）一五～一六頁。

（2）鈴木文治「東京浮浪人生活（三十七）」（一九一一年二月一一日初出。総同盟五十年史刊行委員会編刊『総同盟五十年史第一巻』所収）九三八頁。

（3）生江孝之『業務紹介事業の趨勢』（内務省地方局、一九一〇年）一五～二二頁。

（4）「最善の社会的施設／十一月三日開催さるべき全国救済事業大会の協議事項」（『読売』一九一七年一〇月二六日付朝刊五面）。

（5）「職を求むる労働者／各工場から吐出され右往左往に」（『萬朝』一九一九年二月四日付朝刊三面）、「都下の失業者は日を逐うて増加／七月中に一万三千人職業紹介所は府市共に忙しいが孰れも完全に行かない」（同、一九二〇年八月二五日付夕刊二面）など。
（6）澤邊みさ子「日本における職業紹介法（一九二一年）の成立過程―本格的な労働市場社会政策の登場―」（『三田学会雑誌』第八三巻特別号I、一九九〇年九月）第二章第三項。
（7）もっとも政府は、この条約の批准とは別に「職業紹介法」の成立を進め、一九二三年一〇月二日閣議決定、一一月二三日批准登録を経て同日条約第六号を公布した（労働省編『労働行政史』第一巻、労働法令協会、一九六一年、一八七～一八八頁）。
（8）この点は、「昭和戦前期の東京における営利職業紹介事業について」（第五六回日本風俗史学会大会、二〇一五年一一月二二日）で報告した。加瀬和俊『失業と救済の近代史』（吉川弘文館、二〇一一年）も参照。
（9）「全国動員計画必要ノ議」（一九一七年九月参謀本部初出。纐纈厚『総力戦体制研究―日本陸軍の国家総動員構想―』社会評論社、二〇一〇年所収）二二九～二三七頁。
（10）公立事業の国営化論者として知られる豊原又男は、総力戦体制下で国営化が生み出した「国民動員方式の活動」に対して「心中必ずしもおだやかでなく」屈折した思いを抱えていたという（安田辰馬「文献のとりもった縁」豊原又男翁建碑の会編『豊原又男翁建碑記念誌』労務行政研究所、一九六三年所収、一四五頁）。こうした葛藤や政策決定過程の検討は今後の課題である。

あとがき

本書の各章は、次の学術雑誌掲載論文および研究報告がもとになっている。

序章「一九一〇年代初頭における東京の下層社会と職業紹介所—時事新報記者北浦夕村著『東都浮浪日記』を素材として—」(『メディア史研究』第二四号、二〇〇八年八月二五日)

第一章「近代東京における雇人口入業について」(『史叢』第九〇号、二〇一四年三月三〇日)

第三章「近代日本の営利職業紹介事業—大正期東京における告知業(職業案内所)について—」(『メディア史研究』第二九号、二〇一一年二月二八日)

第四章「二〇世紀初頭の東京における貧困層救済—無料宿泊所を事例に—」(『日本歴史』第七七八号、二〇一三年三月一日)

第五章「近代日本における公益職業紹介事業—基督教救世軍労働寄宿舎について—」(『研究紀要』第七八号、二〇〇九年九月三〇日)

第六章「一九一〇年代における公益職業紹介所と都市知識青年層—東京基督教青年会人事相談部を事例に—」(『生活文化史』第六四号、二〇一三年一一月一五日)

第七章「近代東京における感化救済事業下の経済保護事業―公設東京市職業紹介所を事例に―」（日本史研究会近現代史部会研究報告、二〇一二年一一月三日）。報告要旨は「近代東京における感化救済事業下の経済保護事業―公設東京市職業紹介所を事例に―」（『日本史研究』第六二五号、二〇一四年九月）九一～九二頁。

右の内容は原則各章で用いてはいるものの、多くの加筆修正によりほぼ原形を止めていないものがほとんどである。本書の記述が以後、筆者の見解となる。

この他、本書の内容と関連する論考として、施設の設立に至らなかった浄土宗の公益事業計画を「明治末期における民間職業紹介所構想―「帝国職業紹介所」案について―」（『史叢』八〇号、二〇〇九年三月三〇日）で明らかにしたほか、本書で頻出した「苦学生」や「高等遊民」についても論文と著作がある。ご興味のある方は併読して頂ければ大変幸いである。

本書の原点は、大学四年生の夏、卒業論文執筆中に、明治末期の新聞史料のなかに「職業紹介所」という単語が出てきて強く惹きつけられた時にさかのぼる。

当時はまだ今のように「社畜」や「ブラック企業」などという言葉が登場していなかったが、筆者は同世代や世間の「就活」や、人間が資本主義社会で労働力としてのみ取引されることへの疑問、それによって成り立つ効率化や利益を追求する企業・社会・政治への違和感を強く持っていた。就職氷河期の世代として、従来変わらなかった大学を卒業したら正社員になるという枠組み自体の揺らぎを身を持って感じたこともあって、自己の確立という命題とともに、この問題にも自然と関心が向かったのだろう。

その後、博士論文を書きながら職業紹介所の実態を調べているうちに、今度は世の中に「派遣」「日雇」などという言葉があふれてきて、これは現代社会の本質を考えるうえできわめて重要なテーマであると確信した。様々な研究テーマに関心が拡がりながら、次の著作のテーマとして、こつこつ研究を続けてきた。

本書は現時点で、近代東京の職業紹介事業について詳細にまとめたはじめての研究書である。本書で使用した史料の多くは国立国会図書館、東京都公文書館、東京大学社会科学研究所、法政大学大原社会問題研究所などで閲覧可能であるが、古本屋から筆者が直接購入したものもある。心当たりの史料には当りつくしたと思うが、未見の史料もあるかもしれない。史料の制約と筆者の力量不足のため、苦しい記述も少なくないが、読者の皆様の御指摘を頂ければ幸いである。就業という生活の根幹に関わる歴史的な命題は、今後もしばらく筆者の重要な研究課題である。

本書の出版は、法政大学出版局の奥田のぞみさんからのお誘いによる。「高等遊民」を論じた拙著をお読み下さり、丁寧な感想を記して下さったお手紙を拝見して、すぐにお引き受けする心積もりを決めた。しかし、いざ一冊にまとめるとなると、個々の事業の位置づけが難しく、改めて調べ直したり、細かい統計を作成したりと試行錯誤や修正作業が思いのほか長く続いたほか、執筆途中に勤務先を移って生活・研究環境が大きく変わったため、原稿提出は当初の予定をはるかに超え、四年ほど経ってしまった。原稿提出後の奥田さんの丁寧かつわかりやすいご指摘は、改めて本づくりが編集者との共同作業であることを感じさせられた。本書の読みやすさは奥田さんのお力なくして成り立っていない。ともあれ、職業紹介事業に関する研究成果を、労働・雇用問題を扱ってこられた歴史ある出版社から刊行できることは大変に嬉しい。

最後になったが、本書も多くの方々のお力なくして完成されなかった。まず、大学院時代の指導教官である古川隆久先生、佐々木隆爾先生からは、院生時代から本書の内容につき御指導を頂いた。本書で見るべき点があるとするならば、それらは両先生の御指導の賜物である。

また、本書の研究テーマに関心をお寄せ下さった大杉由香、小俣一平、加瀬和俊、片山慶隆、佐賀枝夏文、島田大輔、広田照幸、藤野裕子、源川真希、室田保夫の諸氏からは貴重なご教示を頂いた。本書が歴史学のみならず隣接する様々な学問分野の方にもお読み頂けたならば、それは諸氏の貴重なご指摘の賜物である。

さらに、日本大学史学会、メディア史研究会、東京歴史科学協議会、日本史研究会では、本書の内容につき研究報告を行うことができ、多くの貴重なご指摘を頂戴した。各章での論旨の骨格は出席者の皆様との実りある議論なしには完成しなかった。加えて、日本大学文理学部史学科専門科目「日本史特講7・8」（二〇一一年度）、日本大学生産工学部一般教養科目「歴史学」（二〇一三・二〇一四年度）では本書の内容の一部を講義した。文系・理系両方の学生諸君の質問から多くの気づきを得られたことも幸いであった。

そして、筆者の研究生活に理解を示し、支えてくれた家族にも感謝したい。紙幅の都合上、お名前を挙げられなかった関係の皆様にも、この場をお借りして厚く御礼申し上げる。

本書は筆者にとって、二冊目の本格的な学術書となる。今後も知的世界において、歴史学の立場から貢献していきたいと思う。

二〇一六年一〇月

町田祐一

た　行

な　行

は　行

ま　行

や・わ　行

人名索引

あ 行

か 行

さ 行

は　行

ま　行

や　行

ら　行

た　行

な　行

さ　行

事項索引

あ　行

か　行

著者紹介

町田 祐一（まちだ ゆういち）

1982年，東京都生。日本大学大学院文学研究科日本史専攻博士後期課程修了。博士（文学）。日本大学文理学部助教を経て，現在，日本大学生産工学部助教。
主要著作：『近代日本と「高等遊民」―社会問題化する知識青年層―』（吉川弘文館，2010年），『近代日本の就職難物語―「高等遊民」になるけれど―』（吉川弘文館，2016年）ほか。

サピエンティア49
近代都市の下層社会
東京の職業紹介所をめぐる人々

2016年11月1日　初版第1刷発行

著　者　町田祐一
発行所　一般財団法人　法政大学出版局
〒102-0071　東京都千代田区富士見2-17-1
電話03(5214)5540／振替00160-6-95814
製版・印刷　三和印刷／製本　誠製本
装幀　奥定泰之

ISBN 978-4-588-60349-5　Printed in Japan